本书受国家自然科学基金青年项目"中国企业对外直接投资的来源国劣势克服机制研究：基于'认知创业'视角"（71902131）、教育部人文社会科学研究青年基金项目"中国企业逆向跨国并购后的组织身份管理模式研究：影响因素、动态演化与并购绩效"（18YJC630222）的资助。

经济管理学术文库·管理类

# 中国跨国企业对外直接投资的外来者劣势与来源国劣势研究

Liability of Foreignness and Liability of Origin in Outward Foreign Direct Investment of Chinese Multinational Enterprises

杨 勃／著

## 图书在版编目（CIP）数据

中国跨国企业对外直接投资的外来者劣势与来源国劣势研究/杨勃著.—北京：经济管理出版社，2020.7
ISBN 978-7-5096-7207-5

Ⅰ.①中… Ⅱ.①杨… Ⅲ.①跨国公司—对外投资—直接投资—研究—中国 Ⅳ.①F279.247

中国版本图书馆 CIP 数据核字（2020）第 144293 号

组稿编辑：杨国强
责任编辑：杨国强　张瑞军
责任印制：黄章平
责任校对：王淑卿

出版发行：经济管理出版社
　　　　　（北京市海淀区北蜂窝 8 号中雅大厦 A 座 11 层　100038）
网　　址：www.E-mp.com.cn
电　　话：(010) 51915602
印　　刷：北京玺诚印务有限公司
经　　销：新华书店
开　　本：720mm×1000mm/16
印　　张：16.25
字　　数：218 千字
版　　次：2020 年 7 月第 1 版　2020 年 7 月第 1 次印刷
书　　号：ISBN 978-7-5096-7207-5
定　　价：98.00 元

·版权所有　翻印必究·
凡购本社图书，如有印装错误，由本社读者服务部负责调换。
联系地址：北京阜外月坛北小街 2 号
电话：(010) 68022974　邮编：100836

# 前　言

在"一带一路"倡议和"走出去"倡议推动下，中国企业对外直接投资持续快速发展。根据商务部统计，2019年1~9月中国境内投资者共对全球164个国家和地区的5016家境外企业进行了非金融类直接投资，累计实现投资5551.1亿元。尽管中国企业对外直接投资已经取得了长足发展，但总体而言，中国企业对外直接投资的经营绩效仍然相对较低。外交部政策规划司副司级参赞梁才德曾透露，"在境外投资的1.8万家企业中，1/3不成功，1/3勉强维持"，且中国企业跨国并购的总成功率也显著低于发达国家企业。特别是在进入欧美发达国家市场时，中国企业常常遭遇东道国利益相关者的误解和歧视，导致企业投资受阻，如华为在美受阻、国家电网收购德国IFM Investors失败、烟台台海收购德国机械公司遭遇德国政府阻止等。因此，探究中国企业对外直接投资面临的风险和挑战具有重要的现实意义。

本书综合从"外来者劣势"(liability of foreignness)和"来源国劣势"(liability of origin)视角解释中国企业对外直接投资面临的风险和挑战，重点探究两种劣势的形成机制及其克服机制。事实上，跨国企业在东道国市场面临的竞争劣势现象也一直是国际商务学者关注的焦点问题。学术界普遍认为，与东道国本土企业相比，跨国企业在东道国市场处于"先天性"的竞争劣势地位。Hymer（1976）最早对这一现象进行了系统分析，并将这种现象定义为"异国经营成本"(costs of doing business abroad)；作者认为，与东道国本土企业相比，外国企业更难获取东道国的制度、文化、市场环境等信息，同时遭遇东道国政府、消费者等利益相关者的不公平对待。Zaheer（1995）进一步用"外来者劣势"概念描述这一现象，并实证检验了外来者劣势的存在性。后续的实证研究表明，外来者劣势对跨国企业的经营绩效产生负面影响，导致跨国企业更低的利润率和效率、更高的市场退出率和法律诉讼率等。

然而，外来者劣势概念的产生和发展主要基于发达国家跨国企业，而伴随新兴经济体跨国企业对外直接投资快速发展，学者们发现，新兴经济体跨国企业国际化不仅面临外来者劣势风险，同时遭遇"来源国劣势"的严峻挑战，导致企业国际化处于"雪上加霜"的不利地位。与外来者劣势主要关注跨国企业不熟悉东道国市场以及东道国对"外国企业"的普遍性歧视不同，来源国劣势则重点关注母国制度缺陷和负面的来源国形象对跨国企业国际化能力与东道国合法性产生的负面影响，特别是东道国利益相关者对来自"特定国家"企业的"针对性"歧视和偏见。例如，2018年美国"封杀"华为事件不仅仅是中国企业国际化遭遇外来者劣势的表现，更是企业在外来者劣势基础上进一步遭遇来源国劣势的典型案例；美国对华为的封杀并不仅仅是因为华为是一家"外国企业"（外来者劣势），更重要的是因为华为"来自中国"（来源国劣势）。更严峻的是，由于负面的来源国形象（包括母国制度形象、产品形象、企业与政府关系形象等），东道国（尤其是发达国家）利益相关者常常"自发地"将"来自中国"的企业视为"低端产品""政府参与""非公平竞争""规范缺失"的代名词，导致中国企业对外直接投资面临严峻的合法性挑战。对此，Ramachandran和Pant（2010）认为，外来者劣势并不能充分解释新兴经济体跨国企业对外直接投资面临的挑战，尤其是企业由于来自制度、经济、技术欠发达国家而遭遇的经营危害。相比之下，来源国劣势不仅特别适合于解释新兴经济体跨国企业面临的独特挑战，对其国际化产生的负面影响也更为深远。由此可见，综合从"外来者劣势"和"来源国劣势"视角解释新兴经济体跨国企业国际化面临的风险和挑战更为全面，也更具解释力。

本书的主要内容包括以下方面：一是对新兴市场跨国企业对外直接投资、外来者劣势和来源国劣势相关文献进行系统梳理，进而为后续研究提供理论基础和研究启示（第二章）；二是从组织身份视角分别归纳外来者劣势和来源国劣势的形成机制（第三章），并针对形成机制提出克服外来者劣势和来源国劣势的克服机制[包括组织身份意义给赋（第四章）、组织身份变革（第五章）]；三是从双向信息缺失视角归纳外来者劣势的形成机制，在此基础上提出克服外来者劣势的边界跨越策略（第六章）；四是从能力视角归纳来源国劣势的形成机制及其克服机制（第七章）；五是探究来源国劣势背景下身份落差对中国企业逆向跨国并购合法性的影响机制（第八章）；六是进一步探究中国企业如何在组织身份落差情境下管理并购双方的组织身份（第九章）。

本书的主要内容建立在作者前期的研究成果基础之上，包括公开发表的学术论文和博士论文。与此同时，随着后续研究的深入，本书也对已发表研究成果进行了部分修正和补充。本书得以顺利出版也离不开许多人的帮助和支持。特别感谢东北大学工商管理学院杜晓君教授在笔者博士研究生期间的悉心栽培和指导。感谢国家自然科学基金委[依托项目：国家自然科学基金青年项目"中国企业对外直接投资的来源国劣势克服机制研究：基于'认知创业'视角"（71902131）]、教育部社科司[依托项目：教育部人文社会科学研究青年基金项目"中国企业逆向跨国并购后的组织身份管理模式研究：影响因素、动态演化与并购绩效"（18YJC630222）]对本书的支持。感谢经济管理出版社工作人员对本书出版提供的技术支持。此外，由于水平有限，编写时间仓促，书中疏漏与不足之处在所难免，恳请广大读者批评指正。

杨 勃

2020年2月于天津

# 目 录

**第一章 绪 论** ............................................ 001

  第一节 研究背景 ........................................ 001

  第二节 研究内容 ........................................ 003

  第三节 关键构念界定 .................................... 006

  第四节 研究意义 ........................................ 009

  第五节 研究方法 ........................................ 012

**第二章 相关研究综述** .................................... 015

  第一节 新兴经济体跨国企业对外直接投资研究综述 .......... 015

  第二节 外来者劣势研究综述 .............................. 020

  第三节 来源国劣势研究综述 .............................. 028

**第三章 外来者劣势与来源国劣势的形成机制**
       ——基于组织身份视角 ............................ 045

  第一节 问题提出 ........................................ 045

  第二节 理论基础 ........................................ 047

  第三节 研究设计 ........................................ 051

  第四节 案例分析与研究发现 .............................. 058

  第五节 案例讨论 ........................................ 065

第六节　本章结论与启示 ·············································· 068

## 第四章　组织身份意义给赋、外来者劣势与来源国劣势研究 ········ 071

第一节　研究设计 ···················································· 072
第二节　中国跨国企业组织身份意义给赋的机制 ·············· 087
第三节　中国跨国企业组织身份意义给赋的过程 ·············· 098
第四节　中国跨国企业组织身份意义给赋的结果 ·············· 102
第五节　本章结论与启示 ·············································· 106

## 第五章　组织身份变革、外来者劣势与来源国劣势研究 ············ 111

第一节　理论基础 ···················································· 112
第二节　中国跨国企业组织身份变革的驱动因素 ·············· 118
第三节　中国跨国企业组织身份变革的模式与机制 ··········· 121
第四节　中国跨国企业组织身份变革的过程 ··················· 134
第五节　中国跨国企业组织身份变革的结果 ··················· 137
第六节　案例讨论 ···················································· 141
第七节　本章结论与启示 ·············································· 152

## 第六章　边界跨越与外来者劣势研究 ································ 157

第一节　研究设计 ···················································· 157
第二节　案例分析与研究发现 ······································· 164
第三节　案例讨论 ···················································· 170
第四节　本章结论与启示 ·············································· 172

## 第七章　跳板能力与来源国劣势研究 ································ 179

第一节　相关理论基础 ·············································· 179
第二节　基于"能力"视角的来源国劣势形成机制 ············ 182

第三节　基于"跳板能力"视角的来源国劣势克服机制 ········ 183

## 第八章　来源国劣势背景下组织身份落差与逆向跨国并购合法性研究 ············· 187

第一节　问题提出 ············· 187
第二节　理论基础 ············· 189
第三节　研究设计 ············· 193
第四节　案例分析与研究发现 ············· 199
第五节　本章结论与启示 ············· 205

## 第九章　组织身份落差与中国企业逆向跨国并购后的组织身份管理模式研究 ············· 209

第一节　问题提出 ············· 209
第二节　研究设计 ············· 211
第三节　案例分析与研究发现 ············· 214
第四节　本章结论与启示 ············· 226

## 第十章　结束语 ············· 229

## 参考文献 ············· 233

# 第一章
# 绪 论

## 第一节 研究背景

"对外直接投资"(outward foreign direct investment)是企业成长的一条重要途径,也是中国跨国企业拓展海外市场、获取优质资产、提升全球竞争力的捷径。很多中国跨国企业通过对外直接投资快速成长为全球市场的领导者,如华为、联想、海尔等。特别是在"一带一路"倡议和"走出去"倡议推动下,中国跨国企业对外直接投资持续快速发展。根据商务部、国家统计局和国家外汇管理局联合发布《2018年度中国对外直接投资统计公报》,2018年中国对外直接投资流量和存量稳居全球前三,占比皆创新高;2018年末,中国对外直接投资存量达1.98万亿美元,是2002年末存量的66.3倍,在全球分国家地区的对外直接投资存量排名由第25位升至第3位;截至2018年底,中国超2.7万家境内投资者在全球188个国家(地区)设立对外直接投资企业4.3万家,全球80%以上国家(地区)都有中国的投资。

从理论层面看,包括中国在内的新兴经济体跨国企业对外直接投资现象也是近年来国际商务和战略管理等领域关注的热点问题(Luo 和

Tung，2007/2018；Stoian 和 Mohr，2016；王珏等，2019）。然而，吸引学术界广泛关注新兴经济体跨国企业对外直接投资现象的原因并不仅仅是其增长速度和规模，更为重要的是新兴经济体跨国企业对外直接投资与传统发达国家跨国企业对外直接投资现象存在显著差异。例如，学术界普遍认为，由于新兴经济体跨国企业与传统发达国家跨国企业在母国制度环境、企业自身资源和能力、国际化战略、国际化经验等方面存在显著差异，这些差异也对传统国际商务理论提出了挑战（He 和 Zhang，2018；Wu 等，2016；李新春和肖宵，2017；吴先明和黄春桃，2016）。因此，对新兴经济体跨国企业对外直接投资现象进行探索有助于丰富和扩展已有国际商务研究。

从研究内容看，已有研究对新兴经济体跨国企业对外直接投资的动因、独特性和绩效等内容进行了丰富探讨（Child 和 Rodrigues，2005；Stoian 和 Mohr，2016；Wu 等，2016），但关于新兴经济体跨国企业对外直接投资面临的风险和挑战的研究仍然相对匮乏。Luo 和 Tung（2018）认为，随着新兴经济体跨国企业在数量、规模以及在全球经济中的重要性等方面持续增长，他们也在不断面临新的挑战。更为重要的是，作为国际市场的"后来者"，新兴经济体跨国企业与发达国家跨国企业相比往往缺乏国际化经验，缺少有价值的资源（如技术、品牌）和国际化管理能力，这导致新兴经济体跨国企业对外直接投资面临更高的风险和挑战。特别是在逆向进入发达国家市场时，新兴经济体跨国企业面临更高的失败率，如华为在美受阻。因此，探究新兴经济体跨国企业对外直接投资的风险和挑战具有重要的理论及现实意义。

## 第二节 研究内容

　　本书综合从"外来者劣势"和"来源国劣势"视角分析中国跨国企业对外直接投资面临的风险和挑战,重点关注外来者劣势和来源国劣势的形成机制及其克服机制,进而为中国跨国企业应对双重竞争劣势、提升投资绩效提供管理启示。本书之所以综合从"外来者劣势"和"来源国劣势"双重视角分析中国跨国企业对外直接投资的风险和挑战,是因为与传统发达国家跨国企业对外直接投资主要面临外来者劣势不同,新兴经济体跨国企业国际化不仅面临外来者劣势挑战,而且面临来源国劣势的严峻挑战,导致企业国际化处于"雪上加霜"的不利地位。因此,综合从"外来者劣势"和"来源国劣势"视角解释中国跨国企业对外直接投资风险和挑战现象更为全面,也更具解释力。

　　本书的研究对象是进入发达国家的中国跨国企业。选择发达国家作为主要目标东道国的原因主要有两方面:一是中国与发达国家之间存在较高的制度距离和文化差异,表明中国企业在发达国家面临较大的外来者劣势和来源国劣势。例如,中国企业在发达国家经营时,其组织身份带有明显的"中国"标签(来源国劣势的诱因),同时也被东道国利益相关者感知为"外国企业"(外来者劣势的诱因)。二是近年来越来越多的中国企业将发达国家作为获取技术、品牌、先进管理经验等战略性资产的重要目的地,其中有成功的案例,也有很多失败的案例,这为探究外来者劣势和来源国劣势的形成机制及其克服机制提供了良好的研究情境。

　　本书主要包括十个章节。

　　第一章为绪论,主要介绍研究背景、内容、研究意义、研究方法等。

　　第二章为相关研究综述,主要综述新兴经济体跨国企业对外直接投资（主要包括对外直接投资的动因、独特性、风险和挑战等）、外来者劣势（主要包括外来者劣势的内涵、构成、形成机制及其克服机制）、来源国劣势（主要包括来源国劣势的概念演进、内涵、构成、形成机制及其克服策略等）相关研究。

第三章从"组织身份视角"归纳外来者劣势和来源国劣势的形成机制，对两种劣势的差异性进行系统比较，并揭示两种劣势的互动关系，进而为后续章节探究外来者劣势和来源国劣势的克服机制提供逻辑起点及理论基础。本章的研究表明：从组织身份视角看，外来者劣势是由信息缺失导致的组织身份模糊引起，其核心是跨国企业组织身份的"外来性"；从信息视角看，外来者劣势的核心是"信息缺失"。来源国劣势则由负面的来源国形象导致的组织身份污名化引起，其核心是跨国企业的"来源国身份"；从信息视角看，来源国劣势的核心是"信息失真和扭曲"，而不仅仅是"信息缺失"。

针对第三章研究成果，第四章从"组织身份意义给赋"视角归纳外来者劣势和来源国劣势的克服机制。组织身份意义给赋是指跨跨国企业向东道国利益相关者意义给赋企业真实、积极的组织身份，促使东道国利益相关者对跨国企业形成正确的、积极的认知。组织身份意义给赋不仅有助于克服外来者劣势（由信息缺失引起的身份模糊和不熟悉危害），也有助于跨国企业克服来源国劣势（由负面的来源国形象引起的组织身份污名化）。本章研究发现，组织身份意义给赋包括"话语"机制、"行为"机制及"信号显示"机制。

第五章探究中国跨国企业如何通过组织身份变革克服外来者劣势和来源国劣势。由于母国与东道国之间的制度距离以及负面的母国制度形象，跨国企业根植于母国制度环境的组织身份往往与东道国制度规范相冲突（即组织身份冲突），导致跨国企业面临外来者劣势和来源国劣势。因此，克服外来者劣势和来源国劣势要求跨国企业在东道国市场上变革组织身份，重新塑造与东道国制度规范保持一致的新组织身份。本章研究表明，跨国企业的组织身份包括三种模式：一是基于标签的变革模式，包括"替换""进化"和"增补"三种具体的变革机制；二是基于含义的变革模式，即不改变身份标签，但改变标签背后的含义，包括含义"替换"机制和含义"厚化"机制；三是基于突出性的变革模式，即通过改变多重身份的权重和排序变革组织身份，提高积极身份维度的突出性，降低负面身份维度的突出性。组织身份变革是一个互补、序贯以及持续的过程。

第六章从"边界跨越"视角归纳外来者劣势的克服机制。外来者劣势不仅仅由东道国利益相关者不熟悉跨国企业引起，也可能由跨国企业不熟悉东道国环境引起。因此，克服外来者劣势不仅要求跨国企业降低东道国利益相关者对跨国企业的不熟悉，也要求跨国企业不断学习东道国环境。"边界跨越"有助于克服跨国企业与东道国环境之间的"双向不熟悉危害"，进而克服外来者劣势。

第七章从"能力"视角归纳来源国劣势的形成机制及其克服机制，探究母国制度约束对跨国企业对外直接投资能力的影响机制，并针对影响机制，提出克服来源国劣势的跳板能力视角。

第八章探究来源国劣势背景下组织身份落差对跨国企业逆向跨国并购合法性的影响机制。

第九章进一步探究组织身份落差情境下中国企业跨国并购后的组织身份管理模式。

第十章为结束语。

需要特别说明的是，尽管外来者劣势和来源国劣势是两种相对独立的劣势，但两者之间也存在互动关系，因此，有些策略和机制既有助于跨国企业克服外来者劣势，也有助于克服来源国劣势。例如，本书第四章探究跨国企业如何通过组织身份意义给赋同时克服外来者劣势和来源国劣势，因为组织身份意义给赋不仅能够降低东道国利益相关者对跨国企业的不熟悉（外来者劣势），还能够向利益相关者意义给赋企业真实、积极的组织身份,进而消除母国制度形象对跨国企业组织身份的负面"印记"(来源国劣势)。同时,外来者劣势和来源国劣势均是复杂的多维度构念,表现在很多方面,这就导致跨国企业需要根据不同劣势维度选择不同的克服策略。此外,来源国劣势不仅包括"基于合法性"的劣势,也包括"基于能力"的劣势,两种劣势的驱动因素和形成机制不同。因此,本书在第四章探究跨国企业如何通过组织身份意义给赋克服"基于合法性"的劣势,而在第七章探究跨国企业如何通过"跳板能力"视角克服"基于能力"的劣势。

# 第三节 关键构念界定

## 一、外来者劣势

外来者劣势是将外国企业与本土企业进行比较而形成的一个概念,是指外国企业在东道国市场相对于本土竞争者而言遭遇的所有额外经营危害(Zaheer, 1995)。Eden 和 Miller (2004) 将外来者劣势分为三种危害:不熟悉危害、歧视危害和关系危害。

"不熟悉危害"表现在两方面:一方面,外国企业不熟悉东道国当地的政治、经济、文化、规范、价值观和商业惯例,导致外国企业在东道国出现决策误判或滞后(Mudambi 和 Zahra, 2007; Cardoza 和 Fornes, 2012);另一方面,东道国利益相关者也不熟悉外国企业及其产品,进而表现出"母国偏好"(Aggarwal 和 Williamson, 2010; Bell 等, 2012)。

歧视危害是指东道国利益相关者会区别对待本土企业和外国企业,导致外国企业面临更高的市场进入标准和资源获取障碍等劣势,尤其是出于民族中心主义而排斥外国企业。

关系危害是指相对于本土企业,外国企业在当地社会网络中缺乏嵌入性,进而难以与关键的内外部利益相关者建立信任关系,且在管理内部关系以及建立外部关系时面临高度的复杂性和不确定性(Zaheer,2002)。

## 二、来源国劣势

"来源国劣势"是指跨国企业的"来源国/母国"对企业国际化产生的负面影响,进而导致跨国企业在东道国处于竞争劣势地位。与外来者劣势相比,来源国劣势是一个相对新颖的概念。特别地,来源国劣势是"专门"针对新兴经济体跨国企业 OFDI 面临的独特挑战而提出的构念(Ramachandran 和 Pant,2010;Bartlett 和 Ghoshal,2000),其内在本质是母国制度环境对跨国企业国际化产生负面影响。Ramachandran 和 Pant(2010)将来源国劣势分为两类:一是"基于合法性"(legitimacy-based)的劣势,是指母国制度环境(如负面的制度形象)导致跨国企业难以在东道国获取合法性。二是"基于能力"(capability-based)的劣势,是指母国制度约束对跨国企业的"能力建构"产生负面影响。Marano 等(2017)将来源国劣势定义为"由于母国不完善的制度环境而导致企业在东道国遭遇的劣势",特别是导致跨国企业难以在东道国获取合法性。Amankwah-Amoah 和 Debrah(2017)将来源国劣势定义为"由于来源地而导致企业遭遇的额外成本或难以享受的优势"。

## 三、组织身份

组织身份(organizational identity)是组织核心的、独特的和持久的特征(Albert 和 Whetten,1985),能够回答诸如"作为组织,我们是谁""我们与其他组织有何不同""对我们而言,什么最为重要"等问题。根据 Albert 和 Whetten(1985)的观点,一种特征能够成为身份特征需要满足三个条件:一是核心性,即该特征是组织最为重要的特征,代表了组织成员和外界对组织本质的理解;二是独特性,即该特征能够使组织区别于其他组织;三是持久性,即该特征是相对稳定的,不会轻易发生改变(Gioia等,2013)。

从内容看,组织身份表现在组织的宗旨、核心价值观、核心业务、所有权结构、"国籍"等方面,也可能是这些维度的组合(布希基和金伯利,2010)。例如,一家企业可以根据核心业务被定义为"个人电脑公司",也可以根据国籍被定义为"中国企业",或根据核心能力被定义为"最创新的公司"。尽管可以从不同维度定义"这个组织是谁",但组织身份往往是这些维度的组合。从结构看,组织身份包括"标签"(label)和"含义"(meaning)两方面。身份标签是对"组织是谁"的统括性描述,而每一个标签背后都可能包含多种含义。以"我们是一家创新公司"为例,该身份结构如下:从标签看,"创新"被组织成员和外界视为定义"这个组织是谁"的统括性描述;从含义看,"创新"标签背后包含多重含义,如"技术创新""业务模式创新"等。

## 四、边界跨越

组织与环境之间存在物质、心理和社会等方面的边界,阻碍了组织与环境之间的信息交换。组织为了生存和发展,必须不断从事边界跨越(boundary spanning)活动,从环境中输入关键的信息,并将信息输出到环境中。边界跨越理论从组织边界视角研究组织与环境之间的相互关系,其核心思想是管理组织与环境之间的边界,通过信息调控加强组织与环境之间的信息交换,使信息在组织与环境之间保持对称性(欧阳桃花等,2012;杜荣等,2012)。因此,边界跨越是跨越组织边界、使组织与其所处的环境相联系的一系列活动,其目的在于从环境中获取信息(即信息内化过程),并将组织的信息传递到环境中(即外部显示过程),使组织与外部环境相联系。边界跨越的实质是促进组织和外部环境之间信息的双向流动和沟通,重点是信息跨越组织边界,在组织与环境之间进行高效率的交换。

## 第四节　研究意义

本书综合从外来者劣势和来源国劣势视角研究中国跨国企业对外直接投资面临的风险和挑战，探索中国跨国企业克服双重竞争劣势的内在机制，这既是理论本身所蕴含的问题，也是中国跨国企业国际化管理实践亟待解决的问题。一方面，对中国企业的研究将扩充已有的以发达国家跨国企业进入新兴经济体市场为背景的知识体系，加深对新兴经济体跨国企业进入发达国家市场时面临的外来者劣势和来源国劣势的理解；另一方面，对中国企业如何克服外来者劣势和来源国劣势进行深入研究，有助于帮助中国企业寻求有效克服外来者劣势的潜在策略工具，提升企业的国际化绩效。

### 一、理论意义

首先，为解释外来者劣势和来源国劣势提供多重的理论视角，包括组织身份、信息不对称、制度/能力基础观等视角。尽管研究外来者劣势的理论视角很丰富，各种理论视角也颇具影响力，但由于外来者劣势和来源国劣势均是一种复杂的、多维度的社会现象，需要理论多元化以进一步加强对两者的理解，为双重竞争劣势的研究增添新的理论洞察力。本书捕捉到隐藏在外来者劣势和来源国劣势现象背后更具一般性、本源性的诱致因素，即跨国企业的组织身份、信息不对称以及能力缺失等，从上述理论视角探察外来者劣势和来源国劣势产生的机制，为理解、解释和预测外来者劣势和来源国劣势现象提供更具解释力、更具普适性的见解，研究发现可以作为确定克服外来者劣势和来源国劣势策略工具的逻辑起点。

其次，本书为克服外来者劣势和来源国劣势提供多重的理论视角，包括组织身份意义给赋、组织身份变革、边界跨越、跳板能力等。通过对中国跨国企业克服外来者劣势和来源国劣势的动态机制进行探索，本书构建了跨国企业克服外来者劣势和来源国劣势的理论模型，打开跨国企业克服外来者劣势和来源国劣势的"黑箱"。本书运用案例研究方法开展"关注情境和过程"的纵向研究，从实证数据中得出涌现的理论，即跨国企业克服外来者劣势的过程理论，深入揭示该过程背后隐含的组织身份变革机制和意义给赋机制，研究发现将揭示已有研究中未曾探究、未得到阐释的内容，为已有研究增加新的理论见解。

## 二、现实意义

首先，通过归纳外来者劣势和来源国劣势的形成机制及其过程，本书的研究结论有助于中国企业在"逆全球化"和"一带一路"倡议双重背景下更好地识别和预防来源国劣势风险。"一带一路"倡议为中国企业海外直接投资深入发展提供了广阔空间，但长期以来，中国企业国际化也一直面临失败率高、绩效低的困扰，尤其是在当前"逆全球化"和"中美贸易摩擦"背景下。例如，根据"荣鼎咨询"2019年1月发布的报告，2018年中国对北美和欧洲等发达国家的对外直接投资从2016年的940亿美元和2017年的1110亿美元急剧下降至300亿美元，较2017年下降73%，为6年来最低。本书认为，导致中国企业国际化（尤其是逆向国际化）低绩效、高失败率的重要原因是面临外来者劣势和来源国劣势的双重挑战。因此，中国企业应该重视外来者劣势和来源国劣势给其国际化带来的负面影响，特别是在进入发达国家时。

其次，通过归纳跨国企业克服外来者劣势和来源国劣势的机制及其动态过程，本书的研究结论有助于为中国跨国企业克服双重竞争劣势提供管理启示。

其一，研究成果对中国企业通过组织身份变革与意义给赋克服外来者劣势和来源国劣势提供可资借鉴的经验。由于信息缺失与负面的来源国形象，中国企业的组织身份常常被东道国利益相关者误解和曲解。例如，在对外直接投资时，中国企业的组织身份常常被定格在"低端产品""不道德""不良治理""政府参与"等负面的身份标签上，导致中国企业面临严峻的外来者劣势和来源国劣势。因此，中国企业国际化需要开展组织身份变革与意义给赋，重新塑造与东道国制度规范和期望保持一致的新组织身份，并积极开展"身份意义给赋"，向东道国利益相关者意义给赋企业真实的经营目的、核心能力、所有权结构以及核心价值观等特征，促使东道国利益相关者对中国企业的认知从不了解到清晰认知，从误解到正确认知，进而降低利益相关者的歧视。

其二，研究成果对中国企业通过边界跨越克服外来者劣势提供可资借鉴的经验。相比发达国家跨国企业，中国企业国际化起步较晚，缺乏海外经营经验，进入新的东道国市场面临较高不熟悉危害，即缺少东道国政治、法律、经济、文化等制度环境知识以及消费者偏好、市场需求等市场环境信息。因此，克服外来者劣势要求中国企业不断学习东道国市场，获取东道国市场信息。本书为中国企业有效获取东道国市场信息提供边界跨越策略。

其三，研究成果将为那些寻求如何在东道国跨出克服外来者劣势和来源国劣势开局第一步的中国企业提供可资借鉴的经验。外来者劣势和来源国劣势是中国企业在任何全球战略开始时就应予以考虑的问题，因此，中国企业需要从战略上对外来者劣势和来源国劣势进行重视和管理，应对举措从反应式转向前瞻式、从被动式转向主动式，以弱化和克服外来者劣势。本书对中国企业克服外来者劣势和来源国劣势的动态机制进行归纳和阐释，揭示成功的中国企业克服外来者劣势的"足迹"及其情境，研究发现将为后来者设计克服外来者劣势和来源国劣势"路线图"提供启示。

# 第五节 研究方法

本书主要采用文献研究方法、质性的案例研究方法以及扎根理论方法，以质性研究方法为主。选择质性研究方法的主要原因有以下两点：一是本书旨在构建新理论，而非检验理论，质性研究方法在构建新理论方面具有显著优势；二是本书关注中国跨国企业克服外来者劣势和来源国劣势的内在机制和动态过程，质性研究方法对微观机制和过程的探索尤为有效。

## 一、文献研究法

文献研究法旨在通过对已有文献进行梳理，从中发现问题或获得启示，识别潜在研究机会。对已有文献的掌握情况在一定程度上决定了研究的深度和广度，因此，本书以文献研究作为起点，通过文献收集、阅读、梳理等步骤对已有文献进行综述，归纳已有文献的主要研究内容与研究缺口，进而为后续研究提供理论启示。具体而言，本书重点对新兴经济体跨国企业对外直接投资、外来者劣势、来源国劣势相关文献进行梳理。

## 二、探索性案例研究法

在质性研究方法中，案例研究是近年来持续发展并被广泛应用的一种研究方法。案例研究方法的宗旨是以案例为基础，从中归纳新颖的、可检验的以及有实证效度的理论。Eisenhardt 和 Graebner（2007）认为，"通过案例研究构建理论"是指运用一个或多个案例，根据案例中的实证数据创建理论构念、命题或中层理论的一种研究策略。这种研究方法特别适用于新的研究领域,或是为已有研究提供新鲜的理论视角。Yin(2009)认为,案例研究最适合探究"为什么"(why)以及"如何"(how)这类问题,进而对现象背后的原因进行解释,对机理或过程进行探索。由于本书试图构建跨国企业克服外来者劣势和来源国劣势的理论模型,弥补已有研究的不足和理论缺口,因此,采用探索性的案例研究方法开展理论建构型研究更为合适。

### 三、扎根理论

扎根理论是质性研究方法的杰出代表,扎根理论不仅是一种独立的质性研究方法,还是一种非常有效的数据分析技术。通过扎根理论分析数据的优势在于能够从原始的"经验数据"中生成理论,而不只是描述或解释研究现象。扎根理论特别强调从资料中提升理论,认为只有通过对原始资料的深入分析,才能逐步形成理论框架。与大样本实证研究遵循"从上往下"进行理论演绎相反,扎根理论则是"从下往上"将资料不断进行浓缩,从而归纳新理论。本书采用扎根理论的三阶段编码程序对原始数据进行分析,将原始数据进行概念化和范畴化,归纳范畴与范畴之间的关系,在此过程中能够归纳出关键构念,并识别构念与构念之间的关系,最终构建理论模型。与此同时,近年来越来越多的学者在案例研究设计中采用扎根理论的数据编码程序对案例数据进行分析,这种将案例研究和扎根理论相结合的方法,不仅能够发挥案例研究通过"复制逻辑"产生普适性更高的理论之优势,还能够显著提高数据分析的质量。本书在多个章节综合采用案例研究方法和扎根理论数据编码方法,提高研究质量。

# 第二章
# 相关研究综述

本章主要综述新兴经济体跨国企业对外直接投资、外来者劣势、来源国劣势相关文献，对已有文献进行系统梳理和分类，并总结研究不足。其中，新兴经济体跨国企业对外直接投资研究综述主要包括对外直接投资的动因、独特性、风险和挑战等；外来者劣势研究综述主要包括外来者劣势的内涵、构成、形成机制及其克服机制；来源国劣势的研究综述主要包括来源国劣势的内涵、构成、形成机制及其克服策略等。

## 第一节　新兴经济体跨国企业对外直接投资研究综述

近年来，新兴经济体跨国企业的对外直接投资现象得到了国际商务学者的广泛关注和高度重视，并取得了丰硕的研究成果（王珏等，2019；Luo 和 Tung，2018，2007；Stoian 和 Mohr，2016；Child 和 Rodrigues，2005）。学术界普遍认为，由于新兴经济体跨国企业与传统发达国家跨国企业在母国制度环境、企业自身资源和能力、国际化战略等方面存在显著差异，这些差异对传统国际商务理论提出了挑战（He 和 Zhang，2018；Wu 等，2016；李新春和肖宵，2017；吴先明和黄春桃，2016）。文献梳理显示，已有新兴经济体跨国企业对外直接投资研究主要关注投资动因（Luo 和 Tung，2018，2007；Stoian 和 Mohr，2016；吴先明和黄春桃，2016；Wu 和 Chen，2014；Kang 和 Jiang，2012；Wang 等，2012）、独特性（Wu 等，2016；Cuervo-Cazurra，2012；Buckley 等，2007；Child 和 Rodrigues，2005）、风险和挑战（Ramachandran 和 Pant，2010；庞明川，2011，2014）等方面。

## 一、对外直接投资的动因

与传统发达国家跨国企业的顺向或横向对外直接投资相比，新兴经济体跨国企业的对外直接投资（尤其是对发达国家的逆向跨国投资）在投资动机方面存在很多独特之处，具体如下：

第一，对外直接投资的目的是战略资产寻求，而非资产利用。传统对外直接投资理论（如垄断优势、国际生产折中理论）认为，企业对外直接投资的主要动机是资源"利用"（exploitation），即利用母公司特有竞争优势开发东道国市场（Dunning，1977）。然而，新兴经济体跨国企业往往缺乏异质性的资源和能力，其对外直接投资往往以"资产探索"（asset-exploration）或"资产寻求"（asset-seeking）为主要目的，尤其是获取发达国家战略性资产（Child 和 Rodrigues，2005；Wu 等，2016）。其中，战略性资产包括品牌、技术、知识产权、研发能力、人力资本、销售渠道以及管理技能（Luo 和 Tung，2007）。Luo 和 Tung（2007，2018）从"跳板视角"（springboard perspective）分析新兴经济体跨国企业的国际化，认为新兴经济体跨国企业将投资发达国家作为国际化"跳板"，通过获取发达国家优质资源提升企业全球竞争力，弥补自身竞争劣势。

第二，母国制度约束。除了战略资产寻求外，母国制度约束导致的"制度逃逸"和"制度套利"也是推动新兴经济体跨国企业对外直接投资的重要动因（李新春和肖宵，2017；Rui 和 Yip，2008）。Kalotay 和 Sulstarova（2010）、Stoian 和 Mohr（2016）等学者认为，由于新兴经济体市场普遍存在制度缺陷问题，使得企业有强烈的意愿直接进入制度更健全的发达国家，以规避制度缺陷产生的经营风险和成本。Marano 等（2017）认为，母国制度缺陷推动新兴经济体跨国企业开展国际化，并将其作为逃离母国制度约束的重要途径。Boisot 和 Meyer（2008）发现，很多新兴经济体的中小企业在国内市场扩张的成本甚至高于进入海外市场的成本，这推动中小企业直接进入制度完善的发达国家进行"制度套利"（institutional arbitrage）。

第三，母国政府支持。母国政府支持也是新兴经济体跨国企业能够快速进入海外市场的重要原因。陈岩等（2012）探究新兴经济体跨国企业为什么在缺乏所有权优势的情况下仍然能够进行对外直接投资，研究发现，母国政府的参与对企业的对外直接投资具有显著的正向影响。Luo 和 Tung（2007，2018）认为，新兴经济体跨国企业的海外直接投资能够获得母国政府提供的优越的财务和非财务支持，进而帮助企业实现"跳板"。陈培如等（2017）研究认为，中国政府的财政扶持和金融支持能促进新兴经济体跨国企业对外直接投资的扩展边际。

## 二、对外直接投资的独特性

由于新兴经济体跨国企业成长的母国制度环境与发达国家存在显著差异，新兴经济体跨国企业的对外直接投资也与传统国际投资呈现很多独特之处（Buckley 等，2007；Child 和 Rodrigues，2005；Cuervo-Cazurra，2012）。

第一，从投资前提看，传统对外直接投资理论（如垄断优势理论）认为，企业只有拥有所有权优势（或公司特有优势）才能够进行海外扩展。因此，国际直接投资主要是发达国家企业向其他发达国家或发展中国家进行投资（Buckley 等，2007；Cuervo-Cazurra 和 Genc，2008；Stoian，2013；Stoian 和 Mohr，2016），但现实中很多新兴经济体跨国企业在不具备所有权优势（如技术、品牌等）情境下仍然能够"逆向"投资于发达国家（Luo 和 Tung，2007，2018；汪涛等，2017）。吴先明（2007）认为，传统跨国公司理论难以解释中国企业的逆向投资行为，因为中国企业往往不具备技术、品牌、全球销售网络等优势。

第二，从资源的转移方向看，传统国际投资理论主要关注资源和能力如何从母国/母公司转移到东道国子公司（Dunning，1977），但新兴经济体跨国企业的对外直接投资则往往是将东道国优质资源和能力转移到母国/母公司。Wu 等（2016）认为，传统对外直接投资理论关注企业如何利用在母国开发和建构的能力，并逐步将其扩张到海外市场，但新兴经济体跨国企业则遵循了完全相反的国际化扩张模式，即借助对外直接投资获取东道国的资源和能力，再将这些资源和能力转移到母国。Madhok 和 Keyhani（2012）认为，新兴经济体跨国企业将对外直接投资（尤其是跨国并购）作为一种战略性的创业活动（strategic entrepreneurship action），其目的是获取海外战略性资源，并将这些资源整合到企业中，实现资源和能力从无到有、从低级到高级的升级。

第三，从投资区位选择看，传统国际化渐进理论（也称"乌普萨拉模型"，Uppsala Model）认为（Johanson 和 Vahlne，1977），企业国际化应遵循"由近至远"原则（即先进入心理距离较近的国家，待积累了国际化经验之后再进入距离较远的国家）。然而，新兴经济体跨国企业的逆向对外直接投资往往直接跳过制度距离较近的发展中国家，直接进入欧美发达国家国家市场（Witt 和 Lewin，2007）。Stoian 和 Mohr（2016）认为，新兴经济体跨国企业国际化的重要目的是"逃离"母国不完善的制度环境，因此，企业有强烈的意愿直接进入制度更健全的发达国家，以规避制度缺陷产生的经营风险和成本（Luo 和 Tung，2007，2018；Boisot 和 Meyer，2008；Gaur 等，2014；Marano 等，2017）。

## 三、对外直接投资面临的风险和挑战

Luo 和 Tung（2018）认为，随着新兴经济体跨国企业在数量、规模以及在全球经济中重要性等方面持续增长，它们也在不断面临新的挑战（尤其是由母国制度环境引起的挑战）。学术界普遍认为，新兴经济体跨国企业的国际化面临比发达国家顺向国际投资更高的风险和挑战（Luo 和 Tung，2018/2007；庞明川，2011/2014）。

第一，国家制度、文化等带来的风险和挑战。由于跨国企业母国与东道国在制度、文化、市场环境等方面存在显著差异，跨国企业在进入陌生的东道国市场时面临"外来者劣势"（Wu 和 Salomon，2017；Denk 等，2012；Zaheer，1995）。学术界将外来者劣势形象地比喻为"异客在异乡"（Eden 和 Miller，2001），即作为东道国市场的"异客"，跨国企业不熟悉"异乡"的制度、文化和市场环境而遭受不熟悉危害、歧视危害和关系危害。尽管外来者劣势已经成为描述跨国企业海外经营劣势的重要概念并被学术界广泛认同，但近年来学者们发现，来自新兴经济体的跨国企业不仅面临外来者劣势的挑战，而且遭遇"来源国劣势"的负面影响（Ramachandran 和 Pant，2010；Marano 等，2017），导致新兴经济体跨国企业国际化处于"雪上加霜"的不利地位。Bartlett 和 Ghoshal（2000）研究认为，来自"外围国家"（peripheral countries，即欠发达国家）的后发跨国公司在与美国、欧洲和日本等发达国家跨国企业竞争中不仅面临外来者劣势，也因为其来自欠发达国家而遭遇额外经营危害。Ramachandran 和 Pant（2010）认为，外来者劣势难以充分完整描述新兴经济体跨国企业国际化面临的劣势，因为外来者劣势并不关注新兴经济体跨国企业的"母国"对企业国际化经营造成的负面影响。自此，来源国劣势才开始得到国际商务学者的重视（Marano 等，2017；Amankwah-Amoah 和 Debrah，2017；魏江和王诗翔，2017）。

第二，企业自身能力缺失挑战。由于新兴经济体跨国企业国际化起步较晚，与发达国家跨国企业在资源和能力等方面存在很大差距（Luo 和 Tung，2007），导致企业对外直接投资面临自身能力缺失的挑战（庞明川，2011/2014）。例如，在创新能力方面，一些新兴经济体跨国企业凭借在国内市场的垄断地位成长为国内市场的行业领导者,但这些企业却对创新的投入相对较低,导致企业尽管规模庞大但核心能力不足。此外,陈岩等(2012)研究认为,新兴经济体跨国企业过度依赖政府来实现海外投资的战略目标,可能会削弱管理人员发展企业家能力的动力,从而降低企业的竞争力,并削弱企业作为市场竞争者的公信力。

总结已有研究发现,已有研究主要关注新兴经济体跨国企业对外直接投资的动机和独特性,而对风险和挑战的关注相对较少。例如,学术界普遍认为,新兴经济体跨国企业的对外直接投资存在失败率高、绩效较低的现象(He 和 Zhang,2018),表明新兴经济体跨国企业对外直接投资面临比发达国家更多的风险和挑战。然而,即使关注风险和挑战的研究也主要关注外来者劣势风险,或企业自身能力缺失引起的风险,而较少关注母国制度环境对企业国际化合法性与能力产生的负面影响(即来源国劣势)。本书将综合从外来者劣势和来源国劣势视角探究中国跨国企业对外直接投资现象,进而丰富和扩展已有研究。

## 第二节 外来者劣势研究综述

### 一、外来者劣势的内涵与构成

作为东道国市场的"外来者",跨国企业在异国经营时必须承担东道国本土企业无须承担的额外经营危害,导致跨国企业在与本土企业竞争中处于劣势地位,Zaheer(1995)将这种现象定义为"外来者劣势"。Eden 和 Miller(2004)进一步将外来者劣势分为三种危害:不熟悉危害、歧视危害和关系危害。不熟悉危害包括两方面:①从跨国企业角度看,相对于东道国本土企业,跨国企业因为缺少东道国信息而遭受额外的经营危害。Hymer（1976）指出，"本国企业对自己国家拥有更好的信息这一普遍优势，包括它的经济、语言、法律和政治等，而对于外来者，获取这些信息的成本往往是可观的"。Kostova和Zaheer（1999）进一步从制度距离视角研究发现，当母国与东道国的制度距离越大时，跨国企业越难以正确地理解和解读东道国的制度环境，尤其是其隐性的社会规范、文化和不成文的规则。不熟悉危害表现在跨国企业面临比本土企业更高的信息收集和分析成本、更频繁的决策错误、不能有效识别利益相关者的合法性要求等方面。②从东道国利益相关者角度看，由于东道国利益相关者缺少外国企业的相关信息，导致跨国企业遭遇歧视危害和关系危害。例如，Bell等（2012）研究发现，由于东道国投资者不熟悉在当地上市的外国企业，导致外国企业的股票价格往往被低估。

歧视危害主要从东道国角度考察，即东道国政府、消费者、社会公众等利益相关者会区别对待外国企业与本土企业，进而导致跨国企业处于竞争劣势地位（Lindorfer等，2016）。Eden和Miller（2004）认为，歧视危害可能表现为政治歧视和消费者的民族中心主义等方面，如东道国政府出于政治目的而对外国企业设定更高的市场进入标准（Bhanji和Oxley，2013），消费者出于爱国主义而排斥外国企业的产品。歧视危害导致跨国企业面临资源获取障碍、利益相关者认可度低、更高的声誉建设成本等劣势（Husted等，2016）。

关系危害主要从跨国企业与东道国利益相关者之间的关系角度考察，即作为外来者，跨国企业在东道国管理内部关系和建立外部关系时面临更高的复杂性和不确定性（Johanson和Vahlne，2009）。从内部关系看，远距离和跨文化管理东道国员工将导致更高的治理成本；从外部关系看，由于跨国企业对东道国当地的社会网络缺乏嵌入性，导致跨国企业难以与当地的供应商、消费者等关键利益相关者建立信任关系（Li等，2008）。此外，外来者劣势的三种危害并非相互独立，而是相互强化。例如，歧视危害会强化关系危害，因为利益相关者对跨国企业的排外会降低双方之间的信任关系。关系危害也会强化不熟悉危害，因为信息的获取依赖于关系网络（Schmidt和Sofka，2009），由于跨国企业难以嵌入东道国当地的社会网络中，导致跨国企业在获取当地市场信息时面临障碍（Johanson和Vahlne，2009）。

## 二、外来者劣势的形成机制

对于外来者劣势如何形成这一问题，已有研究主要是因素分析（即分析哪些因素导致外来者劣势），而缺少过程分析（即揭示外来者劣势的形成机制）。总结已有研究，距离（包括地理距离、制度距离和文化距离等）引致的信息缺失与合法性缺失是外来者劣势的主要形成机制（Eden和Miller，2004；Gardberg和Fombrun，2006；Fornes等，2006）。

### （一）距离、信息缺失与外来者劣势

外来者劣势的第一个形成机制是距离引起跨国企业与东道国利益相关者之间的双向信息缺失，进而导致跨国企业面临不熟悉危害、歧视危害和关系危害。

首先，地理距离不仅导致跨国企业难以获取东道国市场信息，也导致东道国利益相关者难以获取跨国企业信息（Pedersen等，2013）。对此，Asmussen和Goerzen（2013）认为，随着地理距离的增加，沟通和知识流动的成本将会不断提高，并且信息在远距离传递过程中会出现扭曲。

其次，制度和文化距离会提高跨国企业与东道国之间的信息缺失。例如，Kostova和Zaheer（1999）认为，两国之间的制度距离越大，跨国企业越难以正确理解和解读东道国的制度环境，尤其是隐性的社会规范。Calhoun（2002）进一步指出，即使跨国企业能够获得与东道国本土企业相同的信息，但由于隐性的文化差异，跨国企业仍然难以正确评估东道国的市场环境。双向信息缺失导致跨国企业在与东道国本土企业竞争中处于劣势地位。

一是缺少东道国信息使跨国企业难以正确判断东道国政府、供应商、

消费者等利益相关者的行为模式和利益偏好（Calhoun，2002），难以正确评估东道国的市场机会和环境变化。对此，O'Grady 和 Lane（1996）研究发现，由于不熟悉加拿大和美国之间隐性的文化差异，在美国经营的加拿大公司比美国当地公司的绩效更低。二是当东道国利益相关者缺少跨国企业的信息时，会更倾向于根据跨国企业的来源国形象对其行为、产品品质以及声誉等方面做出评估和决策。

### （二）距离、合法性缺失与外来者劣势

外来者劣势的第二个形成机制是距离导致跨国企业难以在东道国获取合法性（Eden 和 Miller，2004；陈怀超等，2013），进而遭遇歧视危害和关系危害。Zaheer（2002）认为，外来者劣势本质上是一种制度性危害，即作为外来者，跨国企业难以在东道国建立并维持合法性，进而在竞争中处于劣势地位。Eden 和 Miller（2004）进一步指出，跨国企业难以在东道国获取合法性的主要原因是两国之间存在显著的制度距离。具体而言，制度距离导致跨国企业难以获取规制、规范和认知合法性。

首先，规制距离导致跨国企业难以在东道国获取规制合法性。例如，Mezias（2002）的研究发现，在美国经营的跨国企业更容易遭受法律诉讼，是因为跨国企业没有能力准确解读东道国当地法律法规。

其次，规范距离提高了跨国企业建立并维持规范合法性的挑战，进而导致跨国企业遭遇歧视危害（Kostova 和 Zaheer，1999）。

最后，由于认知距离，跨国企业往往受到东道国利益相关者的民族中心主义和消极的刻板印象，进而难以获取认知合法性（Lamin 和 Livanis，2013）。由于合法性不仅是一种制度性力量，也是一种战略性资源，能够帮助跨国企业获得一致性和可信性，进而在东道国获取其他资源，如信息、网络关系以及消费者的认可等。因此，合法性缺失导致跨国企业难以在东道国市场获取生存和发展所需的资源，进而在与东道国本土企业的竞争中处于劣势地位。

## 三、克服外来者劣势的理论视角

对于如何克服外来者劣势,已有研究提出了丰富的理论视角(Denk 等,2012;任兵和郑莹,2012)。总结已有研究成果,这些理论视角可以分为两类:第一类视角关注降低外来者劣势本身,即通过降低信息缺失与合法性缺失,进而降低不熟悉危害、歧视危害和关系危害,基于该路径的理论视角主要包括信息不对称、组织学习、制度理论、社会网络等视角(Salomon 和 Wu,2012)。第二类视角关注弥补外来者劣势对绩效的负面影响,即通过提高跨国企业的竞争优势弥补外来者劣势造成的危害,基于该路径的理论视角主要为资源基础观(Nachum,2010)。

### (一)信息不对称和组织学习理论视角

信息不对称和组织学习理论视角主要关注跨国企业如何降低信息缺失引致的外来者劣势(蔡灵莎等,2015)。由于跨国企业与东道国之间的信息缺失呈现双向性,因此,跨国企业可以通过加强与东道国之间的双向信息沟通来降低外来者劣势:一方面,通过组织学习获取东道国信息,降低不熟悉危害(Petersen 和 Pedersen,2002);另一方面,主动向东道国披露自己的信息,帮助东道国利益相关者了解跨国企业,降低歧视危害和关系危害(Elango,2009)。Petersen 和 Pedersen(2002)认为,跨国企业可以通过直接或代理学习获取东道国信息,增加其本土适应性,进而降低外来者劣势,作者进一步指出,那些学习意愿和学习能力更强的跨国企业,更容易克服外来者劣势。蔡灵莎等(2015)的实证研究表明,组织学习能够显著降低外来者劣势,跨国企业可以采取"利用式"和"探索式"两种学习方式降低外来者劣势。此外,Sethi 和 Guisinger(2002)研究指出,那些具备环境阅读技能(environment-reading skills)并能够迅速适应东道国环境的跨国企业,甚至可以将劣势转化为优势。然而,尽管组织学习能够帮助跨国企业获取东道国信息,却难以降低东道国利益相关者对跨国企业的不熟悉。对此,Bell 等(2012)研究发现,在海外上市的跨国企业可以通过"捆绑"(bonding)、"信号显示"(signaling)、"背书"(endorsement)等方式向东道国投资者释放积极的信息,进而克服资本市场上的外来者劣势。杜晓君等(2015)研究指出,跨国企业可以通过边界跨越策略向东道国利益相关者释放有利于企业的信息,进而降低歧视危害和关系危害。尽管组织学习和信息不对称理论视角能够解答跨国企业如何降低信息缺失引致的外来者劣势,却较少关注如何克服合法性缺失引致的竞争劣势。

(二)制度理论视角

与组织学习和信息不对称理论视角关注信息缺失不同,制度理论视角则关注跨国企业如何在东道国市场获取合法性,进而降低外来者劣势(Yildiz 和 Fey,2012)。制度理论的核心观点是企业的生存和发展需要在制度环境内获取合法性,即获得包括政府、消费者、供应商和公众等利益相关者的认可和支持(斯科特,2010)。根据制度理论的观点,处于相同制度环境的企业倾向于遵守相同的制度规范和价值观,采纳相同的组织惯例和结构,进而获取合法性(DiMaggio 和 Powell,1983)。由于国家之间的制度距离导致跨国企业难以在东道国制度环境下获取合法性。因此,为了获取合法性,跨国企业应该采取制度同构策略(陈立敏等,2016),如遵守东道国的法律法规、社会规范及文化,模仿东道国本土企业的组织结构、商业惯例等。制度同构能够帮助跨国企业获取东道国利益相关者的"可理解性""恰当性"以及"合意性"感知(Suchman,1995),提高利益相关者对跨国企业的接受度,进而帮助跨国企业获得东道国利益相关者的支持。尽管制度理论视角在克服外来者劣势的研究中具有重要地位,但已有研究主要强调跨国企业通过被动地适应东道国制度环境而获取合法性,却较少关注跨国企业的主观能动性。与制度同构强调跨国企业被动式地遵守东道国制度规范不同,制度创业强调跨国企业采用集体行为创造有利于企业的制度规则,进而获取利益相关者的认可。然而,相对于制度同构,从制度创业视角研究跨国企业如何在东道国获取合法性的文献还很匮乏。

### (三) 社会网络理论视角

基于社会网络视角的观点，跨国企业遭遇外来者劣势是因为难以与东道国利益相关者建立网络关系。Johanson 和 Vahlne（2009）进一步将这种劣势定义为"局外人劣势"。因此，克服外来者劣势需要跨国企业积极与东道国利益相关者构建网络关系。Luo 和 Mezias（2002）认为，与当地利益相关者建立网络关系至少可以从四个方面降低外来者劣势：一是更好地获得当地的重要资源；二是向合作伙伴学习如何在当地开展业务；三是提高企业与政府的关系；四是分享合作伙伴在当地市场的经验、网络以及形象。Asmussen 和 Goerzen（2013）指出，与东道国关键利益相关者建立社会网络关系能够显著降低不熟悉危害和歧视危害，因为东道国的关系伙伴更了解当地市场，如消费者偏好、不成文的规范和文化等，从而帮助跨国企业获取当地市场信息。Cuervo-Cazurra 等（2008）认为，建立网络关系能够提高跨国企业的合法性，降低当地利益相关者的歧视。此外，还有研究发现，构建关系网络对于减轻知识转移过程中的外来者劣势具有显著影响（Li 等，2008）。然而，尽管构建关系网络能够有效降低外来者劣势，但已有研究对跨国企业应该如何在东道国构建关系网络缺乏阐释。

### (四) 资源基础观

与信息不对称、制度理论与社会网络视角直接关注降低外来者劣势本身不同，资源基础规则强调跨国企业通过竞争优势（如技术、品牌以及规模经济等）来弥补外来者劣势的负面影响（Denk 等，2012）。资源基础观认为，当企业拥有的资源是有价值的、稀缺的、难以模仿以及不可替代时，将能够为企业带来竞争优势（Barney，2001）。根据资源基础观的观点，跨国企业可以通过转移母公司特有的资源和能力，尤其是管理和组织能力，实施差异化战略来弥补外来者劣势（Nachum，2010）。Zaheer（1995）通过实证研究发现，与制度同构相比，通过转移母公司异质性的资源和能力降低外来者劣势的效果更为显著。Nachum（2010）实证研究进一步表明，转移母公司竞争优势不仅能够弥补外来者劣势，甚至能使跨国企业的经营绩效超越东道国本土企业。此外，对于转移何种资源和能力更容易帮助跨国企业克服外来者劣势，Asmussen 和 Goerzen（2013）研究认为，转移无形资源比有形资源更有利于帮助跨国企业克服外来者劣势。尽管资源基础观视角得到了学者们的广泛关注，但该视角主要是基于发达国家跨国企业的经验，而对新兴经济体跨国企业的适用性较低。例如，Barnard（2010）认为，发达国家跨国企业拥有丰富的资源和能力，能够帮助企业在东道国市场弥补外来者劣势，相比之下，新兴经济体的跨国企业往往缺少这些异质性的资源和能力，这导致资源基础观对新兴经济体跨国企业克服外来者劣势缺乏解释力。

## 四、研究总结

尽管学者们已通过丰富的理论视角来研究外来者劣势现象，但这些研究对来自包括中国在内的新兴经济体跨国企业面临的外来者劣势缺乏阐释。根据 Denk（2012）的统计，2003~2012 年发表在权威期刊的 27 篇关于外来者劣势文献中，仅有 5 篇关注新兴经济体跨国企业。由于新兴经济体跨国企业与发达国家跨国企业在母国制度环境、企业资源和能力等方面存在显著差异，导致新兴经济体跨国企业面临的外来者劣势可能并不完全符合主流国际商务理论。一方面，在外来者劣势的来源方面，Gaur 等（2011）的研究认为，新兴经济体跨国企业面临的外来者劣势与发达国家跨国企业相比存在很大的差异性，突出表现为新兴经济体跨国企业面临更高水平的外来者劣势；另一方面，在克服外来者劣势方面，Barnard（2010）认为，由于缺少异质性的资源和能力，新兴经济体跨国企业比发达国家跨国企业更难以克服外来者劣势。因此，越来越多的学者开始呼吁以新兴经济体跨国企业为研究对象，探究导致新兴经济体跨国企业面临更高水平外来者劣势现象背后的原因，以及企业应该如何克服外来者劣势，进而构建情境化理论。

## 第三节  来源国劣势研究综述[①]

### 一、来源国劣势的概念演进

尽管外来者劣势已经成为描述跨国企业在东道国面临竞争劣势的"统括性"概念，但近年来国际商务学者认为，新兴经济体跨国企业对外直接投资不仅面临外来者劣势，也面临"来源国劣势"的严峻挑战（魏江和王诗翔，2017），导致企业国际化处于"雪上加霜"的不利地位。外来者劣势主要由母国与东道国之间的制度距离和信息不对称引起，并不关注跨国企业的母国，而来源国劣势则"专门"研究跨国企业的"母国"（即其"来源国"）对企业国际化产生的负面影响。事实上，在国际商务领域，"母国/来源国"如何影响企业国际化一直是国际商务领域关注的重点问题（Bartlett 和 Ghoshal，2000；Cuervo-Cazurra，2011；Ramachandran 和 Pant，2010；Cuervo-Cazurra 等，2018），但其研究结论却存在争论。早期的研究认为，来源国对企业国际化产生积极影响，即存在"来源国优势"现象（Dunning，1988；Gertler 等，1995；Chan 等，2010）。例如，来自"硅谷"的高科技公司（如谷歌、苹果等）更容易到海外市场进行扩张，因为"硅谷"完善的制度、技术和人才环境有利于企业培育所有权优势，推动企业海外直接投资（Gertler 等，1995；Wang 等，2014；Chen 等，2019）；来自德国的汽车公司到海外进行直接投资时（而不仅仅是产

---

[①] 本部分的主要内容发表于《外国经济与管理》期刊，详见：杨勃，刘娟. 来源国劣势：新兴经济体跨国企业国际化"出身劣势"——文献评述与整合框架构建[J]. 外国经济与管理，2020，42（1）：113-125.

品出口）更容易受到东道国政府欢迎和消费者青睐，因为"来自德国"（Come from Germany，而不是 Made in Germany）本身就是"高品质汽车公司"的象征。事实上，很多研究表明，发达国家企业在进入发展中国家时，仅仅是因为其"来源国"就会在东道国享受很多"优势"（Insch 和 Miller，2004；Elango 和 Sethi，2007；Nachum，2010；Sharma，2011；Edman，2016；Cuervo-Cazurra 等，2018）。

然而，随着新兴经济体跨国企业开始大规模"走出去"，学者们发现，与发达国家企业享受来源国优势不同，新兴经济体跨国企业的"来源国/母国"非但不能给企业带来优势，反而成为企业国际化经营的"负债"（Bartlett 和 Ghoshal，2000；Marano 等，2017；Yu 和 Liu，2018）。例如，与发达国家不同，新兴经济体普遍存在市场机制不完善、知识产权保护不力、法律执行力低等制度约束，导致企业很难在母国制度环境下培育出所有权优势，进而在国际竞争中处于劣势地位（Dunning 和 Lundan，2008；Cuervo-Cazurra 和 Genc，2008；Madhok 和 Keyhani，2012；Wu 和 Chen，2014；李新春和肖宵，2017）。更重要的是，发达国家利益相关者常常"自发地"将"产品低劣""政府参与""技术落后""公司治理结构差"等负面的标签贴在新兴经济体跨国企业上，这种对新兴经济体跨国企业"想当然的、污名化的刻板认知"导致新兴经济体跨国企业国际化面临严峻的合法性挑战（魏江和杨洋，2018）。基于此，Bartlett 和 Ghoshal（2000）、Ramachandran 和 Pant（2010）等学者将这种新兴经济体跨国企业由于来自特定"母国/来源国"而在竞争中处于劣势地位的现象定义为"来源国劣势"。

## 二、来源国劣势的内涵

Bartlett 和 Ghoshal（2000）最早提出"来源国劣势"构念，但作者并未对来源国劣势进行直接定义，而是将其比喻为一系列的母国"陷阱"（traps），这些"陷阱"包括多方面：一是新兴经济体跨国企业长期在受保护、缺乏国际竞争的国内市场经营，导致企业管理者的"认知失调"（cognitive maladjustment），如在国内市场过度自信，而对国际化过程中自身的竞争劣势缺乏清晰认识和理性分析，也难以正确评估海外经营风险；二是由于新兴经济体母国市场的技术水平和规范要求较低，导致企业缺乏动力和能力去提升技术和规范水平，进而导致企业被"锁定"（be locked）在母国低标准的"牢笼"中（如全球价值链的低端锁定）。因此，Bartlett 和 Ghoshal（2000）对来源国劣势的定义更多地考虑母国"温室"环境对新兴经济体跨国企业成长带来的不利影响，尤其是对企业高层管理者的"心理因素"（psychological factors，如自我评估、海外机会和风险识别、动机等）产生的负面影响。

Ramachandran 和 Pant（2010）极大地拓展了来源国劣势的内涵和理论边界，不仅关注管理者的认知因素，也特别关注母国制度缺陷和负面的来源国形象对新兴经济体跨国企业的"能力建构"与"合法性获取"产生的负面影响，作者将来源国劣势定义为"由企业来源国引起、导致企业在特定东道国市场遭遇的基于能力和基于合法性的劣势"。基于此，作者将来源国劣势分为"基于能力"（capability-based）的劣势和"基于合法性"（legitimacy-based）的劣势两类，前者是母国制度缺陷（如资本市场和人力资源市场不完善）对跨国企业资源获取和能力建构产生的负面影响，后者是负面的来源国形象导致东道国利益相关者对跨国企业持有负面的刻板印象和合法性感知。Ramachandran 和 Pant（2010）进一步认为，来源国劣势解释的核心问题是"跨国企业的来源国如何塑造企业在东道国的竞争劣势"，并指出这些劣势的三个具体来源情境，即母国情境、东道国情境和跨国企业的组织情境。

与 Ramachandran 和 Pant（2010）相比，Marano 等（2017）主要聚焦于"基于合法性"的劣势，将来源国劣势定义为"由于母国不完善的制度环境而导致企业在东道国遭遇的劣势"（特别是难以在东道国获取合法性），作者认为，来源国劣势形成的主要原因是新兴经济体普遍存在的

"制度缺陷"影响东道国利益相关者对跨国企业的感知和评价（Kostova 和 Zaheer，1999），因此，作者更强调母国制度缺陷对东道国利益相关者认知的影响。此外，Amankwah-Amoah 和 Debrah（2017）将来源国劣势定义为"由于来源地而导致企业遭遇的额外成本或难以享受的优势"，该定义包括三方面含义：一是来源国劣势是由于跨国企业来自特定区域而引起；二是来源国劣势导致跨国企业遭遇比本土企业更高的经营成本（如更高的交易成本、资源获取成本等）；三是来源国劣势也可能表现为其他企业享有而将来自特定区域的企业排除在外的优势或益处。

总结上述学者对来源国劣势的定义，可以从中归纳出几条共同点：第一，学术界普遍认为来源国劣势是一种独立的现象，与外来者劣势的概念内涵及其形成原因不同（Ramachandran 和 Pant，2010；Amankwah-Amoah 和 Debrah，2017）；第二，来源国劣势本质上是"来源国/母国"对新兴经济体跨国企业国际化造成的负面影响（Bartlett 和 Ghoshal，2000；Ramachandran 和 Pant，2010），其关注焦点是跨国企业的"来源国/母国"，而非东道国；第三，"来源国/母国"之所以成为新兴经济体跨国企业国际化的"负债"，是因为新兴经济体普遍存在制度不完善、经济发展水平低、市场机制缺失、技术落后等特征（Wang 等，2014；Marano 等，2017）；第四，来源国劣势对新兴经济体跨国企业国际化产生的负面影响是多方面的，如资源获取、核心能力培育、合法性获取、外部声誉建构等（Ramachandran 和 Pant，2010；Marano 等，2017）。

## 三、来源国劣势的构成及其形成机制

根据 Ramachandran 和 Pant（2010）的研究，本书将来源国劣势分为两类：一是"基于能力"（capability-based）的劣势，是指母国制度环境对跨国企业的资源获取和能力建构产生负面影响；二是"基于合法性"（legitimacy-based）的劣势，是指母国制度环境对跨国企业在东道国的合法性获取和声誉建构产生负面影响（Ramachandran 和 Pant，2010）。从形成机制看，尽管两类劣势的根源都是母国制度环境，但其理论基础、关注视角以及作用机制却存在显著差异："基于能力"的劣势主要由母国制度环境产生的"制度约束"（institutional constraints）引起，是母国制度环境对新兴经济体跨国企业资源获取和能力建构产生的"直接"影响（Wang等，2014），并且这种影响在跨国企业进入东道国市场之前已经发生。相比之下，"基于合法性"的劣势是由母国制度环境（如制度缺陷、技术落后）产生的负面"来源国形象"引起，是母国制度环境通过影响东道国利益相关者的"认知"（即如何感知和评价来自特定国家的企业）而"间接"影响跨国企业（Marano等，2017；Yu和Liu，2018）。

### （一）"基于能力"的劣势及其形成机制

尽管母国制度对新兴经济体跨国企业国际化的影响已经得到学术界的关注（Luo和Tung，2007；叶广宇等，2015；葛顺奇，2015；冯华和辛成国，2015；陈培如等，2017），但很多研究将母国制度视为"优势"来源，探究母国制度（特别是政府支持）对新兴经济体跨国企业国际化的推动作用（Rui和Yip，2008；Luo和Xue，2010；李述晟，2012；齐晓飞和关鑫，2017）。相比之下，来源国劣势则将母国制度视为"劣势"来源，探究母国制度环境对新兴经济体跨国企业国际化的负面影响。与发达国家跨国企业的母国制度环境相比，新兴经济体跨国企业的母国制度往往呈现市场机制不完善、法律执行力低、知识产权保护不力、要素市场不发达、技术落后等特征（Hitt等，2000；Wang等，2014；李新春和肖宵，2017；王珏等，2019），这些特征对新兴经济体跨国企业国际化产生负面约束，Wang等（2014）将其称为"制度约束"。Wang等（2014）认为，制度约束至少包括两方面：一是"制度缺陷"，即"制度空白"或"制度不完善"（Marano等，2017），如缺乏有效的知识产权保护机制、商业执法不力、要素市场不发达等（Boisot和Meyer，2008；Ahlstrom等，2014；王珏等，2019）；二是"制度危害"（institutional hazards），如公共部门腐败、模棱两可的法律、政府干预、非公平竞争等（Ramachandran

和 Pant，2010）。Meyer 和 Peng（2016）进一步认为，新兴经济体的制度环境处于"缺陷"与"不稳定/转型"共存的状态。已有研究表明，母国制度约束对新兴经济体跨国企业的资源获取和能力建构产生负面影响（Bartlett 和 Ghoshal，2000；Luo 和 Tung，2007，2018；Ramachandran 和 Pant，2010；Marano 等，2017）。

首先，母国制度约束导致新兴经济体跨国企业很难在母国环境下获取和培育有价值的资源和能力，如资金、技术、品牌、管理能力等（Mathews，2002，2006；Ramachandran 和 Pant，2010；Marano 等，2017；Luo 和 Tung，2007，2018）。Wang 等（2014）认为，导致新兴经济体跨国企业资源和能力缺失的重要原因是母国的战略要素市场（包括技术、资本、管理技能、熟练劳动力等）的不完善和低发展水平（Makino 等，2002），使得新兴经济体跨国企业很难开发出先进的技术、领先的管理能力和全球化的品牌。Ramachandran 和 Pant（2010）认为，新兴经济体国家不完善的资本市场导致本国企业（尤其是中小企业）难以有效获取国际化所需的资金（Voss 等，2010）；不完善的人力资源市场导致企业难以获得国际化发展所需的人才。在创新能力方面，近年来学者们也开始关注母国制度环境对企业创新能力及其国际扩张的影响（Cuervo-Cazurra 和 Genc，2008，2011；Govindarajan 和 Ramamurti，2011；Hoskisson 等，2013；Chen 等，2019），研究表明，新兴经济体普遍存在制度空白、创新环境不完善、创新人才稀缺等环境约束对企业的创新能力产生了负面影响。

其次，母国制度约束也可能对新兴经济体跨国企业的国际化动态能力、组织学习能力、国际化管理能力和认知能力等方面产生负面影响（Bartlett 和 Ghoshal，2000；Wang 等，2014）。感知国际化机会与威胁的能力是企业国际化动态能力的重要组成部分（Teece，2007），然而，由于新兴经济体跨国企业长期在受保护的国内市场经营，企业对国际市场机会和威胁的感知能力也较弱（Bartlett 和 Ghoshal，2000；Ramachandran 和 Pant，2010）。从组织学习视角看，由于新兴经济体跨国企业的母国制度约束，企业在"发展学习能力"（developing learning capability）上面临挑战（Bartlett 和 Ghoshal，2000；Wang 等，2014）。更为关键的是，母国制度环境及其对企业产生的"制度遗产"（institutional heritage）也会"渗透"（permeate）到新兴经济体跨国企业的认知模式和行为方式中，并成为企业国际化竞争劣势的重要来源（Wang 等，2014）。例如，Bartlett 和 Ghoshal（2000）认为，母国制度环境会对企业高层管理者的认知能力产生负面影响，导致管理者在国际市场竞争中表现出过度自信（overconfidence）或缺乏自信（self-doubt）。

此外，独特的母国制度环境不仅导致新兴经济体跨国企业国际化的"能力缺失"，也可能导致"能力错位"，即企业在母国制度环境下培育出的核心能力与在东道国市场获得成功所需的核心能力不匹配。例如，很多学者认为，新兴经济体跨国企业也拥有核心能力，但由于企业长期在制度不完善的环境下经营，企业培育的核心能力与发达国家企业的核心能力显著不同，如"低成本优势""与母国政府建立良好关系的能力""依靠政府许可获得垄断优势的能力"等（Ghemawat 和 Hout，2008；Luo 等，2010）。尽管这些能力有助于企业在相似制度环境下获取竞争优势（Cuervo-Cazurra 和 Genc，2008），却无法在制度完善的发达国家为企业创造竞争优势，甚至成为竞争劣势的来源（Wang 等，2014）。

### （二）"基于合法性"的劣势及其形成机制

母国制度环境不仅直接影响跨国企业的资源获取和能力建构，还会影响东道国利益相关者如何感知和评价来自该国的跨国企业（Marano 等，2017），导致企业难以在东道国获取合法性（Ramachandran 和 Pant，2010；Yu 和 Liu，2018）。已有研究表明，"基于合法性"的劣势主要由母国制度特征产生的来源国形象引起，即东道国利益相关者对新兴经济体跨国企业及其母国持有负面的刻板印象（stereotype）和感知（perception）（Ramachandran 和 Pant，2010；李祺等，2016；郑英东和钟昌标，2017；Marano 等，2017；Li 等，2019）。

Amankwah-Amoah 和 Debrah（2017）认为，来源国劣势的主要起因（main culprit）是东道国利益相关者对特定区域及其企业持有的刻板印象，这些刻板印象由该区域的代表性产品、国家特性、经济与政治背景、历史、文化传统等构成（Nagashima，1970；Pant 和 Ramachandran，2012；魏江和杨洋，2018）。Yu 和 Liu（2018）认为，来源国劣势是个体对特定国家持有的刻板印象，并依赖这种刻板印象对来自该国的企业进行评价（Maheswaran，1994），而负面的刻板印象导致东道国利益相关者对新兴经济体跨国企业持有"负面的能力感知"（negative competence perception）和"负面的温暖感知"（negative warmth perception）。Marano 等（2017）认为，由于负面的来源国形象，东道国消费者会认为新兴经济体跨国企业提供的产品和服务质量较低（Klein，2002）；东道国政府会认为新兴经济体跨国企业在海外市场缺乏透明性并存在腐败（Cuervo-Cazurra 和 Genc，2008；Li 等，2019）；东道国投资者会认为新兴经济体跨国企业不具备良好的公司治理结构，因为其母国制度环境不强制企业具备良好的公司治理结构（Luo 和 Tung，2007；Wang 等，2014）；东道国社会公众会认为新兴经济体跨国企业不重视环境保护和劳工权益保护。总之，发达国家利益相关者对于来自新兴经济体跨国企业"想当然的、污名化的刻板印象"（魏江和杨洋，2018）是导致企业难以在东道国获取合法性的主要原因。

Amankwah-Amoah 和 Debrah（2017）进一步认为，负面的刻板印象具有两个显著特征，使得母国制度环境对新兴经济体跨国企业合法性的负面影响更为深远：一是"同质化"（homogenous）特征，即东道国利益相关者常常将所有来自相同国家或地区的企业视为同质化的，并未"具体企业具体分析"，尽管在事实上这些企业之间存在很大的差异性。二是"传染性效应"（contagion effect），即来自相同国家或地区的一家或几家企业的不良行为会快速"传染"给来自该国或地区的其他企业，从而使来自相同国家或地区的所有企业遭遇污名化，即负面的合法性溢出效应（Kostova 和 Zaheer，1999）。Yu 和 Liu（2018）支持了这一观点，作者认为，东道国利益相关者对新兴经济体跨国企业的刻板印象和社会抵制往往可能由个别企业引起，但这种抵制会很快传染给来自相同国家的其他企业。

### 四、来源国劣势的克服策略

鉴于来源国劣势对新兴经济体跨国企业国际化造成了负面影响，如何克服来源国劣势就成为了一个重要研究议题（Marano等，2017）。尽管学者们提出了多种克服来源国劣势的策略，但相关研究仍然相对匮乏（魏江和杨洋，2018）。与此同时，学术界提出的克服策略主要针对"基于合法性"的劣势，而对"基于能力"的劣势知之甚少。

#### （一）企业社会责任披露

Marano等（2017）认为，积极向东道国利益相关者披露企业社会责任是新兴经济体跨国企业弱化来源国劣势的重要策略。企业社会责任能够向东道国和全球利益相关者传递企业与全球价值规范和期望保持一致的信息（Kostova等，2008），从而帮助新兴经济体跨国企业与其母国"相分离"（helping them disassociate themselves from their home countries）（Marano等，2017）。履行企业社会责任被认为是跨国企业在东道国获取合法性的"最佳实践"（best practice）之一，它能够向东道国利益相关者证明企业对产品质量和安全、环境保护、行为准则和反腐败等方面的承诺，帮助企业"远离"母国制度形象，并加入全球合法化的组织群体（Zheng等，2015）。与此同时，披露社会责任也能够为东道国利益相关者提供更多评判新兴经济体跨国企业合法性的信息，弱化利益相关者仅根据来源国形象而对企业合法性进行评判的负面影响。从本质上看，通过企业社会责任披露克服来源国劣势是一种信号显示活动，即通过社会责任披露释放新兴经济体跨国企业符合东道国合法性规范的信号。

#### （二）制度创业

Ramachandran和Pant（2010）认为，新兴经济体跨国企业可以通过

"制度创业"（institutional entrepreneurship）在东道国获取合法性，进而克服来源国劣势。

首先，与"制度同构"（institutional isomorphism）强调遵守已有制度规范不同，制度创业强调改变已有制度安排，或创造新的制度规则（Greenwood 和 Suddaby，2006；Garud 等，2007）。更为重要的是，制度同构并不一定有助于新兴经济体跨国企业获取合法性，因为负面的来源国形象导致企业即使采取制度同构也不一定能够获得东道国利益相关者的合法性认可。

其次，新兴经济体跨国企业拥有进行制度创业的强烈动机。已有研究表明，处于制度外围、地位较低的组织更有动机开展制度创业活动（Battilana 等，2009），与此相对应，新兴经济体跨国企业在东道国市场也处于制度外围、地位较低位置。

最后，东道国制度环境的复杂性和多元性也为企业开展制度创业提供了机会（Kostova 等，2008）。早期的制度理论重点关注制度同构（Meyer 和 Rowan，1977；DiMaggio，1983），却低估了制度环境的复杂性和多元化（Kodeih 等，2013），以及微观组织的能动作用（邓少军等，2018）。因此，制度环境的多元性与跨国企业的能动性为企业在东道国市场通过制度创业克服来源国劣势提供了可能（Pant 和 Ramachandran，2018）。在实证研究方面，Pant 和 Ramachandran（2012）通过对印度软件行业公司通过制度创业在发达国家获取认知合法性进行了探索，构建了新兴经济体跨国企业通过制度创业克服来源国劣势的过程模型。

## （三）组织身份机制

Ramachandran 和 Pant（2010）认为，与制度创业从"群体层面"克服来源国劣势不同，组织身份机制能够帮助新兴经济体跨国企业从"个体层面"塑造高度差异化的合法化叙述（legitimation narratives），进而克服来源国劣势。"组织身份"（organizational identity）是组织最为核心、独特和持久的特征（Albert 和 Whetten，1985；Clark 等，2010），对内帮助组织成员回答"作为组织，我们是谁"（Zavyalova等，2017），对外影响外部利益相关者如何理解和感知这个组织（Tripsas，2009）。从合法性视角看，组织身份是外部利益相关者评判跨国企业合法性的重要"窗口"（Pant和Ramachandran，2018）。杜晓君等（2015）认为，组织身份是解释组织存在价值、目的等核心特征的工具，承载着向外部利益相关者传达组织是否符合社会规范、价值观和利益相关者期望的功能（Glynn和Abzug，2002），因此，组织身份是东道国利益相关者评判跨国企业合法性的重要指标。那么，新兴经济体跨国企业应该通过何种组织身份机制克服来源国劣势？Ramachandran和Pant（2010）提出了两条不同的路径：一是"身份变革"（identity change），即重新塑造组织身份，向外界展示全新的形象，挑战东道国利益相关者对跨国企业及其母国形成的"理所当然"的认知（杜晓君等，2015）；二是"身份维持"（identity preservation），如通过维持多重组织身份同时在东道国和母国获取合法性（Pratt和Foreman，2000；Pant和Ramachandran，2018），或向东道国利益相关者展示积极的身份维度、隐藏消极的身份维度（Elsbach和Kramer，1996）。

### （四）战略联盟

Amankwah-Amoah和Debrah（2017）认为，与发达国家领先的、声誉更高的跨国企业形成战略联盟有助于新兴经济体跨国企业克服来源国劣势，原因如下：第一，从能力视角看，战略联盟有助于新兴经济体跨国企业获得发达国家企业的先进知识、管理经验、资金等，进而减弱"基于能力"的劣势；第二，从合法性视角看，战略联盟能够向东道国消费者、投资者和政府等利益相关者释放积极的信号，进而有助于新兴经济体跨国企业克服"基于合法性"的劣势。相反，那些没有形成战略联盟的企业则无法获取资源，或者只能获取"外围/次要的"（peripheral）资源，并在行业竞争中处于"外围/次要的"位置（Amankwah-Amoah和Debrah，2017）。

## 五、来源国劣势对新兴经济体跨国企业国际化战略的影响

来源国劣势不仅对新兴经济体跨国企业的国际化能力与东道国合法性产生影响，还会影响企业的国际化战略选择（Cuercvo-Cazurra，2011；Wang 等，2014；Marano 等，2017），如国际化路径（Luo 和 Tung，2007，2018）、市场进入模式选择（Rui 和 Yip，2008）、进入东道国市场之后的经营管理战略等（Wang 等，2014）。

### （一）对国际化路径选择的影响

国际化渐进理论（也称"乌普萨拉模型"，Uppsala Model）认为（Johanson 和 Vahlne，1977），企业国际化应遵循"由近至远"的原则（即先进入心理距离较近的国家，待积累了国际化经验之后再进入距离较远的国家）。然而，由于母国制度缺陷和资源限制，新兴经济体跨国企业的国际化路径选择往往与传统理论预测的不一致（Witt 和 Lewin，2007）。例如，Luo 和 Tung（2007，2018）从"跳板视角"（springboard perspective）分析新兴经济体跨国企业的国际化战略，认为企业的母国国内市场存在的制度约束是推动企业采取更激进的国际化路径选择（如跳过发展中国家直接进入发达国家）的重要驱动力。Kalotay 和 Sulstarova（2010）、Stoian 和 Mohr（2016）等学者认为，由于新兴经济体市场普遍存在制度缺陷问题，使得企业有强烈的意愿直接进入制度更健全的发达国家，以规避制度缺陷产生的经营风险和成本。Boisot 和 Meyer（2008）发现，很多新兴经济体的中小企业在国内市场扩张的成本甚至高于进入海外市场的成本，这直接推动中小企业进入制度完善的发达国家进行"制度套利"（institutional arbitrage）。李新春和肖宵（2017）从"制度逃离"（institutional escapism）视角解释中国民营企业对外直接投资现象，作者认为，母国不完善的制度环境导致中国民营企业直接"逆向"投资于发达经济体。由此可见，越来越多的研究表明，来源国劣势已经成为推动新兴经济体跨国企业选择与传统国际化渐进理论预测不同的国际化路径、直接

进入发达国家市场的重要驱动力（Luo 和 Tung，2007，2018；Boisot 和 Meyer，2008；Gaur 等，2014；Marano 等，2017）。需要指出的是，母国制度约束既是推动新兴经济体跨国企业逆向国际化的动力（即制度逃离），但同时也给其国际化能力带来了负面影响，导致企业在发达国家面临更为严峻的挑战。

**（二）对海外市场进入模式选择的影响**

从海外市场进入模式看，国际化渐进理论认为企业应该选择"由低向高"的市场进入模式（即先通过合资等低股权投入模式进入海外市场，待积累经验后再采取并购等高股权投入模式）（Johanson 和 Vahlne，1977）。然而，母国制度缺陷推动新兴经济体跨国企业更倾向于直接采取高风险、高承诺的进入模式（high-commitment entry modes），尤其是通过跨国并购方式进入发达国家市场。例如，很多研究表明，中国企业更倾向于采取"激进的"逆向跨国并购方式进入发达国家市场，获取发达国家企业的技术、品牌、管理经验等战略性资源和能力（Luo 和 Tung，2007，2018；Rui 和 Yip，2008；吴先明和苏志文，2014；王永钦等，2015；He 和 Zhang，2018）。Luo 和 Tung（2007）认为，由于母国制度约束导致新兴经济体跨国企业很难在国内市场获取有价值的资源和能力，这迫使企业更愿意采取跨国并购方式获取海外战略性资产。Rui 和 Yip（2008）认为，中国企业通过逆向跨国并购获取海外战略性资产的目的在于弥补自身竞争劣势，并将制度约束最小化。Madhok 和 Keyhani（2012）将逆向跨国并购视为新兴经济体跨国企业获取海外资产、提升自身能力、降低母国制度约束的战略创业活动。

**（三）对东道国经营管理战略的影响**

来源国劣势不仅影响新兴经济体跨国企业市场进入前的战略决策，也会对市场进入后的经营管理战略产生重要影响，特别是海外子公司的"自治"战略（subsidiary autonomy strategy）。Wang 等（2014）研究发现，新兴经济体跨国企业对海外子公司的经营管理常常采取"委托自治"

(autonomy delegation）战略，即给予海外子公司充分的自主决策和管理权力，原因如下：第一，子公司"自治"战略有助于海外子公司更有能力和效率开发组织学习能力、战略资产寻求能力等，进而弥补母公司资源和能力缺失；第二，子公司"自治"战略能够使子公司在治理结构、战略决策以及企业形象上"远离"（distance）负面的母国制度遗产（negative home-country institutional heritage），进而降低母国制度环境和母公司对海外子公司的负面影响（Wang等，2014）。事实上，很多新兴经济体跨国企业将位于发达国家的子公司作为"旗舰子公司"（flagship subsidiary）或"卓越中心"（center of excellence），并扮演战略资产寻求、机会寻求、全球战略领导力等关键角色。特别是在逆向跨国并购情境中，很多新兴经济体跨国企业在并购发达国家企业之后更倾向于采取"自治"战略（如"非整合"或"轻整合"）来管理被并购企业，其目的是降低来源国劣势对被并购企业的负面影响（魏江和杨洋，2018；汪涛等，2018）。此外，来源国劣势还会对新兴经济体跨国企业的品牌国际化战略产生深刻影响，导致企业在发达国家经营时常常采取"品牌隐藏"或"品牌隔离"战略。例如，由于负面的来源国形象，企业在并购发达国家强势品牌企业之后常常采取品牌隔离和独立意义给赋战略（郭锐和陶岚，2012；姚鹏等，2015），降低负面的母国形象和母公司形象对被并购品牌的负面影响。

## 六、来源国劣势与相近构念的比较

### （一）来源国劣势与来源国效应、来源国形象的比较

尽管来源国效应和来源国形象会影响跨国企业在东道国市场的来源国劣势（Yu和Liu，2018），但来源国劣势与上述两个概念却存在显著差异，其中，最重要的区别在于研究对象和研究内容不同。

首先，从研究对象看，来源国效应主要关注"产品"，即东道国消费者对原产于某国产品的整体印象；来源国形象的研究对象非常广泛，不

仅包括产品，还包括国家和企业（汪涛等，2012）。相比之下，来源国劣势则主要关注"跨国企业及其海外子公司或分支机构"，特别是采用对外直接投资进入东道国市场的跨国公司。因此，来源国劣势是一个企业层面的概念，而来源国效应则是产品层面的概念（Yu和Liu，2018）。

其次，从研究内容看，来源国效应和来源国形象仅关注跨国企业的母国形象如何影响东道国利益相关者对跨国企业及其产品的感知和评价（Sharma，2011），但来源国劣势还特别关注母国制度环境对跨国企业的直接影响（尤其是企业的核心能力培育）（Ramachandran和Pant，2010）。例如，母国不完善的制度环境、资源稀缺、经济发展水平低、市场机制不完善等因素直接影响新兴经济体跨国企业的核心能力构建，进而导致新兴经济体跨国企业缺乏与发达国家竞争的资源和能力（Bartlett和Ghoshal，2000；Ramachandran和Pant，2010），并且这种影响在跨国企业进入东道国市场之前已经发生。相反，来源国效应和来源国形象则并不关注这一点。

最后，从学科看，来源国效应是国际贸易学科的重要概念；来源国形象的研究学科更加广泛；相比之下，来源国劣势则主要集中于国际投资学领域（Bartlett和Ghoshal，2000）。此外，来源国效应集中体现在东道国消费者对"Made in"标签的感知（Johansson，1989），而来源国劣势则集中体现为东道国政府、媒体、供应商、消费者等利益相关者对跨国企业"Come from"标签的认知。需要指出的是，尽管来源国劣势与来源国效应、来源国形象是不同的概念，但负面的来源国效应和来源国形象往往是导致新兴经济体跨国企业面临来源国劣势的重要诱因（Yu和Liu，2018），因此，这些概念之间也存在因果互动关系。

### （二）来源国劣势与外来者劣势的比较

首先，从概念内涵及其核心看，两种劣势的主要区别集中体现在"外来者"（foreignness）和"来源国"（origin）上。具体而言，外来者劣势强调跨国企业的"外来性"，即作为东道国市场的"外来者"，跨国企业不熟悉东道国的政治、经济、文化和市场环境而在与本土企业竞争中处于劣势地位（Zhou 和 Guillén，2015；任兵和郑莹，2012）。相比之下，来源国劣势强调跨国企业的"来源性"，即跨国企业因为来自特定母国而遭遇经营危害。换言之，外来者劣势是由于跨国企业"不是来自某处"（where they are not from，即不是来自东道国）而遭遇的劣势，来源国劣势则是因为跨国企业"来自特定某处"（where they are from）而遭遇经营危害（Ramachandran 和 Pant，2010）。Ramachandran 和 Pant（2010）进一步认为，外来者劣势"特意"将母国对跨国企业的影响排除在外，而来源国劣势则"专门"研究母国对跨国企业的负面影响。

其次，从劣势的来源看，外来者劣势主要由母国与东道国之间的"制度距离"（institutional distance）引起（Kostova 和 Zaheer，1999；Eden 和 Miller，2004；Wu 和 Salomon，2016），而来源国劣势则主要是由母国的"制度约束"（institutional constraints）引起。

再次，从劣势的具体表现看，外来者劣势主要表现为不熟悉危害、歧视危害和关系危害三类，而来源国劣势较少关注不熟悉危害。尽管来源国劣势也可能表现为歧视危害和关系危害，但与外来者劣势的形成机制显著不同。例如，在外来者劣势中，歧视危害主要是由于东道国利益相关者的"排外情结"导致，是对"外国企业"的一种普遍性歧视，并不针对某一特定国家；相比之下，来源国劣势中的歧视则是东道国利益相关者针对特定国家企业的歧视（Moeller 等，2013；Panibratov，2015）。

最后，从克服策略看，两者也存在显著差异。已有研究主要从组织学习（Petersen 和 Pedersen，2002；Qian 等，2013）、制度同构（Yildiz 和 Fey，2012；Salomon 和 Wu，2012；Wu 和 Salomon，2017）以及资源转移（Nachum，2010）等视角考察跨国企业如何克服外来者劣势。然而，Ramachandran 和 Pant（2010）认为，组织学习和制度同构并不一定有助于跨国企业克服来源国劣势，而且资源基础观也难以适用于新兴经济体跨国企业，因为新兴经济体跨国企业往往缺乏有价值的资源和能力（Barnard，2010）。

## 七、研究总结

首先，从来源国劣势的形成机制看，已有研究大都"笼统"地将来源国劣势归因于母国制度环境（如制度缺陷和来源国形象），但并未详细阐释母国制度环境具体如何影响跨国企业。鉴于来源国劣势既包括"基于能力"的劣势，也包括"基于合法性"的劣势，并且两种劣势的形成机制存在显著差异，因此，应该分别基于不同的理论视角对来源国劣势的形成过程进行探索。例如，在"基于能力"的劣势方面，可以综合从"制度基础观"和"资源基础观"等视角对母国制度约束影响新兴经济体跨国企业的资源获取和能力建构的过程机制进行分析（如创新能力、国际化管理能力、动态能力、品牌意义给赋能力、全球价值链提升能力等）。在"基于合法性"的劣势方面，可以综合从"制度理论""组织合法性"等视角归纳母国制度环境对跨国企业东道国合法性的影响机制。

其次，在来源国劣势的克服策略研究方面，尽管学者们从不同视角提出了克服来源国劣势的策略（如社会责任披露、制度创业、组织身份机制等），但相关实证研究仍然非常匮乏，而且鲜有研究对新兴经济体跨国企业克服来源国劣势的动态过程进行分析（Pant 和 Ramachandran，2012），降低了国际商务理论对新兴经济体跨国企业的实践指导意义。魏江等（2017）认为，与外来者劣势相比，来源国劣势对新兴经济体跨国企业国际化产生的负面影响更为深远，并且克服来源国劣势的难度更高、时间跨度更大。因此，探究来源国劣势的克服机制具有重要的理论和现实意义。

# 第三章
# 外来者劣势与来源国劣势的形成机制
## ——基于组织身份视角[①]

本章从"组织身份"理论视角归纳外来者劣势和来源国劣势的形成机制,进而对两种劣势产生的原因、表现等方面进行系统比较。本章以华为、中兴在美国市场多次受阻作为研究对象,采用扎根理论方法归纳外来者劣势和来源国劣势的形成机制及其互动机制。需要指出的是,外来者劣势和来源国劣势的差异性表现在很多方面,而本章仅从"组织身份"视角对两者进行比较。与此同时,本章的研究结论也为第四章从"组织身份意义给赋"视角克服外来者劣势和来源国劣势提供了理论基础。

## 第一节 问题提出

长期以来,中国企业对外直接投资始终面临一个"困惑",即企业仅仅是因为来自"中国"就会遭遇东道国利益相关者的歧视,尤其是在当前逆全球化背景下。2018年发生的"美国封杀中兴"事件引起社会广泛

---

[①] 本章的主要内容发表于《经济管理》2019年第1期,详见:杨勃. 新兴经济体跨国企业国际化双重劣势研究[J]. 经济管理,2019,41(1):56-70.

关注，其背后的原因并不仅仅是因为中兴"涉嫌违反"美国制裁条款，更为重要的是因为中兴是一家来自"中国"的公司。华为曾经4次试图并购美国公司、5次试图与美国当地公司建立合作关系均遭到美国政府阻挠，其背后的重要原因之一也是因为华为来自"中国"。上述事例均揭示了一个被广为观察到的现象，即企业的"来源国"会对企业国际化经营造成负面影响，国际商务学者将这种现象定义为"来源国劣势"（Ramachandran 和 Pant，2010；Marano 等，2017；Amankwah-Amoah 和 Debrah，2017；魏江和杨洋，2018）。

然而，已有研究主要将跨国企业在东道国遭遇的额外经营危害归纳为"外来者劣势"（Denk 等，2012；Wu 和 Salomon，2017），并未将来源国劣势作为一种独立的现象进行阐释（Pant 和 Ramachandran，2012），而是将两者混淆使用（Nachum，2010；Panibratov，2015；Mallon 和 Fainshmidt，2017）。那么，来源国劣势与外来者劣势的根本区别是什么？跨国企业在何种情境下遭遇外来者劣势，又在何种情境下遭遇来源国劣势？这些已经成为学术界亟待解决的问题。更为重要的是，上述研究缺口已经成为国际商务理论发展的重要障碍，导致学术界难以对新兴经济体跨国企业面临的竞争劣势进行准确描述，降低了理论对现实的指导意义。

针对以上研究缺口，本章尝试从组织身份理论视角揭示外来者劣势和来源国劣势的形成机制，探寻两种劣势产生的本源因素，进而对两种劣势的差异性进行系统比较。与此同时，本章认为外来者劣势和来源国劣势并非两种完全相互独立的劣势，而是相互影响，共同对跨国企业国际化经营造成负面影响。在理论意义上，本章从组织身份视角揭示外来者劣势和来源国劣势的形成机制及其差异性。在现实意义上，本章对新兴经济体跨国企业国际化面临的双重劣势进行描述和分析，有助于新兴经济体跨国企业更好地应对国际化经营面临的双重劣势挑战，进而提升国际化经营绩效。

## 第二节 理论基础

鉴于本章主要从"组织身份"理论视角归纳外来者劣势和来源国劣势的形成机制，因此，本章对组织身份相关研究进行综述。

### 一、组织身份的内涵和维度

在组织研究中，组织身份（organizational identity，即"作为组织，我们是谁"）是一个持续增长的研究领域（Gioia 等，2013）。组织身份这一概念最早由 Albert 和 Whetten 于 1985 年提出，作者将组织身份定义为组织成员共同理解的组织核心的、独特的和持久的特征。核心性要求组织身份能够反映一个组织的本质特征，如组织的核心价值观、核心业务等；独特性要求组织身份能够使该组织区别于其他组织（郭金山和芮明杰，2004）。任何组织都需要通过身份来定义自己，以此与其他组织进行区别（王成城等，2008；罗芳等，2013）；持久性要求组织身份具有一致性和连续性，而不是瞬息改变的特征。

Tripsas（2009）进一步指出，组织身份是一个协调性的角色，对内和对外都提供一个关注点。对内而言，组织身份塑造组织成员的认知（Gioia 等，1996；Vieru 和 Rivard，2014），指导组织的行为（Pratt 和 Rafaeli，2004）。只有知道"我是谁"，组织才能知道如何思考、行动以及如何处理与利益相关者的关系（Brickson，2005）。因此，组织身份对很多组织活动具有重要的指导作用，如战略决策、对问题的解读、组织变革、对待利益相关者的方式等（Reger，1994；Elsbach 和 Kramer，1996；Hassink 等，2016）。对外而言，组织身份是外部利益相关者与组织进行互动的重要参考点。只有知道"这个组织是谁"，外部利益相关者才知道如何与组织进行交流与互动。因此，组织身份影响外部利益相关者对组织的感知和预期，进而影响组织的合法性和外部形象（Glynn 和 Abzug，2002）。

组织身份是一个多维度构念，表现在组织的宗旨、核心业务、价值观、"国籍"等多个维度（布希基和金伯利，2010）。文献梳理发现，组织身份主要包括五大维度：一是组织的目的，如组织的宗旨、使命以及愿景等（Gioia 等，1996），回答"作为组织，我为什么存在"。二是组织的业务本质，如核心业务，回答"我是干什么的"（Tripsas，2009）。三是组织的核心能力，反映组织的竞争优势（Fiol，2001），回答"我为什么值得选择"。四是组织的价值观，反映组织的行为取向，如组织文化，回答"我以何种方式做事"。五是组织的"国籍"，回答"我从哪儿来"（Jack 和 Lorbiecki，2007），尤其是对跨国企业而言，"国籍"身份是其组织身份的核心维度，因为它深刻影响着东道国利益相关者对跨国企业的认知。组织身份的多维度特征表明一个组织往往同时具备多重身份（multiple identies），而不是单一身份。Pratt 和 Foreman（2000）认为，当对"作为组织，我们是谁"存在多种答案时，组织将拥有多重身份。组织身份的多重性能够给组织带来益处，如提高组织适应环境的能力，满足不同利益相关者的偏好等。

## 二、内部身份、外部身份以及组织形象

Tripsas（2009）将组织身份分为"内部身份"（internal identity）和"外部身份"（external identity）。内部身份是指组织内部成员共同感知和理解的组织核心的、独特的和持久的特征，帮助组织成员回答"作为组织，我们是谁"。外部身份是外部利益相关者感知的组织核心的、独特的和持久的特征，帮助外部利益相关者回答"作为组织，它们是谁"。在传统的组织身份研究中（如组织行为学领域），组织身份仅被视为组织内部成员感知的组织核心的、独特的和持久的特征（即内部身份），却较少关注组织外部利益相关者对组织身份的理解和感知（即外部身份）。对此，

Hsu 和 Hannan（2005）认为，仅关注组织内部成员是不充分的，因为外部利益相关者对组织身份的感知和期望对组织的生存及发展具有决定性作用，当组织的行为违背了外部利益相关者的期望时，将导致组织被贬值（devalued），甚至丧失合法性。因此，组织身份不仅是组织的"私人自我"，也是组织的"社会自我"。尽管外部身份与组织形象（organizational image）具有密切的关系（Gioia 等，2000；Tracey 和 Phillips，2016），但这两个概念却存在差异性。已有研究认为，组织形象是外部利益相关者对组织的感知和理解（Rodrigues 和 Krishnamurthy，2016），与 Tripsas（2009）提出的外部身份概念相似。然而，形象是社会公众对组织综合评价后所形成的总体印象和感知，强调对组织正面或负面的评价，而外部身份是利益相关者感知的组织核心的、独特的和持久的特征，回答"作为组织，它们是谁"。因此，外部身份是利益相关者感知的组织特征，而形象是利益相关者对组织的一般性感知，但这些感知主要基于组织的身份特征。因此，外部身份是组织形象形成的基础。

### 三、组织身份、外来者劣势与来源国劣势

已有研究主要从环境因素解释外来者劣势和来源国劣势，将其视为国家之间制度差异或母国制度形象的结果。然而，中国企业国际化的实践表明，组织身份问题也是引起外来者劣势和来源国劣势的一个潜在诱因。从组织身份视角看，中国企业面临的外来者劣势和来源国劣势可能由两类身份标签引起：

第一类是误解性的身份标签，这类身份标签导致中国企业遭遇不熟悉危害和歧视危害。作为东道国市场的"外来者"，东道国利益相关者往往不熟悉中国企业，不了解中国企业的宗旨、经营目的、所有权结构等特征，这就导致利益相关者对中国企业的组织身份缺乏理解，甚至是误解和曲解。例如，华为多次试图并购美国科技公司均被美国政府拒之门外，美国政府认为华为"缺乏透明性"，与中国政府和军方的关系密切，

因此，作为"民营企业"，华为却被美国政府视为"军工企业"。由此可见，当中国企业的组织身份被东道国利益相关者误解时，可能导致中国企业遭遇外来者劣势。

第二类是歧视性的身份标签，如"低端产品""政府参与"等。长期以来，"中国制造"在发达国家被视为"低端产品"的代名词，这不仅影响中国企业的产品出口，还导致中国企业在进入发达国家时被视为"低端产品制造商"。例如，由于"来自中国"，海尔在进入美国市场初期被当地消费者视为"低端冰箱制造商"，即使海尔销售的产品完全在美国本土进行设计和生产，贴有"Made in USA"的标志，但仍然无法降低东道国消费者的歧视。由此可见，"来自中国""低端产品"已成为东道国利益相关者理解和感知"中国企业是谁"的核心特征，导致中国企业在东道国市场遭遇外来者劣势和来源国劣势。除了"低端产品"身份标签，与"政府参与"相关的身份标签也常常导致中国企业遭遇外来者劣势。这类身份标签主要针对中国国有企业，因为国有企业具有独特的所有权结构。所有权结构是组织身份的核心维度，塑造企业的战略决策和经营目的，也是东道国利益相关者感知"中国企业是谁"的核心特征。近年来，中国国有企业的海外并购频繁受阻，如中海油竞购优尼科、中铝竞购力拓，一个重要原因是东道国政府将国有企业视为"政府的代言人"，将"国有企业"身份解读为"追求政治目的""服务政府""不正当竞争"等。由此可见，中国国有企业遭遇的来源国劣势与其独特的组织身份密切相关。

上述事例均表明，中国企业面临的外来者劣势和来源国劣势可能与其组织身份密切相关。然而，通过对已有文献进行梳理后发现，鲜有研究从组织身份视角解释外来者劣势和来源国劣势，也就难以回答一些关键问题，如中国企业的组织身份为什么导致企业面临外来者劣势和来源国劣势？在什么情境下组织身份因素导致外来者劣势、在什么情境下导致来源国劣势？

# 第三节 研究设计

## 一、研究方法

本章采用扎根理论研究方法。扎根理论是由 Glaser 和 Strauss（1967）开发出来的一种质性研究方法，旨在从大量翔实的原始资料中从下往上"发现"理论（"the discovery of theory from data"）（Glaser 和 Strauss，1967；Martin 和 Turner，1986）。扎根理论由于其独特的理论建构方法、科学规范的质性数据分析程序等优点而被广泛应用于管理学、社会学、心理学等多个领域。本章采用扎根理论方法的原因如下：尽管外来者劣势已经得到学术界的广泛关注，并成为国际商务研究的基本概念，但相比之下，来源国劣势是一个较为新颖的概念，学术界对其的理解仍然非常有限。更为重要的是，目前学术界对外来者劣势和来源国劣势之间的联系和区别缺乏清晰阐释，存在理论缺口和不足。所以，本书旨在从组织身份理论视角探索外来者劣势和来源国劣势的形成机制，并探究两种劣势之间是否存在相关关系，因此，本书属于理论建构型研究。与此相对应，扎根理论的优势是能够从原始数据中生成理论，而不只是描述或解释研究现象，因此采用扎根理论方法较为合适。

## 二、案例选择

本章以华为、中兴在美国市场多次受阻作为案例研究对象，其原因如下：

（1）华为、中兴在美受阻是中国企业在发达国家遭遇经营危害的典型案例。2018 年发生的"美国封杀中兴"事件引起了国内外媒体和社会公众的高度关注。中兴董事长表示，美国的制裁使中兴进入"休克状态"，严重阻碍了企业的国际化发展。而对于华为，尽管早在2001年华为就在美国建立北美分公司，但直至2018年华为从未真正进入美国市场。华为在美国的发展历程可以分为三个阶段：第一阶段是市场进入前的准备阶段，包括在美国成立北美分公司、与3Com成立合资公司等；第二阶段是市场受阻阶段，在此阶段华为多次试图通过并购方式进入美国市场但均遭遇失败；第三阶段是市场战略收缩阶段，以美国众议院特别情报委员会发布的针对华为和中兴威胁美国国家安全的调查报告（后续简称"调查报告"）作为节点，这份调查报告导致华为和中兴在美的运营商网络业务陷入瘫痪。之后，华为宣布在美国市场进行战略收缩。

（2）华为、中兴在美国市场遭遇经营危害并非单次事件，而是多次事件（见表3-1），因此，每一次受阻事件相当于一个独立的实验，可以通过"复制逻辑"提高研究结论的外部效度。其中，引起国内外媒体关注度最高的事件是2008年华为竞购3Com失败、2010年收购3Leaf的专利技术但美国外国投资委员会以"威胁美国国家安全"为由要求撤销交易、2012年美国众议院情报委员会发布针对华为和中兴的调查报告，称两家公司对美国国家安全构成严重威胁，导致华为和中兴在美的运营商网络业务陷入瘫痪。

表3-1 华为、中兴在美国市场受阻的典型案例

| 序号 | 年份 | 典型案例 |
| --- | --- | --- |
| 1 | 2008 | 与贝恩资本联合竞购3Com，被美国外国投资委员会以危害美国政府信息安全为由否决 |
| 2 | 2009 | 与美国AT&T达成合约，但之后被美国国家安全局干预后解除合约 |
| 3 | 2010 | 试图收购摩托罗拉公司的无线资产，被美国政府否决 |
| 4 | 2010 | 试图并购宽带网络软件厂商2Wire，但最终以失败告终 |
| 5 | 2010 | 试图以200万美元收购3Leaf的专利技术，但美国外国投资委员会以"威胁美国国家安全"为由要求撤销交易 |
| 6 | 2010 | 与Sprint4GS达成合约，但遭到美国商务部干预 |

续表

| 序号 | 年份 | 典型案例 |
|---|---|---|
| 7 | 2012 | 美国众议院情报委员会发布针对华为和中兴开展的调查报告,称两家公司对美国国家安全构成严重威胁,导致华为和中兴通讯在美的运营商网络业务陷入瘫痪 |
| 8 | 2016 | 华为有可能被列入 AT&T 5G 设备供应商名单,但遭到美国国会议员反对 |
| 9 | 2017 | 美国政府扩大对华为是否违反美国出口管制措施做进一步调查 |
| 10 | 2018 | 美国商务部宣布要对中兴进行制裁;美国 18 名国会议员发出的联名信要求联邦通信委员会对华为与美国运营商的合作展开调查,导致 AT&T 与华为终止合作 |

数据来源:本书整理。

(3)华为和中兴在美国市场受阻的事件得到了国内外媒体和学术界的广泛关注,因此,关于两家企业受阻的案例数据非常丰富,能够从多种不同渠道获取数据,保障研究的可行性和研究结论的稳健性。

### 三、数据来源

(1)美国众议院情报委员会发布的"调查报告"。华为、中兴在美国受阻的重要原因是美国政府对华为、中兴的歧视,这些歧视性态度及其原因集中反映在 2012 年 10 月 9 日美国国会众议院情报委员会发布的"调查报告"。将该"调查报告"作为重要的数据来源是因为:①该"调查报告"是美国政府官方首次针对华为和中兴开展的全面调查,调查报告长达 50 余页,其观点代表美国政府官方立场,是美国政府对华为和中兴的官方"感知";②该"调查报告"对华为和中兴在美国市场的负面影响深刻而广泛,集中体现了华为和中兴在美国遭遇的外来者劣势和来源国劣势,有助于分析两种劣势的形成机制及其互动机制;③该"调查报告"一经发布就引起了国内外媒体的广泛关注,具有极强的影响力。

(2)主流媒体新闻报道。本章选择东道国主流媒体的新闻报道作为数据来源,原因如下:①外来者劣势和来源国劣势本质上是东道国利益相关者对跨国企业的负面感知和态度,这些认知可以通过东道国媒体的新闻报道获取。例如,Li 等(2007)在研究外国企业在中国市场的合法性水平时,采用中国的官方媒体《人民日报》对外国企业的感知来测量企业的合法性水平。②东道国主流媒体的新闻报道可以通过公开渠道获得,这为获取数据带来了方便。③新闻报道时间跨度大,涵盖范围广泛,这为考察中国企业在东道国市场的来源国劣势和组织身份变化情况提供了可能,有利于对案例进行纵向分析。

对东道国媒体的选择标准为:①选择东道国的主流媒体,权威性高、影响范围广泛,因为权威媒体能够深刻影响东道国利益相关者的认知;②包含互联网在线网站,能够检索不同时间跨度的新闻报道,便于数据获取。最终选择美国的《纽约时报》《华盛顿邮报》《洛杉矶时报》《华尔街日报》和《时代》周刊等。此外,本书还对国内媒体相关新闻报道进行检索。

(3)网络视频。除了主流媒体的新闻报道,本书还广泛搜集东道国和国内主流网络视频对华为和中兴在美国市场受阻的相关视频内容。网络视频主要来源于YouTube(全球最大的英文视频网站)和百度视频等。

(4)学术文献。此外,由于华为和中兴在美国市场受阻的案例得到了国内外学术界的广泛关注,相关文献较为丰富,且文献中包含了大量关于华为和中兴市场受阻原因等相关资料,因此,本章还通过学术文献收集两家企业在美受阻的相关数据。

## 四、数据分析

扎根理论的核心过程是编码,包括三个级别:开放性编码、主轴性编码和选择性编码,数据收集和数据编码同步进行,持续迭代。为了保障编码过程的科学性和编码结果的信度,本书采取以下措施:①两位研究者同时对相同的数据进行"背对背"式编码,编码结束后相互比较编码结果,对结果不一致的地方(如某一概念在第一位研究者的编码结果中出现,但未在第二位研究者中出现,或两位研究者对相同的概念进行了不同的范畴化)进行集体讨论;②编码结束后,交由第三位研究者对编码结果进行检查,并对编码结果进行进一步的集体讨论;③建立编码结果数据库,便于后续校正和检索。

(一)开放性编码

开放性编码是将原始数据逐步进行概念化和范畴化,用概念和范畴来正确反映数据内容的过程。在本书中,开放性编码包括四个步骤:第一步是标签化,即标记原始数据中的关键语句,并用简单词汇对原始数据的含义进行总结(即贴标签),其中,标签尽量采用原始数据中的简单词语表达原意(编码前缀为"a");第二步是初始概念化,即将含义相似的标签进一步归纳为更为抽象的初始概念(编码前缀为"A");第三步是概念化,进一步将同类初始概念抽象为概念(编码前缀为"AA");第四步是范畴化,即把与同一现象相关的概念聚拢成一类,并为范畴命名。本书以美国国会众议院针对华为和中兴的一段调查报告作为示例,展示编码过程,如表3-2所示。

表3-2 开放性编码过程示例

| 原始数据(标签化) | 初始概念 | 概念 |
|---|---|---|
| 2011年11月,众议院特别情报委员会(以下简称"委员会")发起本次调查(a1发起调查),以调查这些在美国开展业务的中国电信公司所构成的反情报和安全威胁(a2调查目的;a3安全威胁)。开始正式调查之前,委员会进行了初步审查(a4初步审查),进而证实了很多重要信息的缺失(a5重要信息缺失),如中国电信行业情况、在美国运营的个别公司的历史(a6公司历史信息)和公司业务(a7公司业务信息)、这些公司与中国政府的潜在关系(a8公司与政府的关系信息)等。最重要的是,初步审查强调了因中国电信公司与中国政府(a9政府背景)或军队的潜在关系(a10军方背景)带来的安全威胁。特别是,因为这些公司受其国家的影响(a11公司受国家影响),可能会为中国情报部门提供对电信网络的访问(a12情报威胁),此类网络间谍活动还可能引起后续的经济间谍活动(a13经济间谍)。<br>正如许多其他国家一样,本委员会同样认为,电信部门在我们国家的安全和安保上起着至关重要的作用(a14行业重要性),也因而是外国情报机构的重要目标。委员会的正式调查重点关注中国顶级的两家电信设备制造商——华为和中兴,因为他们也在寻求美国的电信基础设施市场(a15市场寻求)。委员会的主要目标是更好地了解其风险水平(a16风险评估),因为这些公司希望扩大在美国的业务。为了评估威胁,调查涉及两个不同却关联的部分:①审查开源 | A1 政府调查(包括:a1发起调查、a2调查目的、a4初步审查、a17调查信息、a18调查范围、a23调查程序、a31调查挑战)<br>A2 安全威胁(包括:a26经济安全威胁、a36情报安全威胁、a42网络安全威胁、a43社会安全威胁)…… | AA1 信息披露不足(包括:A13 很少披露信息、A16 信息披露不完整、A20 不愿意披露信息、A36 证据不足等)<br>AA2 缺乏合作(包括:A12 拒绝反馈信息、A13 拒绝接受采访、A16 不配合政府调查、A28 缺乏坦诚、A29 不愿解释)…… |

055

续表

| 原始数据（标签化） | 初始概念 | 概念 |
|---|---|---|
| 信息，如公司的历史、业务、财务信息和与中国政府和中国军方的潜在关系（a17调查信息）；②审查分类信息，包括美国情报界（IC）的方案和努力，以确定在供应链风险评估中IC是否具备适当的优先权 | | |
| 共得到221个标签 | 共84个初始概念 | 共25个概念 |

数据来源：本书整理。

根据上述编码过程，共得到221个标签、84个初始概念和25个概念，如表3-3所示。

表3-3 开放性编码形成的概念和初始概念

| 编号 | 概念 | 包含的初始概念 |
|---|---|---|
| 1 | 信息披露不足 | 很少披露信息、信息披露不完整、不愿意披露信息、证据不足 |
| 2 | 缺乏合作 | 拒绝反馈信息、拒绝接受采访、不配合政府调查、缺乏坦诚、不愿解释 |
| 3 | 沟通障碍 | 语言差异、地理距离、沟通不畅 |
| 4 | 缺少企业信息 | 缺少所有权结构信息、缺少企业背景信息、缺少企业与政府关系信息 |
| 5 | 缺少身份释义 | 身份声明模糊、缺少身份沟通、身份定位不清晰 |
| 6 | 所有权结构模糊 | 不了解华为的所有权结构、控制权模糊、股东结构模糊 |
| 7 | 企业背景模糊 | 创始人背景模糊、企业资金来源模糊、企业历史模糊、发展历程模糊 |
| 8 | 与政府关系模糊 | 与政府关系不透明 |
| 9 | 经营目的模糊 | 不了解企业经营目的、经营目的不可信 |
| 10 | 不熟悉危害 | 不了解企业、错误理解、不确定性、母国偏好 |
| 11 | 信任缺失 | 媒体信任缺失、政府信任缺失、公众信任缺失、遭遇质疑 |
| 12 | 认知合法性缺失 | 难以理解、缺乏认可、心理抵制 |
| 13 | 政治差异 | 政治体制不同、法律制度差异、意识形态差异 |
| 14 | 文化差异 | 价值观差异、权力距离、企业文化差异 |
| 15 | 规范差异 | 行业规范差异、道德标准差异 |
| 16 | 制度形象 | 政府形象、知识产权保护、不公平竞争政策、道德缺失、环境意识 |
| 17 | 企业与政府关系形象 | 对政府与企业关系的刻板印象、受政府影响、服务政府和军队、财政支持 |

## 第三章 外来者劣势与来源国劣势的形成机制

续表

| 编号 | 概念 | 包含的初始概念 |
|---|---|---|
| 18 | 组织身份印记 | 来源国对身份的影响、依靠来源国判断身份 |
| 19 | 组织身份扭曲 | 军工企业、网络间谍者、非法活动实施者 |
| 20 | 政府歧视 | 不公平对待、区别对待、阻止并购、阻挠合作 |
| 21 | 媒体偏见 | 媒体误解、不真实的新闻报道、扭曲报道、媒体抵制 |
| 22 | 安全调查 | 安全威胁、政府调查、风险评估 |
| 23 | 市场进入壁垒 | 市场进入失败、并购失败、无法实质性进入美国、产品禁售、无法参与基础设施建设 |
| 24 | 合作受阻 | 合同取消、合作关系解除、排除采购、关系转移 |
| 25 | 战略收缩 | 业务收缩、裁减员工、市场退出 |

数据来源：本书整理。

为进一步对上述概念进行范畴化，本书将25个概念归纳为6个副范畴，如表3-4所示。

表3-4 开放性编码形成的副范畴及其包含的概念

| 编号 | 副范畴 | 副范畴的内涵及其包含的概念 |
|---|---|---|
| 1 | 信息缺失 | 指东道国利益相关者缺少华为和中兴的信息，具体包括：信息披露不足、缺乏合作、沟通障碍、缺少企业信息、缺少身份释义 |
| 2 | 组织身份模糊 | 指华为和中兴的组织身份处于模糊状态，具体包括：所有权结构模糊、企业背景模糊、与政府关系模糊、经营目的模糊 |
| 3 | 外来者劣势 | 指华为和中兴在美国市场遭遇的外来者劣势，具体包括：不熟悉危害、信任缺失、认知合法性缺失 |
| 4 | 来源国形象 | 指华为和中兴在美国的来源国形象，具体包括：政治差异、文化差异、规范差异、制度形象、企业与政府关系形象 |
| 5 | 组织身份污名化 | 指华为和中兴的组织身份被污名化，具体包括：组织身份印记、组织身份扭曲 |
| 6 | 来源国劣势 | 指华为和中兴在美国市场遭遇的来源国劣势，具体包括：政府歧视、媒体偏见、安全调查、市场进入壁垒、合作受阻、战略收缩 |

数据来源：本书整理。

### （二）主轴性编码

主轴性编码主要借助"条件—行动/互动策略—结果"这一典范模型

对副范畴之间的逻辑关系进行归纳。"信息缺失""组织身份模糊"和"外来者劣势"三个副范畴可以在典范模型下进一步被归纳为主范畴"外来者劣势形成机制",其中,"信息缺失"是条件,"组织身份模糊"是行动策略,"外来者劣势"是结果。"来源国形象""组织身份污名化"和"来源国劣势"可以在典范模型下进一步被归纳为主范畴"来源国劣势形成机制",编码结果如表3-5所示。

表3-5 主轴性编码形成的主范畴

| 主范畴 | 对应的副范畴 | | | 关系说明 |
| --- | --- | --- | --- | --- |
| | 条件 | 行动策略 | 结果 | |
| 外来者劣势形成机制 | 信息缺失 | 组织身份模糊 | 外来者劣势 | "信息缺失"导致东道国利益相关者对华为和中兴的组织身份缺乏清晰理解(即"组织身份模糊"),进而导致华为和中兴遭遇"外来者劣势" |
| 来源国劣势形成机制 | 来源国形象 | 组织身份污名化 | 来源国劣势 | 负面的"来源国形象"导致华为和中兴的组织身份被污名化(即"组织身份污名化"),进而导致华为和中兴遭遇"来源国劣势" |

数据来源:本书整理。

(三)选择性编码

选择性编码是选择核心范畴,将其系统地与其他范畴予以联系,并将之概念化和理论化。通过对概念和范畴进行不断比较、修正,并寻找范畴之间的逻辑联系,本书发现,"外来者劣势形成机制"和"来源国劣势形成机制"两个主范畴已经能够囊括所有的概念和范畴,可以进一步将其升级为核心范畴。

## 第四节 案例分析与研究发现

通过对华为和中兴在美受阻的案例进行扎根理论研究,本书得出以

# 第三章 外来者劣势与来源国劣势的形成机制

下研究发现：

（1）从组织身份视角看，外来者劣势是由信息缺失导致的组织身份模糊引起，其核心是跨国企业组织身份的"外来性"；从信息视角看，外来者劣势的核心是"信息缺失"。

（2）来源国劣势则是由负面的来源国形象导致的组织身份污名化引起，其核心是跨国企业的"来源国身份"；从信息视角看，来源国劣势的核心是"信息失真和扭曲"（负面的刻板印象、认知模式等），而不仅仅是"信息缺失"。

（3）外来者劣势和来源国劣势之间存在互动关系：一方面，组织身份模糊是导致跨国企业组织身份被污名化的重要诱因（如图3-1所示的"互动关系1"）；另一方面，组织身份污名化也强化了组织身份模糊，导致信息失真和扭曲（如图3-1所示的"互动关系2"）。基于此，本书构建外来者劣势和来源国劣势形成机制及其互动机制理论模型，如图3-1所示。

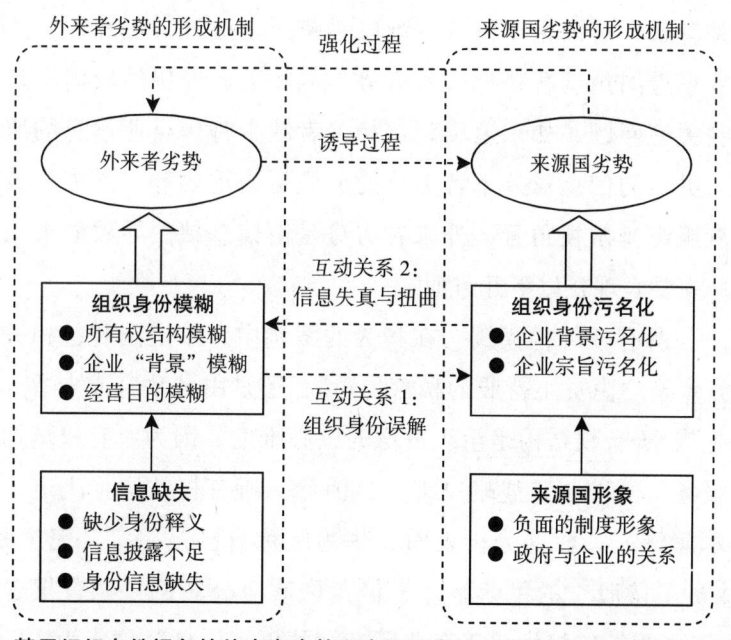

图3-1 基于组织身份视角的外来者劣势和来源国劣势形成机制及其相互关系理论模型

## 一、外来者劣势的形成机制：信息缺失与组织身份模糊

数据分析表明，从组织身份视角看，外来者劣势是"信息缺失→组织身份模糊→外来者劣势"的结果。具体而言，由于东道国利益相关者缺少中国企业的组织身份信息，导致中国企业的组织身份处于模糊状态，进而导致中国企业面临外来者劣势。

### （一）信息缺失与组织身份模糊

Eden 和 Miller（2001）用"异客在异乡"（stranger in a strange land）来形容跨国企业在东道国面临的外来者劣势：一方面，"异乡"（strange land）表明跨国企业不熟悉东道国的政治、经济、文化、市场等环境；另一方面，"异客"（stranger）表明东道国利益相关者也不熟悉跨国企业，不知道"跨国企业是谁"。然而，已有研究主要关注跨国企业缺少东道国信息而导致的外来者劣势，却较少关注东道国利益相关者缺少跨国企业信息。对此，Bell 等（2012）认为，外来者劣势的一个重要来源是东道国利益相关者缺少跨国企业信息，难以对跨国企业进行正确评估。尽管这些研究从东道国角度解释外来者劣势，但相关研究仍然较为匮乏，难以解答一些关键问题，如东道国利益相关者缺少跨国企业信息的原因有哪些、什么类型的信息对外来者劣势的形成更为重要等。本书的数据分析表明，从组织身份视角看，外来者劣势是由信息缺失导致的组织身份模糊引起，主要表现在以下几方面：

第一，所有权结构模糊。在华为的案例中，东道国利益相关者不确定华为究竟是"由员工持股的私营公司"，还是由"政府或少数人持股的国有企业"。所有权结构是组织身份的核心维度，因为所有权结构决定组织为谁服务、由谁制定战略决策等，因此，所有权结构是决定"组织是谁"的本质特征。数据分析表明，华为坚称自己是一家"完全私营的""由全体员工持股"的民营企业，但美国政府公布的"调查报告"却认为，"由于华为拒绝提供关于企业所有权的更多信息"，"华为实际上可能

并不是由普通员工持股控制的民营企业"。进一步的数据分析表明,导致美国政府得出这样结论的原因是美国政府认为"华为坚持不上市",就是其所有权结构模糊的证据。例如,美国政府和媒体认为,"华为是世界500强中唯一不上市的公司,其所有权结构极其神秘"。在中兴的案例中,"调查报告"认为,"由于中兴没有充分披露信息",因此,"中兴未能缓解委员会对其作为中国国有企业、政府对其业务决策和运营控制的担忧"。

第二,企业"背景"模糊,即华为和中兴是否具有"政府背景"或"解放军背景"。组织身份理论认为,组织身份往往与组织的"历史背景"密切相关,如组织创始人背景、组织创立背景等。例如,苹果公司的组织身份与其创始人乔布斯紧密相连,乔布斯个人的价值观已经成为定义"苹果公司是谁"的身份特征。在华为的案例中,华为创始人任正非也是外界理解华为组织身份的重要依据。"调查报告"认为,"华为的创始人任正非曾经是中国人民解放军信息工程学院的主任",且"任正非与军队的联系一直都没有断"。因此,"调查报告"认为,华为"受中国政府和军方控制",是一家"政府参与"的"军工企业"。

第三,企业经营目的模糊。经营目的是企业存在的理由和意图,回答"作为组织,我为什么存在",是企业从事一切活动的根本原因。因此,企业经营目的是组织身份的重要维度(罗芳等,2013)。数据分析表明,作为以营利为目的的企业,中兴和华为却被美国政府和媒体误解为"追求政治目的""服务中国政府"。例如,"调查报告"和美国媒体认为,中兴和华为可能与中国政府合作,将从美国获得的先进技术转移给中国政府,并为中国情报部门提供信息。

### (二)组织身份模糊与外来者劣势

组织身份模糊的结果是华为和中兴在美国市场遭遇外来者劣势,集中表现为信任缺失与认知合法性缺失。例如,《华尔街日报》认为,华为"缺乏透明性",没有向美国政府和媒体充分解释企业的历史背景、所有权结构、与政府的关系以及进入美国市场的真实目的,因此,它们对华为极不信任。从合法性视角看，组织身份模糊导致华为和中兴难以获取东道国利益相关者的认知合法性。认知合法性是建立在对一个组织及其行为的熟悉性基础上的合法性，其内在本质是"可理解性"和"理所当然性"（Suchman，1995）。换言之，如果一个组织被人们"广为熟悉"，或认为是"可理解的"和"理所当然的"，该组织就可以获得认知合法性（Elango，2009）。然而，由于组织身份模糊，东道国媒体表示对华为和中兴缺乏"可理解性"。综上所述，本书提出：

**命题1**：信息缺失导致跨国企业的组织身份处于模糊状态，进而导致跨国企业面临外来者劣势。

## 二、来源国劣势的形成机制：来源国形象与组织身份污名化

与外来者劣势主要由信息缺失导致的组织身份模糊引起不同，来源国劣势则是由负面的来源国形象导致的组织身份污名化引起。从组织身份视角看，来源国劣势的核心是华为和中兴的"来源国身份"，即由于两家企业来自中国，其组织身份被打下了母国的"印记"。

### （一）来源国形象与组织身份污名化

外来者劣势主要关注跨国企业组织身份的"外来性"，即相对于东道国本土企业而言，跨国企业被归类为"外国企业"。然而，这种归类方式忽视了跨国企业的母国对其国际化的影响。相比之下，来源国劣势特别关注跨国企业的母国如何影响东道国利益相关者对跨国企业组织身份的感知。本书的数据分析表明，东道国利益相关者对华为和中兴的感知不仅仅包括"外来者身份"，同时也特别关注其"来源国身份"，集中表现为东道国利益相关者常常采用"中国公司""来自中国的电信公司""中国最大的电信公司"等身份标签描述华为和中兴。

数据分析表明，负面的来源国形象导致华为和中兴的组织身份被污名化。组织污名是社会公众对组织的一种消极评价，是组织因为其行为或核心属性存在问题而受到利益相关者的不信任、污损和歧视（Sutton和

Callahan，1987）。基于此，组织身份污名化是指跨国企业的本质特征被东道国利益相关者不信任、污损和歧视。本书研究表明，负面的来源国形象之所以导致华为和中兴的组织身份被污名化，是因为东道国利益相关者常常借助来源国形象来感知和评价华为和中兴的组织身份。例如，已有研究表明，发达国家利益相关者常常对来自新兴经济体的跨国企业存在"想当然的、污名化的刻板印象"（魏江和杨洋，2018）。具体而言，负面的来源国形象导致的组织身份污名化主要体现在案例企业与中国政府的关系方面，导致华为和中兴被污名化为"军工企业""网络间谍者"等。例如，在美国政府和媒体认为，华为和中兴是"政府的代言人"，其经营目的是"服务政府"；"调查报告"认为，"中国（政府）具有恶意利用电信公司（指华为和中兴）的手段、机会和动机""中国黑客是世界上最活跃和持久的经济肇事者"，这些负面的来源国形象是华为和中兴的组织身份被污名化的重要原因。

（二）组织身份污名化与来源国劣势

由于组织身份污名化，导致华为和中兴在美国市场遭遇显著的歧视危害。例如，由于华为的组织身份被污名化为"军工企业""网络间谍者"，导致华为难以进入美国市场。2008年，华为试图通过并购3Com进入美国市场，但最终被美国政府拒之门外，美国政府的理由是华为与中国政府和军方关系密切，并购将会威胁美国国家安全。基于相同的原因，华为后续多次试图并购美国公司均遭遇失败，与美国当地公司开展的合作也迫于美国政府的压力而被迫取消。尽管歧视危害也是外来者劣势的重要表现，但外来者劣势中的歧视危害没有针对特定国家的企业。相比之下，在来源国劣势中，歧视危害主要是因为华为和中兴来自"中国"，是东道国利益相关者对于来自"中国"的企业持有的刻板印象。综上所述，本书提出：

**命题2**：负面的来源国形象导致跨国企业的组织身份被污名化，进而导致跨国企业遭遇来源国劣势。

### 三、外来者劣势和来源国劣势的互动机制

尽管上述研究分别归纳了外来者劣势和来源国劣势的形成机制，但并未对两种劣势的互动关系进行分析。本书进一步对相关因素之间的关系进行分析，研究表明，外来者劣势和来源国劣势的影响因素之间也存在相互影响，进而导致两种劣势也存在互动关系。

一方面，信息缺失和组织身份模糊是导致华为和中兴的组织身份被污名化的一个重要诱导因素。组织污名的研究表明，组织污名形成的一个重要原因是有限信息条件下的"以偏概全"过程（Sutton 和 Callahan，1987）。换言之，组织污名产生的重要原因是利益相关者对组织缺乏充分的信息，进而倾向于借助有限信息和刻板印象（如借助来源国形象）对组织进行评价和判断。在华为和中兴的案例中，正是由于东道国利益相关者缺少关于华为和中兴的组织身份信息，不知道华为和中兴"究竟是谁"，才导致利益相关者更倾向于借助来源国形象评判两家企业的组织身份，而负面的来源国形象导致华为和中兴的组织身份被误解。例如，美国议员称"华为是一家缺乏透明性的公司，可能与中国军方和情报系统有某种联系"。

另一方面，组织身份污名化也会强化组织身份模糊，因为负面的刻板印象导致真实的信息被扭曲。例如，长期以来，发达国家政府和媒体对中国企业存在负面的刻板印象，这种刻板印象经过长期的积累已经制度化，成为东道国利益相关者对中国企业进行感知和判断的认知模式，这使得中国企业很难向东道国利益相关者解释真实的组织身份。例如，华为和中兴也积极主动向美国政府和媒体披露组织身份信息，但这些信息并未得到美国政府和媒体的认可和接受。

基于此，本书认为外来者劣势和来源国劣势存在相互强化的效应：一方面，外来者劣势是引起跨国企业遭遇来源国劣势的一个重要原因（因为不熟悉而采用来源国评价外国企业）；另一方面，来源国劣势也强

化了外来者劣势（因为刻板印象而导致信息失真和扭曲，进而强化了对外国企业的不理解甚至是误解）。综上所述，本书提出：

**命题 3**：来源国劣势和外来者劣势呈现互动关系，一方面外来者劣势是导致来源国劣势的重要诱因，另一方面来源国劣势也会强化外来者劣势。

## 第五节 案例讨论

### 一、组织身份视角下外来者劣势与来源国劣势的比较

如何清晰界定外来者劣势和来源国劣势、厘清两者的区别已经成为学术界亟待解决的问题。本书基于组织身份视角归纳两种劣势的形成机制及其互动机制，进而对两种劣势的差异性进行系统比较，如表3-6所示。

表3-6 组织身份视角下外来者劣势和来源国劣势的比较

| 两种劣势 | 外来者劣势 | 来源国劣势 |
| --- | --- | --- |
| 概念核心 | "外来者身份"（普适性、非针对性） | "来源国身份"（特殊性、针对性） |
| 形成机制 | 组织身份信息缺失（对跨国企业的组织身份缺乏充分的信息，难以正确评估跨国企业真实的组织身份） | 来源国形象对跨国企业组织身份的影响（在信息缺失情境下，采用来源国形象评判跨国企业的组织身份） |
| | 组织身份模糊（信息缺失导致组织身份模糊；但组织身份不受母国的影响） | 组织身份污名化（来源国形象对组织身份的负面"印记"） |
| 劣势的具体表现 | 不熟悉危害（由组织身份模糊引起） | 较少关注不熟悉危害 |
| | 歧视危害：由"外来者身份"引起，是对外国企业的普适性歧视 | 歧视危害：由"来源国身份"引起的歧视（即对来自特定国家企业的歧视） |
| | 关系危害：由"外来者身份"引起的信任缺失（对跨国企业组织身份的不熟悉） | 关系危害：由"来源国身份"引起的信任缺失（即对来自特定国家企业的不信任） |

资料来源：本书整理。

第一，从概念核心看，外来者劣势的核心是跨国企业的"外来者身份"，即跨国企业组织身份的"外来性"导致东道国利益相关者对跨国企业缺乏清晰理解；相比之下，来源国劣势的核心是跨国企业的"来源国身份"，即跨国企业由于被归类到某一特定国家而遭遇东道国利益相关者的歧视。组织身份之所以能够解释两种劣势，是因为组织身份是外部利益相关者理解和评价一个组织最为重要的"窗口"之一。换言之，只有知道"跨国企业是谁"，东道国利益相关者才能够对跨国企业是否具备合法性、是否值得信赖进行评判（杜晓君等，2015）。

第二，从形成机制看，外来者劣势主要由组织身份信息缺失导致的组织身份模糊引起，而来源国劣势则由负面的来源国形象导致的组织身份污名化引起。Eden 和 Miller（2001）用"异客在异乡"来形容外来者劣势，从组织身份视角看，"异客"就是因为东道国利益相关者对跨国企业的组织身份缺乏理解。相比之下，来源国劣势更强调母国制度环境对跨国企业组织身份的负面"印记"，这种"印记"深刻影响东道国利益相关者对跨国企业的感知和评价，进而导致跨国企业的组织身份被污名化。

第三，从劣势的具体表现看，两种劣势也存在显著差异。首先，不熟悉危害是外来者劣势的重要表现，因为信息缺失导致东道国利益相关者不熟悉跨国企业的组织身份；相比之下，来源国劣势较少关注不熟悉危害。其次，尽管外来者劣势和来源国劣势均表现为东道国利益相关者对跨国企业的歧视，但两种歧视的本质及其形成原因不同。在外来者劣势中，歧视危害由跨国企业组织身份的"外来性"引起，对外国企业的普适性歧视；相比之下，在来源国劣势中，歧视危害是由跨国企业的"来源国身份"引起，是东道国利益相关者对来自特定国家企业的针对性歧视。最后，在关系危害方面，外来者劣势中的信任缺失是由组织身份模糊导致的不确定性引起，而在来源国劣势中，信任缺失则是东道国利益相关者对来自特定国家企业的不信任。

## 二、外来者劣势与来源国劣势的互动关系

尽管外来者劣势和来源国劣势均得到了学术界的关注,但鲜有研究对两种劣势之间的互动关系进行探索。本书研究发现,两种劣势并非完全独立,而是存在互动关系。

首先,导致外来者劣势和来源国劣势背后的因素之间往往存在互动关系。例如,信息缺失和组织身份模糊往往是导致东道国利益相关者借助来源国形象评判跨国企业的重要原因。

其次,跨国企业往往同时在东道国市场遭遇外来者劣势和来源国劣势(即国际化"雪上加霜"),这是因为跨国企业在东道国市场的组织身份不仅包括"外来者身份",还包括"来源国身份"。当跨国企业进入东道国市场后,东道国利益相关者不仅关注跨国企业是"本土企业"还是"外国企业",同时也关注跨国企业"具体来自哪儿"(Ramachandran 和 Pant,2010)。例如,布希基和金伯利(2010)研究发现,麦当劳在法国即使完全雇用法国员工、采购法国原材料,法国消费者仍然将麦当劳视为美国公司,并将麦当劳视为美国文化对法国文化冲击的象征。从组织身份视角看,麦当劳的"来源国身份"对其国际化的影响更为深刻。然而,在传统的外来者劣势研究中,"母国"因素往往被忽视或特意排除,而来源国劣势则弥补了这一理论不足。因此,综合研究外来者劣势和来源国劣势对于探索跨国企业在东道国市场的竞争劣势现象更为全面和准确。

## 第六节 本章结论与启示

### 一、研究结论

本章从组织身份视角分析新兴经济体跨国企业国际化面临的双重劣势，揭示外来者劣势和来源国劣势的形成机制及其互动机制，进而对两种劣势的差异性进行系统比较。通过对华为和中兴在美国市场多次受阻的案例进行扎根理论研究，本书构建了组织身份视角下外来者劣势和来源国劣势形成机制及其互动机制理论模型，得出以下研究结论：

（1）从组织身份理论视角看，外来者劣势是由信息缺失导致的组织身份模糊引起，其内在本质是跨国企业组织身份的"外来性"。具体而言，由于作为东道国市场的"外来者"，东道国利益相关者对跨国企业的组织身份缺乏充分信息，导致跨国企业的组织身份处于模糊状态。

（2）与外来者劣势相比，来源国劣势主要是由负面的来源国形象导致的组织身份污名化引起，其内在本质是跨国企业的"来源国身份"。

（3）外来者劣势和来源国劣势并非相互独立，而是相互影响。一方面，组织身份模糊是引起组织身份污名化的重要诱因，因为在组织身份模糊的情境下，东道国利益相关者更倾向于根据跨国企业的来源国对其组织身份进行评判；另一方面，来源国劣势也会强化外来者劣势，因为负面的来源国形象会导致信息失真和扭曲，进而强化跨国企业的组织身份模糊。

### 二、理论贡献

（1）从组织身份视角揭示外来者劣势和来源国劣势的形成机制。已有研究主要从宏观环境层面（如制度距离、制度质量等）解释外来者劣势和来源国劣势，缺少微观机制，难以细致、准确地解释两种劣势的形成过程。本书从组织层面的组织身份理论视角归纳两种劣势的形成机制，分别从"外来者身份"（信息缺失导致组织身份模糊）和"来源国身份"（来源国形象导致组织身份污名化）解释两种劣势，深化了已有研究。

（2）从组织身份视角比较外来者劣势和来源国劣势的差异性，并揭示两种劣势的互动关系。目前学术界存在将外来者劣势和来源国劣势混用的现象，降低了理论对新兴经济体跨国企业竞争劣势的解释力。本书从组织身份视角对外来者劣势和来源国劣势的形成过程进行系统比较，研究结论有助于学术界更清晰地区分两种劣势，并对两种劣势的互动关系进行分析。

（3）从东道国利益相关者视角解释外来者劣势和来源国劣势。已有研究主要从环境或跨国企业视角解释外来者劣势和来源国劣势，却忽视了东道国利益相关者的重要作用。事实上，跨国企业在东道国市场的竞争劣势归根结底是东道国利益相关者对跨国企业的感知和态度决定的，忽视东道国利益相关者的作用将降低已有理论的解释力。本书重点关注东道国利益相关者对跨国企业组织身份的感知和评价，弥补了已有研究主要从跨国企业视角解释外来者劣势和来源国劣势的不足。

## 三、局限与展望

（1）研究方法的局限性。本章采用质性的扎根理论方法，仅选择华为和中兴作为案例研究对象，且两家企业处于相同的行业。尽管质性研究方法在构建新理论方面具有显著优势，但也存在研究结论外部效度较低的缺点。

（2）数据来源的局限性。在数据来源方面，本章主要借助公开的二手数据开展研究，尤其是美国政府对案例企业的调查报告和东道国主流媒体的新闻报道，而一手数据匮乏。因此，未来研究可以综合运用一手数据和二手数据，进一步细化跨国企业的组织身份与双重竞争劣势之间的关系。

（3）研究内容的局限性。外来者劣势和来源国劣势是复杂的社会现象，可以从多个理论视角进行解释。本章仅从组织身份理论视角解释两种劣势，并未考虑其他理论视角，未来研究可以从其他理论视角对两种劣势进行进一步解释。

此外，来源国劣势不仅仅表现为东道国利益相关者对新兴经济体跨国企业的歧视，也可能表现为母国制度环境对跨国企业国际化能力的负面影响，而本章并未研究这一方面的劣势。

# 第四章
# 组织身份意义给赋、外来者劣势与来源国劣势研究[①]

本章旨在探究中国跨国企业如何通过组织身份意义给赋克服外来者劣势和来源国劣势。研究表明，中国跨国企业面临的外来者劣势由组织身份模糊引起，而来源国劣势由组织身份污名化引起，因此，克服外来者劣势要求跨国企业降低身份模糊，向东道国利益相关者意义给赋企业清晰的组织身份；克服来源国劣势要求跨国企业向东道国利益相关者意义给赋企业真实的组织身份，消除身份污名。因此，"组织身份意义给赋"不仅有助于中国跨国企业克服外来者劣势，也有助于企业克服来源国劣势。基于此，本章通过探索性的案例研究方法，归纳中国跨国企业通过组织身份意义给赋克服外来者劣势和来源国劣势的内在机制，主要开展以下三方面的研究：一是归纳跨国企业组织身份意义给赋克服双重劣势的具体机制；二是揭示组织身份意义给赋的动态过程；三是分析组织身份意义给赋的结果。

---

① 本章的部分内容发表于《经济与管理研究》《商业研究》，详见：杨勃，齐欣，张宁宁. 新兴市场跨国企业逆向国际化的来源国劣势研究：基于组织身份视角［J］. 经济与管理研究，2020（4）：74-87；杨勃，刘娟. 颠覆性环境下的组织身份变革与战略变革：比较研究及整合框架构建［J］. 商业研究，2020（5）：146-152.

## 第一节 研究设计

### 一、研究方法

本章主要采用探索性的多案例研究方法。Eisenhardt（1989）认为，案例研究是一种研究策略，其焦点在于理解某种单一情境下的动态过程。这种研究方法尤其适用于那些未被充分开发的研究领域，从而帮助研究者构建新的理论。Yin（2009）认为，案例研究方法在回答那些"为什么"和"如何"式的研究问题时特别有效。根据案例数目划分，案例研究可以分为单案例研究和多案例研究。单案例研究适合于考察极端案例，对研究对象进行厚实的描述，揭示案例发展的过程，但外部效度较低。相反，多案例研究设计能够显著提升研究结论的外部效度，但会降低个案的深度。根据研究目的划分，案例研究有三种基本的运用模式，即验证性模式、探索性模式和描述性模式：验证性模式的运用过程是"先理论构建，后案例验证"；探索性模式的运用过程是"先案例探索，后理论升华"；描述性模式主要是对案例发展进行细致描述（苏敬勤和李召敏，2011）。

具体而言，本章采用探索性、纵向的多案例研究设计，原因如下：

第一，本章试图采用探索性的案例研究方法构建新理论，归纳跨国企业通过组织身份意义给赋克服外来者劣势和来源国劣势的内在机制。与解释性和描述性的案例研究设计相比，探索性的案例研究设计更擅长于构建理论。由于已有研究在跨国企业如何通过组织身份意义给赋克服外来者劣势和来源国劣势方面存在理论缺口，因此，本章采用探索性的案例研究方法填补理论缺口，构建扎根于现实的新理论。

第二，本章试图采用纵向的研究设计探索中国跨国企业克服外来者劣势和来源国劣势的过程。已有研究主要从静态层面研究外来者劣势和来源国劣势，但对跨国企业克服外来者劣势和来源国劣势的过程缺乏阐释。事实上，克服外来者劣势和来源国劣势是一个复杂的动态过程，很难在短期内完成。由于纵向的案例研究策略对于过程的探索尤为有效，因此，本章采用纵向的案例研究设计。

第三，本章试图采用多案例研究设计提高研究结论的外部效度。与单案例研究相比，遵循复制逻辑的多案例研究归纳出的理论更稳健、更准确，也更有普适性。正如 Yin（2009）、Eisenhardt 和 Graebner（2007）等学者的建议，在条件允许的情况下，研究者应该尽可能采用多案例研究设计。因此，本章采取多案例研究设计，提高研究结论的普适性。

## 二、案例选择

案例研究通常"根据研究问题及要开发的理论进行案例选择"（毛基业和李晓燕，2010），所选择的案例要能够满足理论构建的需要。因此，遵循"理论抽样"原则（Glaser 和 Strauss，1967），而非随机抽样。本章的案例选择包括两个步骤：第一，选择目标东道国；第二，选择目标企业。

本章以发达国家作为目标东道国，主要基于如下考量：

第一，中国企业在发达国家面临更高水平的外来者劣势和来源国劣势，有助于考察企业克服外来者劣势和来源国劣势的动态过程。中国与发达国家之间存在较高的制度距离，已有研究表明，制度距离越高，跨国企业面临的外来者劣势水平也越高。同时，新兴经济体跨国企业进入发达国家市场时，相较于发达国家跨国企业进入新兴经济体市场面临更高的来源国劣势。

第二，发达国家已经成为中国企业海外直接投资的重要目的地，尤其是在以获取品牌和技术为目的的对外直接投资中，一大批中国企业将并购发达国家企业作为技术追赶的杠杆。例如，北美和欧洲市场是近年来中国企业对外直接投资增速最快的市场之一。

然而,中国企业在进入这些发达国家时步履艰难,面临显著的外来者劣势和来源国劣势。因此,深刻理解中国企业在发达国家遭受的外来者劣势和来源国劣势,并提出具有管理价值的策略工具,既是理论本身所蕴含的问题,也是企业国际化管理实践亟待解决的问题:一方面,对中国企业的研究将扩充已有的以发达国家跨国企业进入新兴经济体市场为背景的知识体系,加深对新兴经济体跨国企业进入发达国家时面临的外来者劣势和来源国劣势的理解;另一方面,对中国企业在发达国家面临的外来者劣势和来源国劣势进行深入研究也有助于帮助中国企业寻求有效克服双重劣势的潜在策略工具,提升企业国际化绩效。因此,将发达国家作为目标东道国具有重要的理论和现实意义。

在确定将发达国家作为目标东道国之后,本章进一步确定具体的目标企业。案例选择标准包括三方面:

一是所选案例要能够解答研究问题。一方面,案例企业在进入东道国市场初期遭遇显著的外来者劣势和来源国劣势;另一方面,案例企业在东道国市场经营时间较长,且获得一定的成功,有助考察企业克服外来者劣势和来源国劣势的过程。

二是多样性原则。选择多样性的案例能够发现更丰富的理论模式,同时提高研究结论的外部效度。

三是数据可获得性原则。所选案例要能够获得可靠而充实的数据,保障研究结论的稳健性和完整性。根据以上标准,本书初步选择了16家中国企业,再对这些企业进行进一步分析,不断比较案例企业与研究问题是否匹配,剔除匹配度较低的企业。最终确定联想、海尔、中远、东软、华为、中海油、TCL、万向8家企业,案例企业简要描述如表4-1所示。

第四章 组织身份意义给赋、外来者劣势与来源国劣势研究

表 4-1 案例企业简要描述

| 案例企业 | 联想 | 海尔 | 中远 | 东软 | 华为 | 中海油 | TCL | 万向 |
|---|---|---|---|---|---|---|---|---|
| 企业性质 | 民营 | 民营 | 国有 | 民营 | 民营 | 国有 | 民营 | 民营 |
| 成立时间 | 1984年 | 1984年 | 1961年 | 1991年 | 1987年 | 1982年 | 1981年 | 1969年 |
| 主要投资东道国 | 美国、德国等 | 美国、德国、法国 | 美国、希腊等 | 芬兰、美国等 | 英国、美国等 | 加拿大、美国 | 法国、荷兰等 | 美国 |
| 主要进入模式 | 并购 | 绿地投资、并购 | 绿地投资、并购 | 绿地投资、并购 | 并购、绿地投资 | 并购 | 并购、绿地投资 | 并购 |
| 进入行业 | 电脑、手机等 | 家电 | 远洋运输 | 医疗设备、软件 | 信息与通信 | 石油 | 彩电、手机等 | 汽车零部件 |
| 典型竞争劣势表现 | 政府歧视、消费者偏见 | 消费者偏见 | 首次并购美国长滩码头失败 | 客户偏见 | 多次并购失败 | 并购美国优尼科失败 | 整合汤姆逊彩电失败 | 客户偏见 |
| 典型成功事件 | 并购IBM PC、摩托罗拉移动等 | 在美国设厂、并购通用电气家电业务 | 获得长滩码头经营权、并购希腊港口 | 并购三家芬兰公司和一家美国公司 | 进入欧洲市场 | 并购加拿大尼克森石油公司 | 市场份额不断提升 | 先后并购美国二十余家企业 |
| 案例企业简要描述 | 全球最大的个人电脑公司 | 全球白色家电第一品牌 | 全球领先的航运与物流供应商 | 中国领先的IT解决方案与服务供应商 | 全球领先的信息与通信方案供应商 | 中国最大的海上油气公司 | 智能产品及互联网应用服务企业集团 | 中国最大的汽车零配件供应商 |

数据来源：根据企业官网、媒体新闻报道等渠道内容整理。

选择上述8家企业的具体原因包括三个方面：

第一，所选案例能够解答研究问题，这些企业均是中国企业国际化的典型代表，国际化起步较早，并且取得了一定成功。一方面，由于克服外来者劣势和来源国劣势是一个长期的过程，甚至需要10多年时间，因此，本书选择国际化经营时间较长的中国企业；另一方面，选择国际化取得成功的企业，才能探索这些企业是如何克服外来者劣势和来源国劣势的，进而有助于归纳跨国企业克服外来者劣势和来源国劣势的动态过程。在目标企业中，联想、华为、中海油、中远等企业长期位列中国企业国际化指数排行榜的前列，国际化时间较长，国际化程度较高，并且获得了很大的成功。TCL作为中国企业国际化的先行者，尽管经历过

惨痛的失败，但经过 10 多年的国际化发展，已在全球建立起具有国际影响力的品牌形象。东软集团和万向集团在各自的业务领域处于国内领先地位，而且近年来国际化步伐不断加快。

第二，案例企业之间具有较大的差异性，能够提高研究结论的外部效度。从企业性质看，联想、海尔、华为等属于民营企业，中远、中海油属于国有企业，有助于比较国有企业与民营企业的差异性。从进入模式看，既有跨国并购，也有绿地投资。从行业分布看，案例企业所处的行业包括电脑、家电、石油、远洋运输、通信、汽车零部件等多个行业。从国际化绩效看，所选择的案例既包括成功的案例，也包括失败的案例，并且同一案例在不同时间段既有成功的海外投资，也有失败的经历。这种"两级模式"特别有助于发现数据中的对立模式。例如，从成功的案例看，联想并购 IBM 个人电脑事业部是中国企业国际化取得成功的典型代表，通过这次并购，联想逐步成长为全球最大的个人电脑公司。海尔是最早在美国设立工厂的中国制造业企业，开创了中国企业在美国本土制造的先河。相反，中海油并购优尼科、TCL 并购法国汤姆逊彩电和阿尔卡特手机、华为并购 3Com 等公司则是中国企业国际化失败的典型案例。

第三，从数据来源看，所选择的案例都能够从公开渠道获取丰厚的二手数据。一是由于这些企业在东道国市场具有较大的影响力，得到了当地媒体、消费者的广泛关注，能够获得丰富的新闻报道和网络评论，从而有助于考察东道国利益相关者对案例企业组织身份与合法性的感知。例如，仅《纽约时报》对案例企业的有效新闻报道就多达 150 余篇。二是这些企业的官方网站上包含丰富的档案数据，如对外新闻稿、年度报告、大事记、管理者讲话等，有助于分析中国企业向外声明的组织身份及其变化规律。

## 三、案例企业简要介绍

### (一) 联想集团

联想集团是全球消费、商用以及企业级创新科技的领导者,以及全球最大的个人电脑公司。联想的客户遍布全球160多个国家和地区,专注于为全球用户提供安全及高品质的产品组合和服务,包括卓越的个人电脑、工作站、服务器(包括IBM的X86服务器)、智能手机(包括摩托罗拉品牌)、智能电视、平板电脑以及应用软件等一系列移动互联产品。2004年12月8日,联想正式宣布并购IBM的全球个人电脑业务,标志着联想国际化迈出了实质性的一步。然而,联想在进入美国市场时面临显著的外来者劣势和来源国劣势。在不熟悉危害方面,美国政府、消费者和媒体等利益相关者对联想缺乏了解,导致联想的组织身份常常被误解。在歧视危害方面,相比于东道国本土企业而言,联想的产品以中低端为主,导致联想被视为"低端个人电脑公司",进而遭遇消费者的歧视。在关系危害方面,作为中国企业,联想难以在东道国市场获取订单,尤其是难以获取美国政府的采购订单。

### (二) 海尔集团

海尔创业于1984年,是全球白色家电第一品牌,也是全球领先的消费电子和家电产品公司。目前,海尔的产品已经销往全球100多个国家和地区,成功进入欧、美前十大家电连锁渠道。随着经济全球化和互联网的发展,海尔开始从传统的"家电制造企业"向"互联网企业""孵化创客的平台"转变。1999年,海尔在美国设立制造工厂,成为第一家在美国设厂的中国企业。然而,海尔在进入美国市场后也面临显著的外来者劣势和来源国劣势。例如,东道国消费者对海尔的品牌和产品缺乏了解,负面的来源国形象导致海尔被利益相关者视为"低端产品制造商",这些因素导致海尔的产品难以进入主流销售渠道,并遭遇消费者的歧视。为了降低外来者劣势,海尔开始变革组织身份,尤其是从"低端产品制造商"向"优质产品公司"变革,从"中国企业"向"国际企业"变革。此外,在进入模式方面,尽管海尔国际化的早期阶段以绿地投资为主,但随着经济全球化以及家电行业的竞争加剧,海尔开始通过跨国并购方式进行海外扩张。2011年,海尔并购日本三洋白电,进入日本市场。2012年,海尔又并购新西兰国宝级家电品牌斐雪派克。2016年1月,海尔的国际化进程又开启了历史性的一页,即并购美国通用电气(GE)的家电业务。并购之后,海尔的海外员工达到7.3万人,使海尔成长为"名副其实"的全球化企业。

### (三)中远集团

中远集团是全球领先的航运与物流供应商,是中国中央政府直管的特大型国有企业集团。经过50多年的发展,中远已经成长为以航运、物流、码头、修造船为主业的跨国企业集团,多次入选《财富》世界500强。中远的国际化主要体现在"两个转变"战略上:一是"由全球承运人向全球物流经营人转变",也就是从"远洋运输公司"变革为"航运与物流公司";二是"由跨国经营向跨国公司转变",也就是从跨国经营的"中国企业"变革为全球运营的"国际企业"。通过国际化,中远现已在全球50多个国家和地区拥有千余家企业和分支机构,海外资产和收入已超过资产总量的半数以上。然而,在国际化过程中,中远也面临外来者劣势和来源国劣势的严峻挑战,一个重要原因是中远的"国有企业"身份常常遭遇东道国利益相关者的误解和歧视。例如,1999年前后,中远试图收购美国长滩码头,却遭到美国议会的否决,理由是中远被美国媒体和政府视为"中国的海军"和"解放军的桥头堡"。美国媒体《华盛顿时报》认为,作为"国有企业",中远是中国海军的重要组成部分,帮助中国海军运输武器。这些污名化的组织身份导致中远的并购遭遇失败。为了消除身份误解,时任中远董事长魏家福直接来到质疑中远身份的《华盛顿时报》,向媒体解释真实的中远,并积极与当地政府进行沟通,最终中远成功获得长滩码头的经营权。

### (四) 华为技术有限公司

华为技术有限公司（简称华为）是全球领先的信息与通信技术（ICT）解决方案供应商，专注于 ICT 领域，在电信运营商、企业、终端和云计算等领域构筑了端到端的解决方案优势。尽管整体而言，华为的国际化取得了很大的成功，但华为多次试图通过并购进入美国市场时均遭遇失败。例如，2007 年 10 月，华为携手贝恩资本出价 22 亿美元收购美国 3Com 公司，如果收购成功，华为将真正进入美国市场。然而，美国政府随后以危害国家安全为由阻挠了这起并购，理由是华为总裁任正非具有"军方背景"。与此同时，华为被美国媒体评价为"中国最不透明的公司"，这些身份特征导致华为遭遇显著的歧视危害。由于相同的原因，2010 年 5 月，华为以 200 万美元的价格购买了美国三叶公司（3 Leaf Systems）的员工及其知识产权，但在不久之后，美国外国投资委员会要求华为剥离收购三叶公司所获得的资产。

### (五) TCL 集团

TCL 集团股份有限公司是全球化的智能产品制造及互联网应用服务企业集团。TCL 是中国企业国际化的先行者，早期的国际化之路并不顺利。2004 年 1 月 29 日，TCL 与法国汤姆逊集团签署协议，组建全球最大的彩电供应商——TCL 汤姆逊电子公司（简称 TTE）。法国汤姆逊彩电公司融入了发明家爱迪生的血统，多年占据着全球彩电领域的领先位置，被誉为"彩电鼻祖"。然而，收购汤姆逊彩电业务后，TTE 在 2005 年、2006 年连续亏损两年，2006 年 TCL 终止在欧洲生产和销售 Thomson 品牌彩电。同年，汤姆逊开始从 TTE 撤资。2007 年 4 月，TTE 欧洲公司申请破产清算。

### (六) 中国海洋石油总公司

中国海洋石油总公司（简称中海油）是国务院国有资产监督管理委员会直属的特大型国有企业，是中国最大的海上油气生产商。中海油的国际化因为两起跨国并购（一起成功、另一起失败）而引人关注。2005

年6月，中海油出价185亿美元竞购美国优尼科石油公司，如果收购成功，将成为当时中国企业历史上最大的海外并购项目。然而，在宣布并购之后，先后有64位美国国会议员公开反对这起并购，认为并购会对美国国家安全构成威胁。在强大的政治压力之下，中海油最终放弃收购。另一起成功的并购发生在2013年2月，中海油以151亿美元收购加拿大油气公司尼克森，成为当时中国企业海外最大并购案。

### （七）万向集团

万向集团创建于1969年，以汽车零部件制造和销售为主业，是中国汽车零部件制造代表企业之一。万向已在美国、英国、德国等10个国家拥有近30家公司，40多家工厂，海外员工超过16000人，是通用、大众、福特、克莱斯勒等国际主流汽车公司的配套合作伙伴。万向美国公司是万向集团的全资子公司，成立于1993年。成立之后，万向美国公司已先后并购二十余家美国本土企业。在美国制造的汽车中，每3辆中就有一辆使用万向制造的零部件。自2013年开始，万向先后收购美国A123系统公司（美国最大的新能源锂电池制造企业，技术处于全球领先地位）和菲斯科汽车公司（与"特斯拉"齐名的电动汽车制造商），正式进入新能源领域，并购目标是将万向建成一家国际化、高科技的清洁能源公司。

### （八）东软集团

东软集团是中国领先的IT解决方案与服务供应商，1991年创立于东北大学，前身为东北大学下属的沈阳东大开发软件系统股份有限公司和沈阳东大阿尔派软件有限公司。2009年8月，东软与芬兰SESCA集团签订协议，收购其拥有的从事高端智能手机软件开发业务的三家子公司。通过这次并购，提升了东软在高端智能手机和移动终端设备软件方面的开发、设计及市场能力，也为东软进一步开拓欧洲市场奠定了一定的基础。除了核心业务以外，东软还积极开拓新的市场领域，其中以医疗设备的研发和制造尤为突出。1998年，东软成立了"东软医疗系统有限公司"，开始借助在软件方面的优势进军医疗设备领域，目前产品已销往美国、意大利、俄罗斯等60多个国家和地区,在全球拥有5000多家大型设备用户。

## 四、数据收集

Yin(2009)认为,案例研究应该从多渠道收集数据,对数据进行"三角测量",保障研究结论的稳健性。本章的主要数据来源包括以下方面:

(1)东道国主流媒体新闻报道。对媒体的选择标准为:①选择东道国的主流媒体,权威性高、影响范围广泛,因为权威媒体能够深刻影响东道国利益相关者的认知;②包含互联网在线网站,能够检索不同时间跨度的新闻报道,便于数据获取。最终选择美国的《纽约时报》《华盛顿邮报》《洛杉矶时报》《华尔街日报》和《时代》周刊等(主要考察北美地区),以及英国的《金融时报》和《经济学人》(主要考察欧洲地区)。

(2)网络评论。网络评论是网民公开发表的言论,相对于新闻报道而言更加自由,也更贴近公众的真实感受。陶厚永等(2010)认为,网络评论具有覆盖性广泛、参与者自愿发言、群体思考性以及可保存性等优势,已经被广泛应用于各研究领域。汪涛等(2012)通过对美国和印度的主流社交媒体评论进行分析,归纳来源国形象形成的过程和维度。黄敏学等(2008)通过网络评论分析社会公众对企业社会责任的评价,归纳社会公众对企业实施社会责任的认同和行为模式。由此可见,网络评论是一种非常有价值的信息来源。

(3)学术文献。由于学术文献也是一种有价值的数据来源,能够间接获得与研究相关的资料,因此,本书还广泛收集国内外相关文献。与新闻报道和网络评论相比,学术文献对企业的考察更加理论化,分析的目的性和专业性更强。

(4)企业官网。企业的官方网站是企业向外披露信息的重要渠道,也是进行组织身份声明的"官方渠道"。本书特别关注企业在东道国的官方网站,因为东道国的官方网站是企业试图向东道国利益相关者意义给赋组织身份的重要渠道。

（5）网络视频。为了弥补对企业管理者访谈的缺乏，本书广泛收集网络上的企业家讲话、访谈视频和记录。

（6）访谈数据。为了直接获得东道国利益相关者对中国跨国企业组织身份与合法性的感知，本书以东道国相关领域的学者和普通民众作为访谈对象。访谈工作由分别位于美国洛杉矶和纽约的两位同事共同完成。访谈采取半结构化方式，根据访谈提纲提问，主要包括两类问题：

一是组织身份相关的问题，主要目的是归纳利益相关者对中国企业组织身份的理解和感知。首先，邀请受访者对中国企业进行描述，例如，"您会用哪些词汇描述联想/海尔""您认为联想/海尔与其他企业相比最重要、最独有的特征有哪些"。其次，询问受访者获取中国企业信息的途径，如"您从哪些渠道了解联想/海尔"。最后，邀请受访者对中国企业的身份声明进行评论，询问受访者是否认可这些身份声明，以及在不同时期是否对中国企业的认知发生改变，为什么改变等。

二是与外来者劣势和来源国劣势相关的问题，主要目的是分析中国企业的合法性水平。邀请受访者对中国企业进行评价，例如，"您如何评价联想/海尔""您如何评价联想/海尔的产品"等。

尽管访谈数据能够直接获得东道国公众对中国企业的认知，但本书的访谈也存在以下不足之处：一是访谈对象人数较少，代表性较低。二是访谈者主要为联想和海尔的产品使用者，未涉及其他案例企业。三是访谈问题并不深入，难以对案例进行深入分析。尽管存在这些不足之处，但访谈数据也对档案数据进行了一定的有益补充，尤其是能够验证利益相关者是否认可中国企业的身份声明，并分析其背后的原因。

## 五、数据分析

本书遵循 Eisenhardt（1989）和 Yin（2009）倡导的归纳性的多案例分析原则，首先进行"案例内分析"，在所有案例分析完成之后进行"跨案例分析"，最终构建理论模型。需要指出的是，两个阶段并不是线性的过程，而是一个迭代的过程。案例内分析是将每个案例作为一个独立的实验，依次对每一个案例进行分析。本书首先对联想案例进行分析，依次对海尔、中远、东软、万向、TCL、华为以及中海油案例进行分析，从而通过每个案例建立初步的、独立的理论模式。数据分析技术主要是扎根理论的三阶段编码程序，并在数据编码过程中进行组织身份审计。为了保障编码过程的科学性和编码结果的信度，本书采取以下措施：①两位研究者同时对相同的数据进行"背对背"式编码，编码结束后相互比较编码结果，对结果不一致的地方（如某一概念在第一位研究者的编码结果中出现，但未在第二位研究者中出现，或两位研究者对相同的概念进行了不同的范畴化）进行集体讨论；②编码结束后，交由第三位研究者对编码结果进行检查，并对编码结果进行进一步的集体讨论；③建立编码结果数据库，先对不同案例和数据来源的编码结果分别建立子数据库，再对所有编码结果建立总数据库。

在所有单案例分析完成之后，本书进一步进行跨案例分析。跨案例分析主要采用"逐项复制"（literal replication）和"差别复制"（theoretical replication）技术，寻找案例之间的普适性模式和对立性模式，进而构建内部效度和外部效度更高的理论命题和模型。逐项复制是指对于类别内案例，由于具有相同的属性和特征，预期不同案例之间的构念关系将呈现统一的模式。当某一案例的模式在下一案例中重复出现时，将增加更多的案例进行复制，提炼出共性命题。差别复制是指对于类别间案例，由于类别的属性或者特征呈现对立模式，因此，可以预期不同案例之间的构念关系也将呈现对立模式。本书主要将成功案例和失败案例进行比较从而来进行差别复制，数据分析发现，成功案例和失败案例归纳出的很多理论模式是冲突的，但也正是因为这些冲突之处，恰恰为成功案例归纳出的理论模式提供了反面支持证据。

## 六、组织身份审计

为了探究中国跨国企业组织身份意义给赋的具体内容（注：本章的组织身份审计也是第五章归纳中国跨国企业组织身份变革模式与机制的重要依据），本书对中国跨国企业的组织身份进行审计。组织身份审计是指对组织核心的、独特的和持久的特征进行识别和归纳的过程（布希基和金伯利，2010）。借鉴 Albert 和 Whetten（1985）提出的三个标准来识别组织身份："核心性"，即该特征是案例企业的核心特征，能够代表企业的本质；"独特性"，即该特征能够使案例企业区别于其他竞争者，成为东道国利益相关者感知"中国企业是谁"的特征；"持久性"，即该特征较为稳定，在较长一段时间内保持不变。组织身份审计包括两个过程：一是将组织身份进行"标签化"与"含义化"，即为组织身份贴标签，并识别标签背后的含义。二是分别审计内部身份（即案例企业向外声明的组织身份）和外部身份（即东道国利益相关者感知的组织身份），并将两者进行比较。

### （一）身份"标签化"与"含义化"

组织身份包括"标签"和"含义"两层面的内容。身份标签是对"组织是谁"的统括性描述，如联想声明"我们是一家国际企业"，则身份标签为"国际企业"。然而，"国际企业"标签包含多重含义，如"全球运营""全球研发""全球配置资源"等。之所以同时归纳身份标签和含义，是因为两家企业即使采取相同的身份标签，其背后的含义可能不同。例如，海尔也将自己定义为"国际企业"，但海尔的"国际企业"标签包含的含义与联想不同，如"东道国本土研发""区域运营战略"等。

企业在进行身份声明时，主要向外声明身份标签，而标签背后的含义则需要通过其他资料进行归纳。例如，2014 年联想的年报这样描述"联想是谁"："Lenovo is a US$45 billion global *Fortune* 500 company（《财富》500 强）and a leader（领导者）in providing innovative（创新）consumer, commercial, and enterprise technology（科技公司）。"我们可以从这段话中归纳出四个身份标签，分别是"《财富》500强""行业领导者""创新"以及"科技公司"。然而，这些标签的含义表现在具体的核心业务、能力、行业地位等方面，这就要求进一步对其他资料进行分析，归纳标签背后的含义。

鉴于组织身份具体表现在组织的宗旨、业务本质、核心能力、核心价值观、国籍五个维度，因此，本书根据这五大维度进行"标签化"和"含义化"，具体包括：

第一，企业的宗旨，包括使命、愿景等。企业宗旨是企业存在的理由，如存在的价值、为谁服务等，是组织身份中最核心、最抽象、最根本的维度。例如，联想在进入美国市场后，向外意义给赋"打造全球最卓越的个人电脑"宗旨，这表明联想致力于为用户提供最卓越的个人电脑产品和服务。海尔在美国市场意义给赋企业的宗旨是"以用户为中心"，具体表现在企业根据东道国当地用户的特殊需求进行产品设计和生产。

第二，企业的业务本质，如核心业务、业务结构。例如，联想在2005~2009年将自己定位为"个人电脑公司"，这反映在企业的业务结构方面，因为这期间个人电脑业务占整个集团总销售额的98%左右。然而，从2010年开始，联想向外声明新的身份，即"个人科技产品公司"，这表明联想试图从"个人电脑公司"变革为"个人科技产品公司"，并向东道国意义给赋新的身份。从业务结构看，2010年以后，个人电脑业务的占比持续下降，而智能手机、平板电脑、服务器等业务的占比不断上升。

第三，企业的核心能力，如竞争优势。竞争优势能够使企业区别于竞争对手，是组织身份的重要维度。例如，行业地位在一定程度上能够成为企业的竞争优势。海尔连续多年成为"全球白色家电第一品牌"，联想从2013年开始成长为"全球第一大个人电脑制造商"。

第四，企业的文化，包括企业的核心价值观、行为模式等。例如，中远在美国市场建立"企业公民"身份，声明中远的核心价值观是为东道国当地的经济、环境和社会做出贡献。

第五，企业的"血统"，包括企业的"国籍"、创始人背景、声誉等因素。例如，案例企业均来自中国，"中国企业"身份标签在东道国市场尤为显著。此外，企业的"血统"还包括创始人的背景。例如，在华为的案例中，创始人任正非的"军方背景"使华为被贴上了"军工企业"的身份标签。组织身份"标签化"与"含义化"示例如表4-2所示。

表4-2 组织身份"标签化"与"含义化"示例

| 企业 | 原始数据 | 含义 | 标签 |
| --- | --- | --- | --- |
| 联想 | 联想的客户遍布全球160多个国家，在全球开发、制造和销售可靠、优质、安全易用的技术产品及优质专业的服务 | 业务遍布全球 | 国际企业 |
| | 在全球以及关键市场，我们都在吸引顶级人才加入联想 | 人才全球化 | |
| | 在日本大和、中国北京、上海、深圳以及美国北卡罗来纳州罗利均设有重点研发中心 | 研发全球化 | |
| | 智能手机、平板电脑以及X86服务器业务均居全球第三 | 手机、平板等业务 | 个人科技产品公司 |
| | 现在的联想，已经拥有三大世界级增长引擎：PC业务、移动业务和企业级业务 | PC业务、移动业务等 | |
| 华为 | 任正非曾在中国人民解放军服役 | 军方背景 | 军工企业 |
| | 他的这段经历为外界猜测解放军可能持有华为股份或与华为存在特殊关系的说法提供了支持 | 与军方有联系 | |
| | 中国政府向美国企业的竞争对手（指华为）提供的隐性资金支持，使得美国企业处于竞争劣势地位 | 政府扶持 | |

## （二）内部身份审计与外部身份审计

从不同利益相关者视角看，组织身份不仅包括组织内部成员对"组织是谁"的定义和声明，也包括外部利益相关者对"组织是谁"的感知和理解。然而，由于信息不对称和认知差异等因素，内部身份与外部身份并非完全一致，这就要求中国跨国企业开展身份意义给赋，重塑东道国利益相关者的身份认知，进而克服外来者劣势和来源国劣势。因此，本书在身份"标签化"和"含义化"的基础上,进一步将组织身份审计分为"内部身份审计"和"外部身份审计",同时将两者进行比较。

第一,内部身份审计。内部身份审计是指识别中国企业对"作为组织,我们是谁"的定义,反映在企业的对外身份声明上。为了审计内部身份,本书对企业介绍、管理者的讲话视频、访谈语录、企业年报、新闻稿等进行编码,归纳内部身份的标签和含义。

第二,外部身份审计,即识别东道国利益相关者感知的组织身份。为了审计外部身份,本书对访谈数据、东道国媒体新闻报道及网络评论进行编码,归纳外部身份的标签和含义。

第三,内部身份与外部身份的比较。本书特别关注内部身份与外部身份的不一致之处。例如,2006年时,联想向外声明"卓越的个人电脑公司"身份,但美国消费者却认为联想是"低端个人电脑公司",因为消费者认为联想制造的产品以低端产品为主。由此可见,在同一年份,企业的内部身份与外部身份并不一定相同。内部身份与外部身份的矛盾表明中国企业声明的组织身份并未得到东道国利益相关者的感知、理解以及认可。此时,本书对与身份矛盾相关的语句进行编码,探究导致内部和外部身份不一致的原因,以及这种不一致如何影响中国企业。相反,2016年,联想声明的身份与东道国感知的身份趋于一致,表明企业声明的身份得到了东道国利益相关者的认可和接受。进一步根据时间维度进行纵向身份审计,即分别审计不同年份的内部身份和外部身份,如审计2008年联想的内部身份与其2012年的内部身份,并比较两者是否一致。

## 第二节 中国跨国企业组织身份意义给赋的机制

组织身份意义给赋是指中国跨国企业向东道国利益相关者进行的身

份释义活动，其目的是促使利益相关者对"跨国企业是谁"形成清晰、正确的理解，进而克服外来者劣势和来源国劣势。数据分析表明，中国企业主要通过三种意义给赋机制进行身份沟通："话语"机制（即通过语言进行身份释义）、"行为"机制（即通过实际行为进行身份表达）以及"信号显示"机制（即通过信号显示活动释放组织身份的信息）。接下来，本书将分别对这三种机制进行分析。

## 一、"话语"机制

话语是语言在特定社会情境中的使用和表达形式，包括演讲（speech）、修辞（rhetoric）、传播故事（storytelling）、框定（frame）等不同形式，其内在本质是语言（Vaara 和 Tienari，2008）。"话语"机制就是指中国企业将语言作为组织身份的媒介和载体，向东道国利益相关者进行身份释义的过程。换言之，"话语"机制的本质是通过语言进行身份沟通，消除身份误解和歧视，进而克服外来者劣势和来源国劣势。数据分析表明，"话语"机制包括"身份框定""传播故事""媒体访谈"以及"信息披露"。其中，"身份框定"属于话语的传播内容，"传播故事""媒体访谈"以及"信息披露"属于话语的传播渠道。具体而言，中国企业首先对组织身份进行框定，再通过故事、媒体访谈和信息披露等渠道向东道国利益相关者传递组织身份。

### （一）身份框定

框定是指信息的解释图式和呈现方式。客观相等的信息，由于呈现方式的差异会导致人们做出不同的判断和决策，这种现象被称为框定效应。身份框定是指利用框定效应解释和呈现组织身份，进而帮助利益相关者感知和理解组织身份。数据分析表明，中国企业主要通过选择参照物的方式进行身份框定，包括"身份异构"（即突出与其他中国企业的不同之处）与"身份同构"（即突出与东道国本土企业的相似之处）两种框定方式。

（1）"身份异构"，是指案例企业将自己与其他中国企业进行比较，突出与其他中国企业的不同之处。这种框定方式能够凸显案例企业的独特之处，帮助案例企业塑造与来源国形象差异化的组织身份，进而克服来源国劣势。在海尔的案例中，海尔将自己框定为"最创新的中国企业"，并强调企业重视技术创新和品牌建设，从而使海尔与其他中国企业进行区分，进而克服来源国劣势。对此，《时代》周刊认为，"中国公司总体而言缺乏与外国竞争对手正面交锋的技术实力或品牌实力，海尔比大部分中国公司做的都要好，它是为数不多的受到普遍承认的中国品牌之一"。联想将自己框定为"最具国际化的中国企业"，对此，《经济学人》这样描述联想，"从某些方面来说，联想与传统的中国公司存在显著差异，在这家公司中，许多高管都是外国人"。东软将自己框定为"中国第一家上市的软件公司"，也是最先通过 CMM5 和 CMMI5 认证的中国软件公司，这种框定方式能够使东软与其他中国软件公司进行区分，帮助东软建立差异化的组织身份。此外，案例企业还将自己框定为"中国之最"，如万向将自己框定为"中国最大的汽车零部件供应商"，TCL 将自己框定为"中国最大的彩电制造商"，中远将自己框定为"中国最大的远洋运输企业"，这种框定方式能够凸显案例企业的独特性，进而建立差异化的组织身份。

（2）"身份同构"，是指案例企业将自己与东道国本土企业进行比较，突出与东道国本土企业的相似之处，进而克服外来者劣势。这种框定方式能够帮助东道国利益相关者更容易理解"中国企业是谁"，进而提高组织身份的"可理解性"和"理所当然性"。例如，联想在进入美国市场后突出与本土企业 Dell、HP 等公司的相似之处，并聘请 Dell 副总裁担任 CEO。对此，《纽约时报》这样报道，"拥有听起来像是意大利的名字、IBM 曾经制造的电脑和一个来自 Dell 的 CEO，很多美国人很难设想联想集团是一家中国企业"。海尔在美国将自己框定为一家"美国公司"，而不是"中国公司"。例如，海尔强调公司的地区总部位于纽约的"海尔大厦",其产品根据当地用户需求进行设计和生产,正如张瑞敏所言,"海尔的选择是造就一个美国式的海尔"。此外,案例企业均将自己框定为"国际企业",而不是"中国企业",这种框定方式同时包括"身份异构"和"身份同构"两种效果。一是将自己框定为"国际企业"而不是"中国企业",能够使案例企业与其他中国企业进行区分,凸显其独特性的组织身份,进而降低东道国利益相关者对"中国企业"的负面感知。例如,联想北美区运营部总裁杰伊·帕克在接受媒体采访时称,"我们是一家全球化的企业,我们并不将自己视为一家中国企业"。二是将自己框定为"国际企业"能够提高组织身份的"可理解性"和"理所当然性",因为"国际企业"这种类型的组织已经被人们熟知,并被广泛认可。

### (二)传播故事

数据分析表明,在进行身份框定之后,中国企业通过传播故事的方式(即将身份嵌入到故事中)向东道国利益相关者意义给赋组织身份。具体而言,中国企业主要通过传播企业成长故事、品牌故事以及核心价值观故事意义给赋组织身份。

(1)*传播企业成长故事*。企业成长故事能够向利益相关者描述"企业过去是谁"和"现在是谁",以及如何从过去成长到现在。例如,联想向东道国利益相关者传播企业如何从破旧的中科院计算机所的"警卫传达室"创立的小型科技公司成长为"全球最大的个人电脑公司"的故事。对此,英国著名杂志《经济学人》对该故事进行了报道,标题为"从警卫传达室到全球巨头:联想如何成为全球最大的个人电脑公司",文章开篇认为,"联想可以说是'出身卑微',其创始人在 1984 年投资 2.5 万美元成立了这家中国科技公司,在一个租来的传达室里召开了早期的会议"。这一故事嵌入了联想的两个组织身份:一个是过去的组织身份,即出身卑微的"中国科技公司";另一个是现在的组织身份,即"全球最大的个人电脑公司"。

万向通过传播"奋斗十年添个零"的创业故事向利益相关者陈述企

## 第四章 组织身份意义给赋、外来者劣势与来源国劣势研究

业如何从一家"农机修配厂"成长为一家营收超千亿、利润过百亿的"中国最大的汽车零部件供应商"。对此,《华尔街日报》对万向的故事进行了报道,详细描述了万向创始人鲁冠球的创业故事和万向的成长故事。文章开篇这样报道,"在二十世纪 60 年代,当鲁冠球和他的妻子以及其他五个人以 500 美元创办一家拖拉机修配厂时,当地官员嘲笑他们的行为。如今,鲁冠球已经成为中国最富有的人之一,是中国最大的汽车零配件供应商万向集团的创始人和董事长"。这一故事也嵌入了万向的两个组织身份,即过去的组织身份("农机修配厂")和现在的组织身份("中国最大的汽车零部件供应商")。此外,海尔也通过传播企业如何从"濒临破产"的冰箱厂成长为"全球白色家电第一品牌"的故事来意义给赋过去的组织身份和现在的组织身份。

（2）传播品牌故事。品牌的内涵往往描述了企业最为核心的特征,进而能够向外界传播特定的身份特征。例如,联想通过解释"Lenovo"品牌的内涵来向外界传播"创新"身份。联想向外界解释其品牌标志"Lenovo"的内涵,该标志由"Le"（代表联想之前的标志 Legend）和"novo"（希腊字母,代表创新）组成,整个品牌的寓意是"创新的联想"。因此,联想将"创新"比喻为企业的"基因","是联想得以持续发展的推动力",正如杨元庆所言:"我们在创新方面持续投入、孜孜以求。"在东软的案例中,东软向利益相关者解释英文名"Neusoft"的含义来传播东软与中国高等学府的"血脉关系"。在东软的英文名"Neusoft"中,"Neu"为"Northeastern University"（东北大学）的英文缩写,而"Neusoft"是"东北大学软件集团有限公司"的缩写。TCL 在创立之初,"TCL"是"Telephone Communication Limited"（电话通讯有限公司）三个英文单词首字母的组合,表明 TCL 是一家"电话通讯公司"。然而,TCL 在之后重新解读品牌标志的内涵,将"TCL"解读为"The Creative Life"（创意感动生活）,表明企业致力于通过"创新"改善人们的生活,"以用户为中心",为用户提供极致体验的产品和服务。

（3）传播与核心价值观相关的故事。海尔通过传播"砸冰箱"的故事向外传递企业注重产品质量和品质的核心理念。海尔将"对质量的承诺"作为企业创立之初的使命和宗旨，并将这一身份一直延续至今。该故事得到了美国《时代》周刊的报道，"张瑞敏和他的铁锤已成为当代中国的一段佳话，其中一把铁锤甚至成为中国国家博物馆的永久收藏，与古代青铜器和无价的玉器存放在一起"。与此同时，海尔还通过传播洗衣机"洗土豆"的故事向外界传播海尔"以用户为中心"的宗旨，该故事也得到了东道国媒体的报道。此外，中远将企业社会责任作为核心价值观和企业存在的目的，并传播企业在东道国积极履行社会责任的故事，进而向外传播"企业公民"身份。

### （三）媒体访谈

除了将组织身份嵌入故事中进行传播外，中国企业还直接通过媒体访谈的方式向东道国利益相关者陈述组织身份。东道国媒体是传播组织身份信息的重要渠道，因为媒体对中国企业的新闻报道能够对当地政府和社会公众的认知产生深刻影响，是影响利益相关者对"中国企业是谁"形成认知的重要渠道。因此，案例企业积极通过东道国媒体向东道国利益相关者传递组织身份。

在中远的案例中，当被《华盛顿时报》曲解为"中国的海军""解放军的桥头堡"之后，魏家福总裁直接来到质疑中远身份的《华盛顿时报》，向媒体解释真实的中远。对此，《华盛顿时报》在魏家福访谈的第二天刊登了文章《中远：我们唯一的目的只是盈利》。通过媒体访谈，中远成功向东道国利益相关者解释了"国有企业"身份的含义，消除了媒体的误解，克服了外来者劣势和来源国劣势。联想也是积极通过东道国媒体传递组织身份的典型案例，尤其是 CEO 杨元庆经常积极主动接受媒体采访，向东道国媒体陈述联想真实的组织身份。例如，在对"民营企业"身份进行陈述时，联想主动与东道国媒体沟通，消除媒体对联想所有权结构和经营目的的误解。相反，在华为试图进入美国的案例中，由于企业管理者未能积极与东道国媒体进行直接沟通，导致华为的组织身份被误解。例如，《华尔街日报》这样描述华为的失败，"美国媒体上很少见到中国公司或它们的代理人，中国企业的管理者应该通过电视、媒体或论坛跟公众打交道，如果不这样做，中国公司几乎肯定不会赢"。《华尔街日报》的记者阿奴普雷塔·达斯认为，"正是由于这样的原因，华为的收购遭到了美国大多数媒体的抵制"。

**（四）信息披露**

除了媒体访谈，中国企业还积极通过信息披露传播组织身份，如通过企业在东道国的官方网站披露组织身份信息。通过对案例企业东道国的官方网站进行分析表明，这些官方网站包含丰富的身份信息，如企业介绍、宗旨陈述、产品信息等。对此，当被询问通过哪些渠道了解联想时，本书的受访者表示，"联想的官方网站包含丰富的信息，不仅有丰富多彩的产品介绍，还让我了解到联想的发展历程、文化、业务范围等"。在中远的案例中，为了传递"企业公民"身份的信息，从 2005 年开始，中远每年制定可持续发展报道，向外界披露企业在环境保护、促进经济发展、承担社会责任等方面的信息。相反，在失败的案例中，由于华为未能通过充分披露信息开展组织身份意义给赋，导致华为真实的组织身份难以被东道国利益相关者感知和认可。例如，"调查报告"称，"两家企业（华为和中兴）都不愿意提供足够的证据，以降低委员会的担心，两家企业都没有提供其与中国政府的正式关系或是日常往来的详细信息"，"特别是华为，没有提供关于其企业结构、历史、所有权、运营、财务安排或管理的全面信息"。

## 二、"行为"机制

数据分析表明，中国企业不仅通过"话语"机制进行身份释义，同时将"行为"作为身份的载体进行意义给赋，因为"组织是谁"不仅取决于组织说什么（话语），也取决于组织做什么（行为）。因此，向外展示特定的组织行为能够帮助东道国利益相关者对"中国企业是谁"进行意义建构。具体而言，中国企业通过展示三种行为给赋组织身份：战略营销、业务展示和产品推广。

## （一）战略营销

首先，案例企业通过营销"国际化战略"向东道国利益相关者给赋"国际企业"身份。例如，联想在并购 IBM 个人电脑业务之后，向东道国利益相关者营销企业的国际化战略，包括人才国际化、研发国际化、市场国际化、企业文化国际化等。正是由于坚持国际化战略，联想才逐步成长为"全球最大的个人电脑公司"。海尔通过意义给赋"三步走"的国际化战略和品牌国际化战略给赋"国际企业"身份，以及企业如何通过国际化战略连续多年成为"全球白色家电第一品牌"。中远通过向东道国利益相关者营销"两个转变"战略（即从全球承运人向全球经营人转变，从跨国经营向跨国公司转变）给赋"全球领先的航运与物流企业"和"国际企业"身份。此外，东软、TCL、华为、中海油以及万向也通过营销国际化战略为其"国际企业"身份声明提供支持。

其次，案例企业通过营销战略性并购给赋变革后的新组织身份，因为并购活动能够吸引利益相关者的关注，有利于企业传播组织身份。例如，联想在 2014 年进行了两次吸引全球目光的并购，即并购摩托罗拉移动和 IBM 的 X86 服务器业务。这两次并购不仅帮助联想进一步从"个人电脑公司"进化为"个人科技产品公司"，还吸引了东道国媒体和社会公众的广泛关注，帮助联想向外界展示其新的组织身份。在万向的案例中，万向通过并购 A123 系统公司和菲斯科公司进入清洁能源领域，并借助这两次并购有了新的身份。

## （二）业务展示

组织身份不仅表现在组织的战略层面，还表现在组织具体的业务运营层面。业务展示能够帮助中国企业进行组织身份意义给赋，是因为这些业务活动是组织身份的具体表现，利益相关者通过观察中国企业的业务活动而对"中国企业是谁"形成认知。

首先,案例企业通过展示遍布全球的业务活动向外给赋"国际企业"身份。例如,联想向东道国利益相关者展示企业在全球开发、制造和销售产品,客户遍布全球 160 多个国家,为全球用户提供卓越的个人电脑和移动互联网产品。TCL 向东道国利益相关者展示企业在亚洲、非洲、澳大利亚、欧洲、美洲等超过 80 多个国家运营,在世界范围内拥有 18 个研发中心以及 20 个主要生产基地。万向也向东道国利益相关者展示企业在全球拥有近 30 家公司,40 多家工厂,海外员工超过 16000 人。这些遍布全球的业务活动能够向外界显示企业已经成长为真正的"国际企业",进而帮助东道国利益相关者感知和理解企业的身份声明。

其次,案例企业通过展示具体的业务活动给赋对应的业务身份,因为具体的业务活动能够向外展示企业的业务身份。例如,为了向外意义给赋联想已经从"个人电脑公司"变革为"个人科技产品公司",联想向外展示企业多元化的业务范围,如"产品线不仅包含 Think 品牌商用电脑、Idea 品牌的消费个人电脑,还包括服务器、工作站以及包平板电脑和智能手机等的一系列移动互联网终端",这些新的业务范围能够为其"个人科技产品公司"的身份声明提供支持。在东软的案例中,为了向东道国利益相关者意义给赋"医疗设备公司"身份,东软也向外界展示企业在相关领域种类广泛的产品,如拥有自主知识产权的 CT、磁共振、X 线机等一系列产品。由此可见,向外展示这些具体的业务活动是企业向东道国意义给赋业务身份的重要方式。

(三)产品推广

数据分析表明,中国企业不仅通过战略营销和业务展示给赋组织身份,还通过产品推广活动进行身份释义,如通过展示产品的创新性来给赋"创新企业"身份。产品是企业与消费者进行沟通的重要媒介,消费者通过使用企业的产品而对企业核心的、独特的和持久的特征形成特定的认知。在联想的案例中,联想通过向东道国消费者展示产品的创新性来意义给赋"创新企业"身份。例如,"Yoga超级本就是很好的例子,这个产品相当成功,不仅实现了销量和市场份额双增长,还把联想打造成人们眼中的创新品牌"。在海尔的案例中,海尔通过展示其产品的优质性向外界意义给赋"优质产品公司"身份,正如本书的一位受访者(海尔冰箱用户)所言,"我因为使用海尔的产品才开始了解海尔,海尔制造的产品非常好,这是一家值得信赖的公司"。与海尔类似,东软也通过展示产品的优质性给赋"优质产品"的身份特征。由此可见,通过产品给赋组织身份的优势在于,产品能够使组织身份物化和具体化,为企业的身份声明提供支持。

### 三、"信号显示"机制

案例分析表明,中国企业不仅通过"话语"和"行为"进行组织身份意义给赋,还借助信号显示活动向外界显示组织身份。信号显示活动能够向外界释放"中国企业是谁"的信息,成为利益相关者判断其组织身份的依据。具体而言,"信号显示"机制包括"企业荣誉"和"权威认证"。

#### (一)企业荣誉

本书中,企业荣誉是指东道国权威机构向中国企业颁发的荣誉,这些荣誉代表了东道国利益相关者对中国企业的高度认可,能够成为其他利益相关者判断中国企业组织身份的依据。

首先,东道国权威机构颁发的荣誉可信性高,能够向外显示企业的组织身份。例如,海尔通过获取东道国权威机构颁发的荣誉显示"创新企业"身份。2010年,海尔被美国《新闻周刊》评选为"全球十大创新公司",也是全球家电企业中唯一一家入选的企业。2014年,知名商业杂志 *Fast Company*(与《财富》和《商业周刊》齐名的美国最具影响力的商业杂志之一)将海尔评定为"全球最具创新公司之一"。这些企业荣誉充分向外界显示了海尔的"创新企业"身份,能够成为东道国利益相关者感知和理解海尔"创新企业"身份的依据。类似的现象也出现在联想的案例中,例如,联想通过在国际消费类电子产品展览会(CES)上获取大奖向外显示"创新企业"身份。2012年,联想一举成为个人电脑领域获奖最多的厂商,这些荣誉也得到了东道国媒体的广泛报道。对此,杨元庆这样描述联想通过获取大奖显示"创新企业"身份:"我们在今年的电子消费品展览会(CES)上大获成功就是很好的证明,大家已经把联想看成了创新和走在技术前沿的企业。"

其次,由东道国权威机构颁发的企业荣誉代表了权威机构对案例企业的高度认可,能够向外释放组织身份信号。例如,中远通过获取东道国政府颁发的荣誉向外显示"企业公民"身份。2007年和2011年,总部位于波士顿的美国国际码头工人协会授予中远"创造就业机会奖"和"美国工人守护者奖"。2009年,美国参议院外交关系委员会主席、麻省参议员约翰·凯瑞(John F. Kerry)提出提案,表彰中远为美国提供上千就业机会,并为保持阿拉斯加水域清洁做出的卓越贡献,这些荣誉充分地向外显示了中远的"企业公民"身份。

(二)权威认证

与企业荣誉类似,权威认证也代表了东道国利益相关者对中国企业的认可,进而能够成为其他利益相关者判断中国企业组织身份的依据。权威认证的优势在于能够为企业的身份声明进行"背书"(endorsement),提高企业身份声明的可信性。东软是通过权威认证显示组织身份的典型案例。为了向外界显示"中国领先的IT解决方案和服务公司"身份,东软向利益相关者展示企业在IT解决方案和服务方面获得权威认证。例如,东软是中国第一家通过CMM5、CMMI5、PCMM5评估认证(软件业最权威的评估认证体系)的软件公司,东软的软件外包和BPO业务同时获得了信息安全管理体系ISO/IEC27001:2005认证等。这些权威认证能够为东软的身份声明进行"背书"。与此同时,为了显示"中国领先的医疗设备与服务供应商"身份,东软也通过获取权威的"CE认证"来显示这一身份。

　　海尔也是通过权威认证显示组织身份的典型案例。在海尔的案例中，海尔通过获得权威认证显示其"优质"和"创新"的身份特征。例如，美国家电协会宣布，海尔空调成为唯一通过美国 AHAM 认证的中国品牌，且所检测的指标均高于美国家电协会规定的指标。美国 AHAM 认证是美国最具权威的认证，通过此项认证代表企业得到了美国家电行业的广泛认可。此外，联想也通过获取权威的第三方认证证明其产品的优质性、安全性和创新性，进而向外显示其"卓越的个人电脑公司"身份。中远通过获得权威的第三方独立验证报告显示"企业公民"身份，如中远的企业社会责任报告连续 8 年被权威组织"全球报告倡议组织"（GRI）认定为最高的 A+评级。

## 第三节　中国跨国企业组织身份意义给赋的过程

　　为了进一步探究组织身份意义给赋的过程，本书采用时间序列方法对意义给赋的动态过程进行分析。数据分析发现，组织身份意义给赋是一个"厚化"和"互补"相结合的过程。

### 一、厚化过程

　　"厚化"是指后一阶段的要素对前一阶段的要素进行强化的过程。组织身份意义给赋的"厚化"过程是指企业后一阶段的意义给赋对其前一阶段的意义给赋进行强化，从而使意义给赋的强度和效果不断增强。案例分析表明，厚化过程包括对"话语"的厚化、对"行为"的厚化和对"信号显示"的厚化三类。对"话语"的厚化是指企业后一阶段的"话语"对其前一阶段的"话语"进行不断强化的过程，即通过保持身份声明的连续性和一致性来强化"话语"机制的效果。案例数据显示,中国企业的身份声明大都持续多年,且保持一致,如联想对"卓越的个人电脑公司"身份的声明从 2006 年持续至 2014 年,对"国际企业"身份的声明从企业进入东道国开始持续至今。海尔对"全球白色家电第一品牌"身份的声明从 2009 年开始持续至今。保持身份声明的一致性和连续性的主要原因如下:一是组织身份是中国企业相对持久的特征,也是最难以改变的特征,因此,组织身份本身具有相对稳定的特征;二是保持身份声明的连续性和一致性,更有利于利益相关者感知和理解中国企业的组织身份;三是只有保持身份声明的连续性和一致性,才能提高身份声明的可信性,进而才能被东道国利益相关者认可和接受。

对"行为"的厚化是指企业后一阶段的"行为"对其前一阶段的"行为"进行不断厚化的过程,即通过保持行为的连续性和一致性来强化"行为"机制的效果。例如,在对"创新企业"进行意义给赋时,联想通过持续不断地向外界展示企业的创新投入来强化"行为"机制的效果:2005 年,联想向东道国利益相关者展示企业在技术创新方面的投入;自 2010 年开始,联想又开始向利益相关者展示企业在文化方面的创新投入;2013 年之后,联想进一步向外展示企业在业务模式、战略、执行力等方面的创新。通过持续不断地向东道国利益相关者展示企业的创新投入,能够不断厚化"行为"机制的效果,进而提高利益相关者对"创新企业"身份的认可度。

中国企业之所以对"行为"机制进行持续厚化,其主要原因如下:一是组织身份指导企业的行为,如塑造企业的战略决策、业务流程和产品等,因此,企业的行为必须和身份声明保持一致,才能被认为是恰当的行为;二是由于中国企业的身份声明呈现连续性和一致性的特征,这就要求企业的行为也需要保持连续性和一致性;三是只有保持行为的连续性和一致性,才能为企业的身份声明提供支持,进而提高身份声明的可信性。

对"信号显示"的厚化是指企业后一阶段的"信号显示"对前一阶段的"信号显示"进行不断厚化的过程,表现为中国企业通过连续获取荣誉和认证来强化"信号显示"机制的效果和强度。例如,中远通过不断获取荣誉的方式向外界显示"企业公民"身份:2006年,中远获得美国长滩港务局授予的"环保奖旗";2007年,中远获得美国国际码头工人协会授予的"创造就业机会奖";2011年,中远又被美国国际码头工人协会授予"美国工人守护奖"。连续获得这些荣誉能够不断厚化"企业公民"身份,提高东道国利益相关者对"企业公民"身份的认可度。

## 二、互补过程

互补过程是指意义给赋的三种机制是一个相互补充、共同促进的过程:一方面,"行为"机制和"信号显示"机制能够对"话语"机制进行补充,因为仅采用"话语"机制陈述组织身份是不充分的,还需要企业通过实际行为和信号显示活动为"话语"机制提供支持;另一方面,"话语"机制指导企业的"行为"机制和"信号显示"机制,并解释企业行为和信号显示的含义。互补过程如图4-1所示。

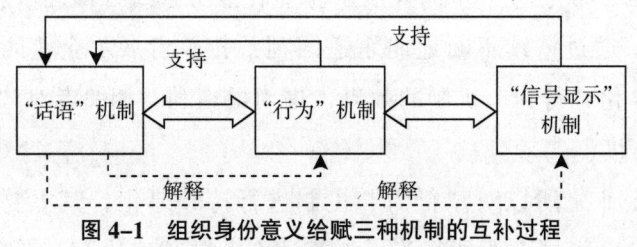

图4-1 组织身份意义给赋三种机制的互补过程

首先,"行为"机制能够对"话语"机制提供补充和支持,提高企业身份声明的可信性。尽管组织身份是企业声明的核心的、独特的和持久的特征,但这些特征具体表现在企业的战略、业务、产品等有形的行为上。因此,中国企业的身份声明能否被东道国利益相关者感知和认可,不仅取决于中国企业如何通过语言向外陈述组织身份,还依赖于中国企业向东道国利益相关者展示企业的实际行为。例如，联想在并购 IBM 个人电脑业务之后，不仅通过"话语"机制向东道国利益相关者陈述联想致力于成为一家"国际企业"，同时向外界意义给赋企业的国际化战略，展示企业遍布全球的业务，进而为"国际企业"身份声明提供支持。海尔在进入美国市场后，不仅通过"话语"机制向消费者陈述"优质产品公司"的身份，还通过展示企业严格控制产品质量、加大研发投入等实际行为来为"优质产品公司"身份声明提供支持。此外，中远通过积极履行社会责任为"企业公民"身份声明提供支持。万向通过并购美国 A123 系统公司和新能源汽车公司菲斯克为其"清洁能源公司"身份声明提供支持。由此可见，"行为"机制是"话语"机制的有益补充，两者缺一不可。

其次，"信号显示"机制也能够补充和支持"话语"机制。尽管企业荣誉和权威认证等信号显示活动并不是企业的实质性行为，而是东道国利益相关者对中国企业高度认可的结果，但这些荣誉和认证具有重要的象征意义，能够成为其他利益相关者评判中国企业组织身份的重要依据。例如，联想通过在 CES 展上获取大奖的方式向外界显示企业的"创新"身份，这种显示方式之所以能够为企业的"创新"身份声明提供支持，是因为 CES 大奖代表了企业在创新方面处于行业领先地位，并被行业专家广泛认可。因此，CES 大奖能够成为联想"创新"身份的象征，进而对企业的身份声明提供支持。与此类似，海尔、中远、东软等企业也通过"信号显示"机制为其身份声明提供支持。

最后，"话语"机制也能够补充和完善"行为"机制和"信号显示"机制，因为企业的行为和信号显示活动可能包含多重含义，中国企业需要通过明确的语言对其含义进行解释和框定，从而有利于东道国利益相关者更准确地理解行为和信号显示。例如，中国企业在展示企业行为时，往往会先通过身份声明对行为的含义进行解释。

### 三、"厚化—互补"组合过程

进一步分析组织身份意义给赋的过程发现,"厚化"过程和"互补"过程并非相互独立,而是同时发生且相互影响的。因此,综合从这两方面看,组织身份意义给赋是一个"厚化—互补"相组合的过程。例如,联想对"创新企业"进行意义给赋就是一个"厚化—互补"相组合的过程。

一是企业后一阶段的"话语""行为"和"信号显示"能够不断厚化前一阶段的"话语""行为"和"信号显示",从而强化意义给赋的效果和强度。例如,联想通过保持身份声明的连续性,向外界陈述清晰一致的组织身份。同时,联想通过保持创新行为的连续性,持续不断地推出极具创新的产品。最后,连续多年在CES展上获取大奖,也能够不断厚化"创新企业"身份。二是从"话语""行为"和"信号显示"三种机制之间的关系看。三种机制相互补充。例如,联想不仅通过"话语"机制向外界陈述"创新企业"身份,还通过实际行为(如研发投入、产品创新)支持身份声明,向外界展示企业的身份声明是"说到做到"。此外,联想还通过在CES展上获取大奖的方式向外界显示"创新企业"身份,正如杨元庆所言:"我们在今年的电子消费品展览会上大获成功就是很好的证明,大家已经把联想看成了创新和走在技术前沿的企业。"

## 第四节 中国跨国企业组织身份意义给赋的结果

组织身份意义给赋的结果包括两个方面:①组织身份意义建构和意义重建,即东道国利益相关者对"中国企业是谁"形成了清晰和真实的认知,进而降低了组织身份模糊。②克服外来者劣势和来源国劣势,即经过组织身份意义给赋,东道国利益相关者认可和接受了中国企业的组织身份，中国企业面临的外来者劣势和来源国劣势也显著降低。

## 一、组织身份意义建构与意义重建

组织身份意义给赋的直接结果是东道国利益相关者对"中国企业是谁"进行意义建构或意义重建，降低身份模糊。意义建构与意义重建的区别在于，前者是利益相关者对中国企业的组织身份从"不熟悉"到"熟悉"的过程，即降低身份的不熟悉性，克服外来者劣势；后者则是从"误解/曲解"到"正确认知"的过程，即降低身份误解和歧视，克服来源国劣势。

在联想的案例中，意义给赋前，联想被东道国媒体解读为由政府控制的"国有企业"，并对其并购 IBM 个人电脑事业部的目的持怀疑态度。通过组织身份变革与意义给赋，联想被利益相关者感知为"民营企业"。意义给赋前，东道国利益相关者将联想视为"低端个人电脑公司"，而通过组织身份变革与意义给赋，联想被感知为"卓越的个人电脑公司"。意义给赋前，东道国媒体将联想视为"中国企业"，包括"中国最大的个人电脑公司"，而通过组织身份变革与意义给赋，尽管这两个身份仍然被利益相关者用来描述"联想是谁"，但东道国利益相关者同时也将联想视为"国际企业"，以及"全球最大的个人电脑公司"，正如《纽约时报》的报道，联想是"世界个人电脑之王"。当被询问联想是中国企业还是国际企业时，本书的受访者大都认为现在的联想不仅仅是中国企业，更是极具竞争力的国际企业。在海尔的案例中，意义给赋前，海尔被利益相关者视为"低端产品公司"，而通过组织身份变革与意义给赋，海尔被感知为"优质产品公司"，本书的受访者认为海尔的产品"物美价廉""科技含量高"。意义给赋前，东道国利益相关者不熟悉海尔的"创新企业"身份，而通过意义给赋，海尔被认为是"全球商业创新的领导者"。

在中远的案例中，意义给赋前，"国有企业"身份标签被解读为"追求政治目的""政府操控""服务中国军队"等，而通过组织身份变革与意义给赋,该身份标签被解读为"以营利为目的""自主经营""服务股东"等。意义给赋前,东道国利益相关者对中远的业务身份缺乏清晰的认知,而通过意义给赋,中远被利益相关者感知为"全球领先的航运与物流企业"。此外,中远在东道国市场增补"企业公民"身份,并通过意义给赋机制意义给赋这一新身份,该身份也得到了美国政府和媒体的认可。

在东软的案例中,意义给赋前,东道国利益相关者对东软的组织身份缺乏清晰的理解和感知。通过意义给赋,尤其借助"信号显示"机制,东软被东道国利益相关者感知为"中国最大IT外包提供商"和"中国最大的软件制造商"。在万向的案例中,万向进入美国市场时,美国当地的利益相关者不熟悉万向的组织身份。然而,通过组织身份意义给赋,万向被媒体感知为"中国最大的汽车零部件供应商"和"清洁能源公司"。在中海油的案例中,"国有企业"身份的含义在意义给赋前后发生了改变。在意义给赋前,中海油的"国有企业"身份被东道国感知为"服务国家能源战略""威胁东道国国家能源安全"等,而通过意义给赋,"国有企业"身份被感知为"服务股东""自主经营"等。在华为的案例中,由于未能充分有效地向美国政府和媒体进行组织身份的意义给赋,导致华为的组织身份仍然被东道国利益相关者误解。例如,"调查报告"认为,"华为未解释清楚与中国政府的关系,其未接受中国政府支持的言辞不可信"。

## 二、克服外来者劣势和来源国劣势

组织身份意义给赋不仅能够帮助中国企业克服由组织身份不熟悉、模糊引起的外来者劣势,也能够克服由组织身份污名化引起的来源国劣势。一方面,组织身份意义给赋能够向东道国传递中国企业清晰的、正确的组织身份,消除身份不熟悉和身份模糊,降低不熟悉危害和歧视危害;另一方面,组织身份意义给赋能够向东道国利益相关者传递中国企业积极的身份信息,消除身份污名化,减弱负面的来源国形象对企业组

# 第四章 组织身份意义给赋、外来者劣势与来源国劣势研究

织身份的负面"印记",进而克服来源国劣势。

在联想的案例中,联想成功对"民营企业"身份进行意义给赋,进而降低了美国政府和媒体对联想的歧视。美国媒体认为,"联想是一家市场化运营、股权分散的上市公司",并购IBM个人电脑业务最终通过安全审查。2013年,联想又顺利完成对IBM服务器业务和摩托罗拉移动业务的并购,这与并购IBM个人电脑业务时遭受严格的安全审查形成了鲜明对比。在产品维度方面,联想成功通过三种机制向利益相关者意义给赋"卓越的个人电脑公司"身份,尤其是通过产品意义给赋组织身份。一位网民评价道:"联想制造非常好的个人电脑,尤其是其性价比,因此它在这里的销量很好。"

在中远的案例中,通过成功向东道国政府、媒体等利益相关者解释"国有企业"身份的真实含义,中远的"国有企业"身份得到了美国媒体和政府的认可。美国国会、交通部、联邦海事委员会等机构达成共识,认为"中远是市场经济下的成功企业"。这不仅降低了美国政府对中远的歧视,同时也使中远与当地政府建立了良好的信任关系。与此同时,中远成功向东道国利益相关者意义给赋"国际企业"身份。作为国际企业,中远在美国的进一步发展获得了美国媒体和政府的认可。正如媒体所言,"从中国企业成长为国际企业,中远向外界塑造了新的形象,并消除了(美国)政府对中远经营目的的怀疑"。相反,未能成功进行组织身份意义给赋将导致企业难以克服外来者劣势和来源国劣势,华为试图进入美国市场就是一个典型案例。由于未能充分向东道国政府和媒体解释华为与政府的关系,导致华为难以克服外来者劣势和来源国劣势。

此外,组织身份意义给赋仅能够降低外来者劣势和来源国劣势,还能够帮助中国企业获取竞争优势。例如,在海尔的案例中,通过向东道国利益相关者意义给赋积极的组织身份,海尔在东道国市场建立了良好的外部形象,进而获取了竞争优势。海尔被美国媒体评论为"最受赞誉的中国企业""最具创新力的中国企业"。海尔的产品已经顺利入驻美国排

名前 10 的连锁集团,海尔空调在美国的市场份额也不断提升,连续多年排名第二。与此同时,海尔连续多年成为"全球白色家电第一品牌",这一积极的组织身份帮助海尔在海外市场建立了差异化的组织身份,使海尔成为"名副其实"的行业领导者。

## 第五节　本章结论与启示

### 一、研究结论

本章主要探究中国跨国企业如何通过组织身份进行意义给赋克服外来者劣势和来源国劣势。通过探索性的案例研究方法,本章对中国企业组织身份意义给赋的动态机制、过程以及结果进行分析,得出以下研究结论:

(1)跨国企业的组织身份意义给赋包括三种机制:一是"话语"机制,其内在本质是通过语言进行身份沟通,包括身份框定、传播故事、媒体访谈和信息披露;二是"行为"机制,其内在本质是通过实质性的组织行为向外进行身份表达,包括战略营销、业务展示和产品推广;三是"信号显示"机制,其内在本质是通过信号显示活动向外释放组织身份的信号,包括企业荣誉和权威认证。在此基础上,本章构建组织身份意义给赋的"话语—行为—信号"三支柱模型。

(2)组织身份意义给赋是一个"厚化—互补"相组合的过程。厚化过程是同一机制随着时间的推移而不断强化的过程,表现为跨国企业保持意义给赋的连续性和一致性。互补过程是不同机制相互补充的过程,一方面表现为"行为"机制和"信号显示"机制对"话语"机制的补充,另一方面表现为"话语"机制对"行为"机制和"信号显示"机制的解释和说明。"厚化—互补"组合过程表明,组织身份意义给赋是一个持续的、迭代的过程。

(3)组织身份意义给赋的结果是东道国利益相关者对跨国企业的组织身份进行意义建构和意义重建,降低组织身份模糊,消除身份污名化,获取组织身份合法性,进而克服外来者劣势和来源国劣势。

## 二、管理启示

本章研究表明,中国企业可以通过组织身份意义给赋在发达国家克服外来者劣势和来源国劣势。通过向东道国政府意义给赋企业的经营目的,向消费者意义给赋企业的使命和价值观,向合作伙伴意义给赋企业核心业务和竞争优势等,促使利益相关者对中国企业的认知从不熟悉到清晰感知,从误解到正确认知,进而降低外来者劣势和来源国劣势。具体而言,中国企业可以综合采用"话语""行为"和"信号显示"三种机制进行持续性、迭代式的身份意义给赋。

### (一)综合采用多种话语资源进行身份释义,向东道国利益相关者陈述组织身份

具体而言,中国企业可以采用以下话语资源进行身份释义:

第一,对组织身份进行框定。中国企业可以采用两种身份框定模式向东道国利益相关者呈现组织身份:一是强调与其他中国企业的不同之处,塑造与负面的来源国形象差异化的组织身份。进而克服来源国劣势。例如,在本书中,案例企业的一种重要身份框定模式是强调"中国企业之最",如联想将自己框定为"最具国际化的中国企业",东软将自己框定为"第一家上市的中国软件公司",万向将自己框定为"中国最大的汽车零配件供应商",这种框定模式能够有效地向东道国传播差异化的组织身份,而且易于利益相关者理解和记忆。二是强调与东道国本土企业的相似之处,克服外来者劣势。这种框定模式能够提高企业的"可理解性"和"理所当然性",因为东道国本土企业能够为东道国利益相关者理解中

国企业提供认知模板。

第二,通过故事传播组织身份。故事是传播信息的一种有效途径,因为故事传播的信息生动形象、易于理解和记忆。因此,中国企业可以将组织身份嵌入在故事中进行传播,向东道国利益相关者讲述身份故事。具体而言,中国企业可以传播以下身份故事:一是传播企业成长故事,如企业的创立背景和发展历程,从而传播企业过去的组织身份和现在的组织身份,以及企业如何从过去成长到现在。二是传播品牌故事,如品牌内涵,从而传播企业存在的理由和价值。三是传播企业的核心价值观,如海尔在国际化经营过程中,经常借助"砸冰箱"的故事向东道国利益相关者传播企业注重产品质量、"以用户为中心"的核心理念。

第三,与利益相关者建立有效的沟通机制。"话语"机制不仅需要对组织身份进行框定,还需要将组织身份通过特定的渠道传播给东道国利益相关者。因此,中国企业可以通过以下渠道传播组织身份:一是积极主动与东道国媒体、政府、消费者以及社会公众进行沟通,如联想的高层管理者积极与东道国媒体进行沟通,中远通过政府公关活动与东道国政府建立良好的沟通机制,海尔通过 Facebook、Twitter 等平台与消费者沟通。二是借助演讲、媒体发布会等渠道陈述组织身份,如杨元庆经常借助演讲向东道国利益相关者陈述组织身份。三是通过东道国官方网站、年报以及新闻稿等方式及时披露身份信息,提高企业的透明度。

**(二)通过展示企业的外在行为传播组织身份信息,为身份声明提供行为上的支持,提高身份声明的可信性**

具体而言,中国企业可以通过展示以下行为给赋组织身份:

首先,意义给赋企业的战略,如通过意义给赋国际化战略给赋"国际企业"身份,通过展示企业的战略性并购传播新组织身份。

其次,展示企业的业务活动。中国企业可以向利益相关者展示企业遍布全球的业务活动来给赋"国际企业"身份,如全球研发、生产及销售等。对于像海尔这类在东道国设厂制造的企业,可以邀请利益相关者参观企业，真实了解企业的生产、制造和运营。

最后，展示企业的产品。产品是东道国消费者了解中国企业最直接、最重要的媒介，因此，产品是给赋组织身份的有效方式。例如，通过展示产品的优质性和安全性，能够改变东道国利益相关者对中国企业"低端产品"身份的认知，从而给赋"优质产品公司"身份。通过展示产品的创新性能够向外界给赋企业的"创新"身份特征。

**（三）借助信号显示活动释放组织身份信号，为组织身份声明提供支持**

除了"说"和"做"，中国企业还可以通过信号显示活动向外界释放组织身份的信息。"信号显示"机制的优点是可信性高，因为企业荣誉和权威认证是东道国权威机构对中国企业高度认可的结果，能够为企业的身份声明进行"背书"。

其一，中国企业可以通过在东道国获取荣誉来显示组织身份。例如，海尔连续多年被美国权威机构评选为"中国最创新的公司"，这些荣誉能够向外界证明海尔"创新企业"身份声明的可信性。中远连续多年被美国政府授予"创造就业奖"和"环境保护奖"，这些荣誉能够显示"企业公民"身份。

其二，中国企业也可以通过获取权威认证进行身份显示。例如，通过获取权威的产品质量和安全认证显示"卓越""优质"等身份特征。

# 第五章
# 组织身份变革、外来者劣势与来源国劣势研究[①]

本章旨在探究中国跨国企业如何通过组织身份变革克服外来者劣势和来源国劣势。组织身份变革是指跨国企业改变其核心、独特和持久的特征,如重新定义企业的身份标签,或赋予身份标签新的含义。组织身份变革之所以有助于跨国企业克服外来者劣势和来源国劣势,是因为跨国企业根植于母国制度环境的组织身份往往与东道国制度环境相冲突,进而导致企业面临组织身份合法性危机。组织身份变革有助于跨国企业塑造符合东道国制度期望的新组织身份,从而克服外来者劣势和来源国劣势(如从"中国企业"变革为"国际企业"、从"外国企业"变革为"本土化企业"、改变"国有企业"身份标签的含义等)。在研究方法方面,本章延续案例研究设计,包括研究方法、案例选择、数据分析等,归纳中国跨国企业如何通过组织身份变革克服双重竞争劣势。

---

[①] 本章的部分内容发表于:a.《中国工业经济》2015 年第 12 期,详见:杜晓君,杨勃,齐朝顺,肖晨浩. 外来者劣势的克服机制:组织身份变革——基于联想和中远的探索性案例研究[J]. 中国工业经济,2015(12):130-145。b.《南大商学评论》2016 年第 1 期,详见:杨勃,杜晓君,蔡灵莎. 组织身份的持久性与动态性:比较研究及整合框架构建[J]. 南大商学评论,2016,13(1):41-74.

# 第一节 理论基础

## 一、组织身份变革的驱动因素

组织身份变革是指改变组织核心、独特和持久的特征，重新定义"作为组织，我们是谁"（Wei 和 Clegg，2017）。在组织身份的三个特征中，"核心性"和"独特性"得到了学者们的广泛认同，因为组织身份反映了组织的本质特征（Albert 和 Whetten，1985），同时使该组织区别于其他组织（Anteby 和 Molnar，2012）。然而，学术界对"持久性"特征却存在较大争议（Gioia 等，2000），由此产生了两大研究视角：持久性视角（enduring perspective）和动态性视角（dynamic perspective）。持久性视角认为，组织身份是稳定的，并且难以改变（Albert 和 Whetten，1985；Brown 和 Starkey，2000）。一方面，持久性是组织身份固有的特征，并且组织惰性、对组织的认同以及权力关系会阻碍身份改变；另一方面，稳定的组织身份可以防止组织迷失方向，帮助组织保持连续感，并对组织成员提供稳定的意义（Dutton 等，1994）。因此，组织会特意保持身份稳定不变。

然而，大量实证研究表明（Schultz 和 Hernes，2013；Clark 等，2010；Dutton 和 Dukerich，1991），组织身份并不是持久不变的，而是流动的（fluid）、变化的（flux）和不稳定的（unstable）（Gioia 等，2000；Hatch 和 Schultz，2002），而且难以改变的组织身份会给组织带来众多弊端，如组织僵化（Bouchikhi 和 Kimberly，2003）、阻碍创新和组织变革（Reger 等，1994；Tripsas，2009），尤其是当组织处于动荡的环境中时，持久不变的组织身份会使组织难以适应新的环境要求（Bouchikhi 和 Kimberly，2003），丧失竞争优势（Fiol，2000），面临合法性威胁（He 和 Baruch，2009）。众多研究表明，改变组织身份会给组织带来益处，如提高组织适应环境的能力（He 和 Baruch，2009）、改善组织形象（Gioia 等，2000）、促进组织变革（Clark 等，2010）等。Dutton 和 Dukerich（1991）、Gioia 和 Thomas（1996）、Gioia 等（2000）关于组织身份与组织形象互动关系的研究挑战了被视为理所当然的持久性特征，之后 Hatch 和 Schultz（2002）在《组织身份动态性》（*The Dynamics of Organizational Identity*）一文中提出了组织身份、组织文化与组织形象互动过程的理论模型。文献梳理表明，导致组织身份动态可变以及组织身份变革的原因包括"外部诱因"和"内部诱因"两方面。

在"外部诱因"方面，组织所处的外部环境是持续变化的（Gustafson 和 Reger，1995），当外部环境发生改变时，组织很难保持其身份持久不变，Ravasi 和 Schultz（2006）将这些挑战组织成员对组织身份集体感知和信念的事件称为"身份威胁"（identity threats）。身份与形象的互动关系为组织身份动态性的研究提供了基础（Dutton 和 Dukerich，1991；Gioia 和 Thomas，1996；Gioia 等，2000；Hatch 和 Schultz，2002），研究表明，组织身份与外部形象的不一致是引发组织身份不稳定的最重要因素之一。Dutton 和 Dukerich（1991）最早对组织身份的动态性进行了实证研究，作者揭示了解释的/感知的外部形象（construed/perceived external image，即组织成员认为外界如何看待自己的组织）对组织身份的影响。当组织成员认为外界对组织的看法（往往是负面的）与自己对组织的感知（往往是正面的）不一致时，组织成员会质疑自身关于组织身份的信念。Gioia 和 Thomas（1996）的研究支持了该观点，认为组织身份与外部形象的不一致会促使管理者对现有身份进行变革。Gioia 等（2000）、Hatch 和 Schultz（2002）构建了组织身份与组织形象之间适应关系的理论模型，认为组织成员会不断比较组织身份与外部形象是否一致：当一致时，会强化组织成员对其身份的信念；当不一致时，会促使组织成员改变现有身份。

除了"身份—形象"互动模型外，制度环境和技术环境的变迁也是推动组织身份变革的重要力量。根据制度理论，组织内嵌于更广泛的制度环境中（DiMaggio，1988），为了获取合法性，组织必须与制度环境保持一致（Glynn 和 Abzug，2002）。制度环境的改变要求组织做出回应来获取合法性（Greenwood 和 Suddaby，2006）。因此，制度环境的改变以及由此产生的对合法性的追求（legitimacy imperatives）是诱发组织身份改变的重要力量。He 和 Baruch（2009）在研究英国住房互助会的制度变迁时发现，法律的改变（撤销管制、非互助化等）使得传统的互助形式的组织面临合法性危机。为此，组织通过变革身份来获取合法性。Glynn 和 Abzug（2002）的研究发现，为了获取合法性，组织采纳与制度保持一致的名字；而当制度规范发生改变时，组织通过重新命名来与新的制度规范保持一致（即身份同形）。技术环境的改变也是促使组织身份呈现动态性的重要诱因，如市场需求改变、竞争加剧等（Tripsas，2009）。Ravasi 和 Schultz（2006）研究了在 26 年时间里的三次技术环境改变对 B&O 公司组织身份的影响。1972 年，面对来自同行竞争者日本公司的竞争压力时，B&O 公司的高层管理者不得不重新思考公司核心的和独有的特征；在 1990 年，由于经济衰退和消费者偏好转变，B&O 公司又对其身份声明进行了修正，以此应对技术环境的转变；1996 年末，市场增长率的不断降低对公司独特的身份特征构成了威胁，为此，管理者创造了新的身份声明。

组织身份变革的诱因不仅来自外部环境，也可能来自组织内部，尤其是当组织进行战略变革时，如并购（Clark 等，2010）、剥离（Corley 和 Gioia，2004）、进入新市场（Tripsas，2009）、创造新的愿景（Gioia 和 Thomas，1996）、战略转型（Nag 等，2007）等，组织身份往往处于不稳定状态。在 Corley 和 Gioia（2004）的研究中，"博兹科子公司"从母公司剥离，剥离后的新公司对于"作为组织，我们现在是谁"产生了认知模糊，身份模糊促使管理者向外陈述清晰一致的新组织身份。Clark 等

(2010) 对两家相互竞争的医疗机构进行合并的研究中揭示了组织身份改变的过程,作者认为,并购这种跨越组织边界的变革活动对组织身份产生深刻影响,因为这种"合二为一"的变革暗示着两个组织的身份都会发生深刻的改变。根据"目的论理论"(teleological theory)的观点,组织身份变革往往带有目的性特征,即组织管理者有意识、有目的地创造、培育、变革和完善组织身份,以实现特定的目标(郭金山和芮明杰,2004)。Gioia 和 Thmomas(1996)发现,在战略变革过程中,高层管理者可以利用期望的未来身份来"解构"(deconstruct)当前的身份,并推动组织朝着新身份转变。

## 二、组织身份变革的策略

尽管已有研究对组织身份变革的动因进行了丰富研究,但关于组织身份变革的策略和过程的研究仍然较为匮乏。文献梳理显示,组织身份变革的策略可以分为三个层面:语言层面、行为层面和认知层面。

### (一)语言层面

组织身份研究的话语视角(discursive approach)将组织身份视为话语建构(narrative construction),即组织身份由语言构成,是组织成员对什么是组织核心的、独特的和持久的特征的表达(Brown,2006),因此,变革组织身份也需要从语言层面进行。文献梳理显示,话语策略(discursive strategy)是变革组织身份的一种重要方式。话语策略是指组织管理者通过演讲、修辞、讲述故事等方式向组织成员和外界沟通新的身份,促使利益相关者对"组织是谁"形成新的认知。Fiol(2002)研究了组织身份变革过程中语言的作用。作者认为,组织身份变革过程包括三个阶段:去认同(deidentification)、重新认同(reidentification)和认同核心观念(identification with core ideology)。在去认同阶段,管理者通过使用否定性(negation)语言(如"not")来降低旧身份的价值和吸引力,促使组织成员降低对旧身份的认同;在重新认同阶段,管理者多使用包含性(inclusive）语言（如"we""us"）来重建组织成员的信任和归属感，促使组织成员认同可能的新身份；在最后一阶段，管理者使用更加抽象的语言（如"行业领导者"）来引导组织成员认同更广泛（broad）、更抽象（abstract）的新组织身份。

### （二）行为层面

仅从语言层面变革组织身份是不充分的，还需要组织管理者做出实际行动来支持语言（Fiol，2002）。然而，相同的行为可能包含多重含义，管理者需要使用语言来框定行为的含义，因此，语言和行为是相互补充的。在行为策略中，管理者的领导力（leadership）和组织文化被广泛研究（Corley 和 Gioia，2004；He 和 Baruch，2009；Ravasi 和 Schultz，2006）。He 和 Baruch（2009）的研究揭示了 CEO 通过转变领导风格来改变组织文化，进而改变组织身份的过程。具体而言，CEO 通过改变文化器物（cultural artifact）（如改变办公室的布局）、管理方式和风格（如从自满的、服从的管理风格变革为参与性的、非正式的管理风格）以及价值体系（如公平、有趣等价值观）向外传递新的组织身份。Corley 和 Gioia（2004）研究了管理者通过树立行为模范来促进组织身份变革，"通过明确的行为，你可以帮助自己塑造一种身份，相比于干坐着并且问'我们怎么样才能劝服人们相信我们的新身份呢'，做出哪些能够塑造身份的决策更可取"（Corley 和 Gioia，2004）。因此，行为策略有助于组织成员和外界理解并接受新身份，进而促进身份变革。

### （三）认知层面

组织身份本质上是组织成员对"组织是谁"的认知，语言和行为是认知的外在表现，因此，变革组织身份从根本上是改变组织成员的认知框架。认知层面主要包括对组织身份进行新的意义建构和意义赋予。意义建构是指组织对模糊情境进行信息处理（information processing）、解读（interpretation）并采取行动，以此来理解情境的意义，降低模糊并指导行为（Weick，1995）。意义赋予则是一个释义的过程，是组织管理者试图影响他人意义建构的过程，使他人对组织的理解朝着管理者期望的方向发展（Gioia 和 Chittipeddi，1991）。组织身份变革需要组织成员对组织身份进行新的意义建构和意义赋予（Clark 等，2010；Ravasi 和 Schultz，2006）。Ravasi 和 Schultz（2006）的研究构建了变革组织身份的过程模型，作者认为，组织身份变革是通过意义建构和意义赋予共同完成的，而在这个过程中，组织文化是进行意义建构的情境（context）和意义赋予的平台（platform）。

## 三、跨国企业组织身份变革与双重竞争劣势

尽管已有研究对组织身份变革进行了有益探讨，但鲜有研究关注跨国企业在东道国市场的组织身份变革。Ramachandran 和 Pant（2010）认为，跨国企业作为社会建构体（social constructions），其组织身份在进入东道国市场时带有明显的母国"印记"。与此同时，跨国企业的组织身份根植于母国制度环境，该身份塑造了企业的认知模式和行为方式。然而，由于母国与东道国之间存在显著的制度差异（如不同的制度规范、价值观以及利益相关者偏好等），根植于母国制度环境的组织身份（以及由该身份指导的企业认知和行为）可能与东道国的制度环境相冲突（即"组织身份冲突"），导致跨国企业在东道国市场面临外来者劣势和来源国劣势。例如，Ramachandran 和 Pant（2010）的研究发现，新兴经济体不完善的制度环境塑造了企业"不良治理"的身份特征，而该身份特征与发达国家的制度规范相冲突，导致企业难以在东道国获取合法性。再如，中国"国有企业"成长于母国制度环境，"国有企业"身份与母国制度环境保持一致，却可能与东道国的制度环境相冲突，导致中国国有企业在东道国遭遇显著的来源国劣势。Cui 和 Jiang（2012）研究发现，中国国有企业在进入发达国家时，"国有企业"身份被东道国利益相关者感知为"追求政治目的""政府扶持""非公平竞争"等，这导致"国有企业"身份与东道国利益相关者的合法性期望相冲突，进而导致国有企业遭遇歧

视危害。由此可见，制度距离导致的组织身份冲突可能进一步导致跨国企业面临外来者劣势和来源国劣势，这就要求跨国企业在东道国市场进行组织身份变革，进而克服外来者劣势和来源国劣势。

## 第二节 中国跨国企业组织身份变革的驱动因素

通过对联想、海尔、中远、华为、东软、中海油、TCL、万向8家进行案例分析，本书研究发现，驱动中国企业在东道国市场开展组织身份变革的重要因素是组织身份冲突导致中国企业遭遇外来者劣势和来源国劣势。具体而言，组织身份冲突是由中国与东道国之间的制度距离引起的，表现在规制冲突、规范冲突和认知冲突三方面。

### （一）规制距离与组织身份冲突

规制距离是母国与东道国在正式制度方面的差异，如法律差异、规章制度差异等。数据分析表明，规制距离导致中国企业的组织身份与东道国的法律法规相冲突。从具体的身份特征看，与东道国规章制度相冲突的身份特征主要是"国有企业"，如东道国法律对中国国有企业的经营范围进行限制，导致"国有企业"身份难以在东道国制度环境下获取合法性。

首先，由于中国与美国在航运法方面的法律差异，导致中远的"国有企业"身份与东道国的法律法规相冲突。例如，美国政府颁布的《航运法》规定，由外国政府拥有或控制的承运人将被列为"受控承运人"，如果被列入该名单，将导致外国国有航运公司受到歧视性待遇。例如，"一般承运人"可以在24小时内根据市场供求调整价格，而"受控承运人"只能在30天内调整价格。

其次，"国有企业"身份也与美国政府颁布的"埃克松—弗洛里奥修正案"相冲突。"埃克松—弗洛里奥修正案"规定,美国总统可以对外国企业(重点是国有企业)并购美国本土企业的交易进行"国家安全"审查,具体审查由"美国外国直接投资委员会"(The Committee on Foreign Investment in the United States,CFIUS)进行。该修正案规定,一旦委员会认为某项交易会对美国国家安全构成"潜在威胁",总统有权中止该项交易。因此,在中海油宣布竞购优尼科之后,美国国会议员致函布什总统,要求以国家安全为由全面审查这一并购计划。与此类似,在联想并购 IBM 个人电脑事业部的案例中,由于中科院持有联想 37%的股权,联想被美国政府视为一家"国有企业",这一身份特征也导致联想遭遇美国外国投资委员会的安全审查。

### (二)规范距离与组织身份冲突

规范距离是母国与东道国在社会价值观和道德规范方面的差异。案例数据显示,规范距离导致中国企业的组织身份与东道国的社会规范相冲突。从具体的身份特征看,与东道国规范制度相冲突的组织身份主要包括"低端产品""不良治理"等特征。

首先,对东道国消费者而言,生产低端产品的企业被认为是不道德的,进而难以获得消费者的"合意性"感知。在联想、海尔、TCL 以及东软的案例中,由于在产品质量、品质以及创新性等方面,案例企业与东道国本土竞争者之间存在差距,导致这些企业在进入发达国家市场时被视为"低端产品制造商"。从媒体的新闻报道和网络评论可以看出,媒体和消费者对中国企业制造的产品给予了消极评价。例如,联想生产的电脑被网民评论为"不安全产品""价格低廉""科技含量低"等,一位消费者甚至将联想制造的电脑描述为"垃圾产品"(junk product)。由此可见,中国企业的"低端产品"身份特征与东道国的社会规范相冲突。

其次,对投资者而言,"不良治理"的身份特征表明企业未能达到行业标准,这也与社会公认的行业规范相冲突。例如,2001 年中海油在美国纽约证券交易所上市,但"不良治理"的身份特征导致中海油遭遇美国媒体和投资者的负面评价,因为该身份特征与东道国的行业规范冲突。

### (三) 认知距离与组织身份冲突

认知距离是指国家之间在共享的社会知识、认知模式和文化等方面的差异。案例数据显示,认知距离对中国企业组织身份的影响主要表现为对于相同的身份标签,东道国利益相关者与中国企业对其背后的含义存在认知差异。

首先,东道国利益相关者与案例企业对"国有企业"身份存在认知差异。在中国,"国有企业"是一种普遍存在的组织形式。随着国有企业改革的不断深入,越来越多的国有企业开始实施市场化运营,并将追求盈利、服务股东作为主要目标。然而,在东道国利益相关者的认知中,来自中国的国有企业却被视为"政府的代言人",其经营目的是"服务政府"。例如,在中远的案例中,美国媒体认为"中远作为国有企业,其行为代表着中国共产党乃至军方的利益",因此,中远试图并购长滩码头的目的被解读为"服务中国军队"。

其次,在对"中国企业"身份的认知方面,案例企业与东道国利益相关者之间也存在显著差异。东道国媒体将"中国企业"解读为"大而不强""缺乏竞争力""依靠政府扶持"等。例如,在华为的案例中,美国众议院特别情报委员会的调查报告(以下简称调查报告)认为,华为的成功主要依赖于"中国政府和国有银行的大力支持,从而奠定了其在全球市场中的地位"。在 TCL 的案例中,尽管 TCL 以"中国最大的彩电公司"身份并购汤姆逊的彩电业务,但法国媒体认为 TCL 大而不强,缺乏竞争力,并对并购之后新成立的 TTE 持负面的预期。

最后,认知冲突往往也是导致中国企业的组织身份面临规制和规范冲突的重要原因。例如,在中远和中海油的案例中,正是由于中国"国有企业"被东道国解读为"追求政治目的""服务政府",才导致美国政府制定法律法规对中国国有企业的投资进行限制。

# 第三节　中国跨国企业组织身份变革的模式与机制

进一步对 8 家中国企业的组织身份变革模式进行案例分析，本章归纳出三种具体的身份变革模式：①基于标签的变革模式，即改变定义"组织是谁"的标签。例如，联想从"中国企业"变革为"国际企业"。②基于含义的变革模式，即不改变身份标签，而是改变标签背后的含义。例如，中远和中海油无法改变"国有企业"身份标签，但可以改变标签背后的含义。③基于突出性的变革模式，即改变多重组织身份的突出性，提高积极身份特征的突出性，降低负面身份特征的突出性。

## 一、基于标签的身份变革模式及其动态机制

组织身份包含标签和含义两层面的内容，身份标签是对"组织是谁"的统括性描述，而每一个标签背后都可能包含多重含义。因此，基于标签的身份变革模式是指通过改变身份标签实现组织身份变革。然而，当标签发生改变时，其背后的含义也需要随之发生改变，因此，该变革模式需要同时改变标签和含义。通过对案例企业的身份标签及其含义发生改变的规律和过程进行归纳发现（借助身份审计完成），基于标签的变革模式包含三种机制：①"替换"（replacement）机制，即采用对立性的新身份标签替换旧身份标签，同时替换标签背后的含义；②"进化"（evolution）机制，即深化和发展已有身份标签，使之进化为新的、更积极的身份标签，同时调整标签背后的含义；③"增补"（supplement）机制，即在已有身份标签之外增加新的身份标签，同时为新标签增加与之相匹配的含义。接下来，本书将分别介绍这三种变革机制。

## (一)"替换"机制

数据分析表明,为了消除身份污名化,中国企业采用对立性的身份标签和含义替换与东道国制度环境冲突的身份标签和含义,进而克服外来者劣势和来源国劣势。身份替换能够使中国企业建立与原组织身份相对立的新组织身份,进而在东道国制度环境下获取组织身份合法性。具体而言,"替换"机制包括"替换标签"和"替换含义"两个序贯过程,典型示例如图5-1所示。

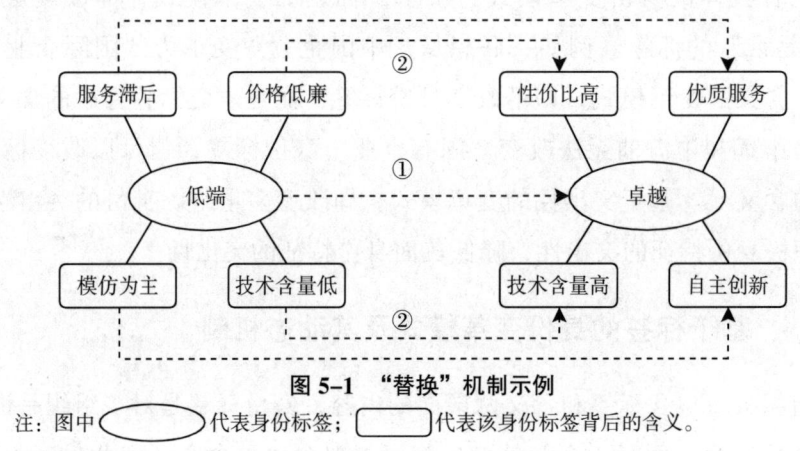

图 5-1 "替换"机制示例

注:图中 ⬭ 代表身份标签;▭ 代表该身份标签背后的含义。

### 1. 替换标签

替换标签是指对组织身份重新"贴标",而且新标签与旧标签相对立,进而建立全新的组织身份。例如,联想在进入发达国家市场时,相对于东道国本土企业而言,以生产中低端个人电脑为主,因此被东道国媒体贴上了"低端"的标签,这一身份标签与东道国的社会规范相冲突。为了改变这一标签,联想用"卓越"标签替换"低端"标签,向东道国利益相关者陈述企业"致力于打造全球最卓越的个人电脑"的宗旨。联想的另一个身份替换是用"民营企业"替换"国有企业"。在并购IBM个人电脑事业部之前,联想集团的最大股东是中科院计算机研究所,因此,联想被定义为一家"国有企业"。而在并购之后,中科院的股权比例不断降低,社会公众和IBM持有联想集团绝对多数股权,此时,媒体才将联想视为一家"民营企业"。在海尔的案例中,海尔也采用"替换"机制进行"去低端化"的身份变革。在进入美国市场初期,海尔也被贴上了"低端"的标签,导致海尔的产品难以进入美国的主流商场。为此,海尔将自己定位为"优质产品公司",即用"优质"标签替换"低端"标签。

2. 替换含义

身份标签只有包含特定的含义才能被利益相关者感知和理解,因此,身份替换不仅需要对标签进行替换,更为重要的是替换标签背后的含义,才能促使利益相关者认可新的身份标签。因此,中国企业在替换标签后,也对标签背后的含义进行替换。例如,在联想的案例中,"低端"标签包含"价格低廉""科技含量低""模仿为主"等含义,联想用"性价比高""科技含量高""自主创新"等含义替换这些负面的含义,对外建立"卓越的个人电脑公司"身份。"国有企业"标签包含"追求政治目的""受政府控制""股权集中"等含义,联想用"追求盈利""独立经营""股权分散"等含义进行替换,向外建立"民营企业"身份。

通过比较替换前后的身份标签和含义发现,两者呈现对立模式。因此,在替换过程中,身份标签和含义同时发生对立性改变。通过进一步比较身份替换的成功案例与失败案例发现(如联想和TCL的比较),成功变革组织身份的企业能够同时替换标签和含义,而失败的组织身份变革仅替换标签,却难以替换标签背后的含义。

TCL并购汤姆逊彩电的案例和联想并购IBM个人电脑业务的案例具有很多相似之处:第一,两起并购均属于弱势品牌并购强势品牌,并购目的均是获取对方的品牌和技术,从而实现"去低端化"的身份变革;第二,联想和TCL在并购之后都采用新的身份标签替换旧身份标签,如联想用"卓越"替换"低端",TCL用"高端"替换"低端"。然而,最终的结果是,2009年之前,联想成功"去低端化",而TCL则没有,主要原因是TCL并没有成功替换"低端"标签背后的含义。例如,2005年时,联想和TCL对组织身份重新贴标，但其背后的含义却与标签不符，表明两家企业均未能成功变革组织身份。然而，2009年时，联想成功用"科技含量高""性价比高"等含义替换"科技含量低""价格低廉"等含义，但TCL却未能成功改变"低端"标签背后的含义。由此可见，同时替换标签和含义是完成"替换"机制必不可少的步骤。

### （二）"进化"机制

数据分析表明，中国企业的另一种标签变革机制是"进化"，即对现有身份进行深化和发展，在此基础上变革为新的组织身份。身份进化类似于生物学中的进化，即新身份是在旧身份的基础上逐渐演化而形成的，是从旧身份到新身份的逐步过渡。因此，身份进化是一个渐进的过程。通过对案例企业身份进化的类型进行归纳发现，身份进化主要包括两类：一是围绕业务多元化或企业转型进行进化，如中远从"远洋运输公司"向"航运与物流公司"进化，这类进化的主要目的是改变企业的业务结构；二是围绕企业的"国籍"进行进化，即从"中国企业"进化为"国际企业"，这类进化的主要目的是改变企业的来源国身份，克服外来者劣势。进一步分析案例企业进化过程中标签和含义的变化规律，本书归纳出"进化"机制背后的四个动态过程：

1. 创造继承性标签

创造继承性标签是指用新的身份标签继承原身份标签，为企业创造期望的未来身份。继承性标签与替换性标签不同，其目的并不是为了使新身份与之前的身份相对立，而是为了延续之前的身份，同时增加新的含义，从而实现组织身份的渐进式转变。在围绕企业转型或业务多元化的身份进化中，联想用"个人科技产品公司"继承"个人电脑公司"，其目的是使联想从一家单纯生产个人电脑的公司变革为一家包括个人电脑、智能手机、平板电脑、服务器、智能电视等多元化业务的科技产品公司。海尔在进入美国市场初期主要以生产电冰箱为主，将自己定位为一家"冰箱制造商"。而随着业务多元化战略的实施，海尔开始销售更多类别的产品，包括智能电视、洗衣机、酒柜、空调等。因此，海尔用"消费电子和家电产品公司"标签继承"冰箱制造商"标签。在互联网时代，海尔又开始从"产品公司"向"互联网公司"进化，正如海尔的新宗旨："在互联网时代，海尔致力于成为互联网企业"。TCL 的身份进化则是从"电视机制造商"进化为包括电视机、智能手机、空调、洗衣机等在内的"智能产品公司"。在中远的案例中，一个重要的身份进化是从"远洋运输企业"进化为"航运与物流企业"，从而使中远的业务范围扩展到物流和仓储等领域。

在围绕企业"国籍"的身份进化中，案例企业均采用"国际企业"标签定义自己，而不是"中国企业"。例如，在联想的案例中，2004年时，联想将自己定位为"中国本土 IT 市场的领跑企业"，而在并购 IBM 个人电脑事业部之后，联想开始用"国际企业"标签定义自己，将自己定义为一家"全球性公司"，总部位于美国纽约。正如柳传志所言，"通过并购，联想正在逐步成长为国际企业"。与此类似，海尔将自己定位为"全球领先的家电产品公司"以及"全球白色家电第一品牌"，而不是中国企业。TCL 将自己定义为"全球化的智能产品制造及互联网应用服务企业集团"，强调 TCL 已经成长为一家"全球化企业"。

2. 增加新含义

增加新含义是指对新标签增加与之匹配的新含义。新标签必须包含与之相匹配的新含义才能被利益相关者感知和认可，这就要求企业对新标签增加新的含义，如进入新的市场领域、调整产品结构、进行战略变革等。

首先，在围绕企业转型或业务多元化的进化中，增加新含义主要表现为企业进入新的市场领域，如联想从"个人电脑公司"进化为"个人科技产品公司"，就是通过不断进入平板电脑、智能手机（并购摩托罗拉移动业务）、智能电视以及服务器（并购 IBM 的 X86 服务器业务）等业务来实现的。在中远的案例中，随着全球航运业务的快速发展，原有的从一国港口到另一国港口的业务模式已经不能满足客户的需求，因为客户更希望实现货物从一国客户到另一国客户的运输。因此，中远开始从"远洋航运企业"进化为"航运与物流企业"，为新身份标签增加"物流业务""码头经营""仓储业务"等含义。在海尔的案例中，为了适应互联网的发展，满足用户的个性化需求，海尔开始从"产品公司"向"互联网企业"进化，为此，海尔在战略、组织、员工、用户、薪酬和管理六个方面进行颠覆性探索，加速推进互联网转型，为新标签增加与之相匹配的含义。

其次，在"去中国化"的身份进化中，案例企业不断为"国际企业"标签增加与之相匹配的含义，从而真正实现从"中国企业"向"国际企业"的进化。例如，联想对新标签增加"全球总部""全球运营""遍布世界的业务"等含义。为了向外界塑造"国际化的联想"，联想用实际行动向外界证明其新的身份声明是"说到做到"，而不只是口号。在并购IBM个人电脑事业部之后，联想将全球总部由北京迁往纽约，新公司以英语作为官方语言，这些象征性行为能够为新身份标签增加与之相匹配的含义。《纽约时报》这样描述联想的身份变革，"联想开始使自己远离中国，在并购后，它已经将总部从北京迁往纽约，现在它将自己定位为'拥有多个地区总部的全球公司'"。此外，联想还通过在全球范围内不断进行并购来为"国际企业"标签增加新含义。在并购IBM个人电脑事业部之后，联想还在全球范围内收购了德国的Medion、巴西的CCE、美国的EMC以及摩托罗拉移动等公司，这些并购帮助联想变革为真正的"国际企业"。在华为的案例中，华为对"全球公司"增加"运营全球化""投资全球化""商业理念全球化""资源整合全球化"等新的含义。华为特别重视"商业理念全球化"和"全球化的价值链"，认为"作为一家业务遍布170多个国家和地区的全球化公司，华为将充分整合全球优质资源打造全球化的价值链"。由此可见，尽管均是对"国际企业"增加新含义，但不同企业增加的含义却存在差异性。

### 3. 删除旧含义

由于旧标签包含"过时"（outdated）的含义，与新标签不匹配，因此，新标签需要删除这些不匹配的含义。删除旧含义意味着企业需要改变"过时"的认知、组织架构、业务等。在联想的案例中，2005~2009年，联想将自己定位为"个人电脑公司"，并强调联想专注于个人电脑业务。这一身份还指导联想剥离了之前的手机业务，从而使企业资源全部配置在个人电脑业务上。然而，随着2010年联想开始从"个人电脑公司"向"个人科技产品公司"进化，"专注个人电脑"的含义被删除，因为这与新身份标签相矛盾。与此类似，海尔在从"冰箱制造商"向"家电产品公司"进化的过程中，也删除了"专注冰箱""产品单一"等含义。此外，在"去中国化"的身份进化中，"中国企业"身份标签包含"本土化管理团队""业务集中于中国"等含义，这与新身份"国际企业"不匹配，为了进化为真正的"国际企业"，联想、东软、TCL、中远以及海尔开始对管理层结构进行调整，组建"多元化的管理团队"，并拓展海外市场业务，提高海外市场营业收入的比重。例如，TCL在国际化初期主要采用外派高管来管理东道国业务，但这种管理方式已经无法适应建立"全球化企业"的需要。为此，TCL删除了"外派高管"等含义，增加"全球化管理团队"和"人才本土化"等新含义。

### 4. 保留部分含义

由于在身份进化过程中，新身份建立在原身份的基础上，因此，新身份标签保留了原身份标签的部分含义，从而使变革前后的组织身份具有连续性。正如生物进化过程中，基因的改变并不是完全被替换或改变，而是部分改变，部分保留。例如，在围绕业务多元化的身份进化中，尽管中远从"远洋运输企业"进化为"航运与物流企业"，但"远洋运输业务"仍然是新身份标签的含义。与此类似，联想的"个人科技产品公司"新标签仍然保留了"个人电脑业务"等含义。在"去中国化"的身份进化中，尽管案例企业均将"国际企业"作为定义"我们是谁"的标签，但新标签仍然包含"中国市场"等含义。因此,身份进化并不是对原身份进行对立性替换,而是进行深化和发展。在进化过程中,新身份标签继承了原身份标签的部分含义,同时创造了新的含义,进而实现从旧身份到新身份的渐进式转变。因此,进化过程中标签发生继承性改变,而含义部分删除,部分保留。

身份进化的目的主要包括两类:

第一类目的是适应东道国环境变化,保持或提升企业的竞争优势,抵消双重劣势带来的负面影响。这类进化主要是围绕业务多元化或企业转型展开。例如,联想从"个人电脑公司"向"个人科技产品公司"的进化,就是为了满足东道国消费者不断多元化的需求,保持企业的竞争优势。尽管身份进化可以围绕业务多元化或企业转型展开,但身份进化与业务多元化或企业转型却不同。首先,身份进化是改变企业核心的、独特的和持久的特征,是对组织本质特征的深刻改变,尤其是改变企业固有的认知模式。然而,业务多元化或企业转型可能并不一定改变企业的身份,因为适当的业务多元化或转型并不一定会改变企业的核心特征。其次,身份进化的完成依赖于业务多元化或转型,因为只有当企业的业务发生根本性改变,或企业真正实现转型之后,才能完成身份进化。因此,身份进化也滞后于业务多元化和企业转型。

第二类目的是淡化来源国身份,即案例企业从"中国企业"进化为"国际企业",克服来源国劣势。"去中国化"能够淡化母国形象对组织身份的负面影响,向外塑造新的形象。美国媒体这样描述联想的身份变革,"联想希望自己被视为一家国际公司,而不是中国公司,通过将自己定位为国际公司,联想的目的是告诉外界他们制造的产品与其他(美国)公司的产品一样好"。在海尔的案例中,海尔更希望自己被东道国利益相关者视为一家"美国化"的国际企业,而不是一家"中国化"的国际企业,这与海尔以满足消费者个性化需求的宗旨密切相关。海尔强调自己的产品在美国本土进行设计、制造、销售以及提供售后服务,尤其是在产品的设计方面,海尔首先进行充分的市场调研,再根据美国当地消费者的特殊需求进行设计。

(三)"增补"机制

除了"替换"机制和"进化"机制,中国企业还通过"增补"机制变革组织身份,即在现有身份之外增加新的身份标签和含义,使该身份成为企业新的核心的、独特的和持久的特征。身份增补并不是对已有身份进行替换或进化,而是在已有身份之外增加新的身份维度。从身份结构看,增补本质上是创造多重身份的过程。本书的增补概念与Siggelkow(2002)所描述的增补相似,该研究将"(新)核心要素的采纳及其后续的强化过程称为增补"。具体而言,"增补"机制包括"增补新标签"和"增补新含义"两个过程。

1. 增补新标签

"增补"机制的第一步是在已有身份标签之外增加一个全新的身份标签。例如,在万向的案例中,一个重要的身份增补是增加"清洁能源公司"标签。2013年之前,万向在美国专注于传统的汽车零部件业务,并成为美国当地重要的汽车零部件供应商。自2013年开始,万向试图进入美国新能源领域,并希望成为一家"清洁能源公司"。然而,这一新身份并不是对传统的"汽车零部件供应商"的替换或进化,而是在此身份之外增加新的身份维度。在联想的案例中,一个重要的增补过程是将"创新"作为企业的身份特征,将自己定位为"全球最创新的个人电脑公司"和"全球最具创新精神的科技公司"。联想将"创新"比喻为企业的"基因","是联想得以持续发展的推动力"。在中远的案例中,一个重要的身份增补过程是将"企业公民"作为企业在东道国核心的、独特的和持久的特征。

2. 增补新含义

身份增补不能仅仅增加新的标签,还需要为新标签创造与之匹配的新含义,从而使新身份有意义。例如,在万向的案例中,为了给"清洁能源公司"增加与之相匹配的含义，万向在美国展开了两次重要的并购。第一次是2013年并购A123系统公司，该公司是美国最大的新能源电池制造商，在全球锂电池行业中处于领先地位。第二次是在2014年收购美国著名的新能源汽车公司菲斯克，从而使万向迅速进入新能源汽车领域。在联想的案例中，联想为"创新"标签增加与之匹配的含义，如"技术创新""产品创新"等。与此类似，中远也为"企业公民"标签增加与之匹配的含义，如"保护环境""帮助当地就业"等。身份增补的目的是为企业创造新的核心能力，或针对性地满足利益相关者的偏好。例如，联想增补"创新"身份特征的目的是为企业创造新的核心能力。通过持续性的创新，联想为东道国消费者带来了差异化的产品，不断巩固其市场领导地位。中远增补"企业公民"身份的目的在于满足东道国利益相关者对企业积极履行社会责任的期望，提升企业的外部声誉。

## 二、基于含义的身份变革模式及其动态机制

基于标签的身份变革模式能够显著地改变中国企业核心的、独特的和持久的特征，对外树立全新的组织身份。然而，数据分析表明，在标签模式之外，中国企业还采取基于含义的变革模式变革组织身份。基于含义的身份模式是指在不改变身份标签的情况下，通过改变标签背后的含义完成身份变革。采用这种变革模式的具体原因如下：一是有些身份标签难以改变，如中远的"国有企业"身份标签，但标签背后的含义可以改变，因此，企业只能采取基于含义的变革模式；二是有些身份标签虽然在短期内未发生改变，但其背后的含义却在持续改变。由此可见，含义模式是对标签模式的补充。通过比较变革前后含义改变的规律发现，基于含义的变革模式包括含义"替换"和含义"厚化"两种机制。含义"替换"机制是指用对立性的新含义替换旧含义。含义"厚化"机制是指不断补充和完善现有标签背后的含义，使标签的内涵不断充实和完善。

## （一）含义"替换"机制

在标签"替换"机制中，企业需要同时替换身份标签和含义，但在含义"替换"机制中，企业仅需要对含义进行替换，标签则不需要改变。例如，中海油作为国有企业，其"国有企业"的标签难以改变，正如中海油原董事长傅成玉在竞购优尼科失败之后接受《金融时报》采访时所言，"中海油无法改变由中国政府持有一半以上股份的身份特征"。然而，尽管"国有企业"标签难以改变，但中海油在并购优尼科失败之后，通过改变标签背后的含义来变革组织身份。例如，中海油用"自主经营"替换"政府主导"，用"服务股东"替换"服务政府"，改变了加拿大政府对中海油的态度，最终成功并购尼克森。

相反，在中海油并购优尼科的案例中，中海油并没有真正试图变革"国有企业"标签的含义。例如，2005年，中海油在竞购优尼科的关键时刻，英国《金融时报》曝光了一份来自中海油的内部讲话，中海油高层表示，"中海油以贯彻国家的能源战略为己任""中海油作为大型国有企业，担负着确保国家能源安全的重任"，这表明在中海油高层管理者的认知中，"国有企业"仍然包含"服务政府""以政治目的为导向"等含义。需要指出的是，中海油对"国有企业"的含义进行变革主要是针对东道国市场，而在国内市场，"国有企业"标签的含义与在东道国市场的含义不同。

## （二）含义"厚化"机制

Siggelkow（2002）将"厚化"比喻为核心要素"由薄到厚"（thin-to-thick）的过程，因此，含义"厚化"机制是指中国企业不断为身份标签增加与之相匹配的含义，充实和完善身份标签的过程。

在联想的案例中，含义厚化主要是对"创新"标签不断进行补充和完善。例如，在增补初期，联想的"创新"主要体现在"技术创新"和"产品创新"两方面。然而，这些创新难以使联想区别于竞争对手，也难以在东道国利益相关者眼中创造独特的感知。为了变革为真正的"创新"

企业，联想从 2008 年开始对"创新"标签增加更多的含义，如"业务模式创新""管理创新""流程创新"等，从而不断丰富和完善"创新"标签的含义。对此，杨元庆在接受媒体采访时表示，"人们太容易把创新片面地理解为仅是技术性的创新，联想的创新不仅仅是技术和产品的创新，也包括业务模式以及管理文化的创新"。

企业采取含义"厚化"机制的主要目的是提高身份标签的可信性，促使利益相关者理解和认可身份标签。例如，在进入东道国市场初期，中远的"企业公民"身份标签仅包括"帮助当地就业"和"保护环境"两个含义。由于含义较少，导致中远的"企业公民"身份并不显著，难以成为企业核心的、独特的和持久的特征，也难以被东道国利益相关者感知和认可。为此，随着中远在东道国市场的持续经营，中远又相继对"企业公民"标签增加"可持续发展""全球契约""顾客责任"等含义，进而不断完善"企业公民"身份。这一厚化过程的结果是"企业公民"标签的显著性不断提高，进而更有利于被东道国利益相关者感知和认可。

## 三、基于突出性的身份变革模式

基于标签和含义的变革模式是通过改变身份标签和含义完成的。然而，案例数据显示，不改变身份标签和含义也能变革组织身份，即通过改变多重组织身份的突出性来变革组织身份。由于组织身份是一个多维度构念，表现在组织的核心业务、价值观、国籍、所有权结构、核心能力等多个方面，因此，当从不同维度定义"组织是谁"时，组织将具有多重身份。例如，中远既可以根据所有权结构被定义为一家"国有企业"，也可以根据核心价值观被定义为"企业公民"。然而，对企业而言，不同身份维度的突出性和吸引力却存在差异，因此，改变不同身份维度的突出性就能够深刻影响利益相关者的认知。例如，提高中远"企业公民"身份的突出性，同时降低"国有企业"身份的突出性时，能够在很大程度上提高利益相关者对中远的正面认知，因为"企业公民"身份比

## 第五章 组织身份变革、外来者劣势与来源国劣势研究

"国有企业"身份更积极、更具有吸引力。数据分析表明,基于突出性的变革模式的目的是提高积极身份维度的突出性,降低消极身份维度的突出性,具体表现在以下方面:

第一,对国有企业而言,变革方式是降低"国有企业"维度的突出性,提高其他身份维度的突出性,进而降低东道国利益相关者对"国有企业"身份的歧视。例如,中远在进入东道国市场初期,"国有企业"身份维度的突出性最高,即该身份特征被东道国利益相关者感知为中远最为核心的、独特的和持久的特征。此后,中远不断提高"企业公民""上市公司"等维度的突出性,降低"国有企业"的突出性。类似的现象也出现在中海油的案例中。在竞购优尼科失败之后,中海油开始提高企业积极身份维度的突出性,降低"国有企业"的突出性。例如,在历年的英文年报中,中海油不断强调企业"在纽约证券交易所和香港证券交易所上市",是"中国最大的海上原油和天然气公司"。

第二,对于以提供产品为主的企业而言(如联想、海尔、东软),变革方式主要是降低来源国身份维度的突出性,提高业务身份维度的突出性,这一变革方式的目的是降低负面的来源国形象对组织身份的"印记"。数据分析表明,案例企业在国际化过程中不断强调企业是做什么的,而不是来自哪儿,这一点可以从企业历年的身份声明中得到印证。例如,通过对联想的年报、新闻稿进行身份审计发现,联想在"公司介绍"部分均以产品身份开始,如"卓越的个人电脑公司""个人科技产品公司",并强调联想是一家国际化的企业,而不是中国企业。与联想、海尔、中远等企业成功通过突出性模式变革组织身份不同,华为和TCL则未能成功借助这种模式变革组织身份,进而导致两家企业难以克服来源国劣势。例如,华为在美国市场最为突出的身份特征是"军方背景",这一特征的突出性并未随着时间的推移而发生改变。类似的现象也出现在TCL的案例中,由于未能从根本上提升产品质量和品质,TCL的"低端产品"身份在东道国市场始终保持较高的突出性。

## 第四节　中国跨国企业组织身份变革的过程

进一步对中国企业的组织身份变革进行纵向分析表明，组织身份变革是一个序贯、互补的过程：首先，从不同机制的使用时间看，"替换""增补"以及"厚化"等机制之间存在序贯关系；其次，从不同模式之间的关系看，三种模式各有优势，相互补充。

### 一、序贯过程

序贯过程是指不同变革机制之间存在时间顺序关系。由于不同变革机制的目的不同，使用的时间顺序也存在差异。例如，"替换"机制主要在企业进入东道国市场初期采用，其目的是替换与东道国制度规范相冲突的组织身份，而"厚化"则一般在其他机制之后采用。具体而言，不同变革机制之间存在以下序贯关系：

第一，先"替换"后"厚化"，即先采用"替换"机制变革组织身份，再通过"厚化"机制对新身份进行补充和完善。例如，在2005年时，联想先用"卓越"身份标签替换"低端"身份标签，同时对标签背后的含义进行替换。在"替换"机制完成之后（2010年），联想又开始对"卓越"标签进行厚化，增加更多的含义，如增加"差异化""行业最好"等含义，从而使"卓越"标签更显著、更有意义。与此类似，海尔也采用这种变革方式先对"低端产品公司"进行替换，向外建立"优质产品公司"身份，然后再对"优质产品公司"进行厚化，不断增加新的含义。从变革模式看，"替换"机制属于基于标签的变革模式，主要是为组织身份重新贴标，建立全新的组织身份。然而，"厚化"机制属于基于含义的变革模式，主要是不断完善新标签背后的含义。

第二，先"增补"后"厚化"，即先通过"增补"机制增加新的组织身份，再通过"厚化"机制不断完善新标签的含义。例如，为了降低东道国利益相关者对"国有企业"的负面感知，提升企业的外部声誉，中远在进入东道国市场时增补"企业公民"身份。然而，在增补初期，该身份标签主要表现为"帮助就业""保护环境"两方面，而随着时间的推移，中远不断为"企业公民"标签增加新的含义，如增加"顾客责任""全球契约""经济发展""核心价值观"等含义。

进一步从变革模式看，无论是先"替换"后"厚化"，还是先"增补"后"厚化"，均属于先采用标签模式，再采用含义模式变革组织身份。因此，从变革模式的使用时间顺序看，案例企业一般先采用标签模式改变身份标签，形成新的、更积极的身份标签，再采用含义模式对新标签进行厚化，从而不断补充和完善标签的含义。之所以存在这样的序贯关系，一个重要原因是变革形成的新标签需要不断通过含义模式进行完善，从而使新组织身份不断制度化。组织身份制度化的过程能够提高组织身份被利益相关者认可和接受的程度，即提高组织身份的可信性与合法性。例如，中远在采用"增补"机制创造"企业公民"身份之后，不断为该身份标签增加与之相匹配的含义，一个重要原因是为了促使东道国利益相关者认可和接受"企业公民"身份。

## 二、互补过程

互补过程是指组织身份变革的三种模式能够相互补充，共同促进中国企业变革组织身份。基于标签的变革模式能够显著地改变中国企业的组织身份，向东道国利益相关者展示全新的组织身份。然而，有些身份标签难以改变，此时，中国企业采用基于含义的变革模式变革组织身份，改变标签背后的含义，从而使组织身份与东道国制度环境保持一致。最后，基于突出性的变革模式能够对上述两种模式进行有益补充，进一步提高组织身份的吸引力。由此可见，这三种变革模式的使用情境不同，且各有优势，综合采用能够产生协同效应。

首先，尽管标签模式能够显著地改变组织身份，但仅采用标签模式也存在局限性，因为有些身份标签难以改变（如"国有企业""中国企业"），且与东道国制度环境冲突，这就要求企业采用含义模式对标签模式进行补充。例如，虽然中远和中海油无法改变"国有企业"标签，但两家企业通过改变该标签背后的含义也成功变革了组织身份。由此可见，含义模式能够对标签模式进行补充。

其次，含义模式对标签模式的补充还体现在"厚化"机制上。"厚化"机制是对标签进行补充和完善的过程，这一过程依赖于企业对标签不断增加与之匹配的含义。例如，在增补"创新"标签初期，联想的创新主要体现在技术创新和产品创新两方面。为了强化该身份特征，联想开始通过含义模式对"创新"标签进行厚化，尤其是增加"业务模式创新"和"管理文化创新"等含义，从而使联想的"创新"区别于竞争对手。由此可见，综合采用标签模式和含义模式更有利于企业变革组织身份。

最后，基于突出性的变革模式能够对上述两种模式进行有益补充。数据分析表明，中国企业在通过标签模式和含义模式变革组织身份的同时，还通过突出性模式不断提高积极身份维度的突出性，降低负面身份维度的突出性，进而提高组织身份的吸引力。例如，中远首先通过标签模式增补"企业公民"身份，再通过突出性模式不断提高该身份维度的突出性，降低"国有企业"身份维度的突出性，进而在东道国市场上建立更积极的组织身份。联想首先通过标签模式增补"创新企业"身份，再通过突出性模式不断提高该身份维度的突出性，进而建立与竞争者差异化的组织身份。由此可见，突出性模式能够与其他两种变革模式同时采用，共同促进组织身份变革。

# 第五节　中国跨国企业组织身份变革的结果

组织身份变革的结果包括两方面：一是降低组织身份冲突，获取组织身份合法性（即组织身份合法化），进而克服外来者劣势和来源国劣势；二是帮助中国企业适应东道国环境变化，保持或获取竞争优势，进一步抵消双重竞争劣势。为了清晰展示组织身份变革的结果，本书首先对案例企业变革前后的组织身份进行比较。

## 一、变革前后的身份比较

组织身份审计显示，案例企业的组织身份在变革前后发生了显著改变。联想通过"替换"机制从"低端个人电脑公司"变革为"卓越的个人电脑公司"，从"国有企业"变革为"民营企业"。同时，通过"进化"机制从"中国企业"变革为"国际企业"，从"中国最大的个人电脑公司"变革为"全球最大的个人电脑公司"，正如杨元庆所言，"联想集团已经是一家非常国际化的公司了，从业务来讲，我们只有36%的业务在中国，60%多的业务在海外"。联想也从"个人电脑公司"进化为"个人科技产品公司"，个人电脑业务的占比不断下降。另外，联想通过"增补"机制将"创新"作为企业核心的、独特的和持久的特征，为企业创造了竞争优势。

海尔通过"替换"机制从"低端产品公司"变革为"优质产品公司"，在东道国市场建立了良好的品牌形象。同时，通过"进化"机制从"中国企业"变革为"国际企业"，也正在从"产品公司"向"互联网公司"进化。另外，海尔也通过"增补"机制创造"全球白色家电第一品牌"新身份，并将"创新"作为企业核心的、独特的和持久的特征，然而，尽管标签相同，但与联想注重技术创新不同，海尔更加注重管理创新。

中远在东道国市场通过含义"替换"机制改变了"国有企业"标签的含义，如从"追求政治目的"变革为"以营利为目的"，从"政府操控"变革为"自主经营"等。同时，中远通过"进化"机制从"中国企业"变革为"国际企业"，从"远洋运输企业"进化为"全球领先的航运与物流企业"。另外，中远成功在东道国市场增补"企业公民"身份，并为该标签增加"环境保护""帮助就业""增加社会福利"等含义。

东软通过"进化"机制从"中国企业"变革为"国际企业"，包括从"中国领先的 IT 方案与服务供应商"进化为"面向全球提供 IT 解决方案与服务的公司"。同时，通过"增补"机制增加"医疗设备公司"身份，使东软进入新的市场领域。需要指出的是，在增补"医疗设备公司"身份之后，东软再用"高端医疗设备公司"替换"低端医疗设备公司"。然而，"增补"机制中的组织身份主要表现在业务维度，而"替换"机制中的组织身份则表现在核心能力维度，即用"高端"替换"低端"。

TCL 通过"进化"机制从"中国企业"变革为"国际企业"，表现为 TCL 从一家主要在中国国内生产和销售的公司变革为一家在全球制造和销售的国际化公司。在业务维度方面，TCL 在东道国市场从一家产品单一的"彩电供应商"进化为一家业务多元化的"智能产品及互联网应用服务集团"。

万向通过"进化"机制从"中国企业"变革为"国际企业"，包括从"中国最大的汽车零部件供应商"进化为"全球汽车零部件的行业领导者"。此外，万向通过"增补"机制增加"清洁能源公司"，发展新能源零部件、电池、客车和乘用车，目标是将万向变革为一家国际化、高科技的清洁能源公司。

华为的组织身份变革主要采用"进化"机制，即从"中国企业"进化为"国际企业"，其海外销售占比连续多年保持在 2/3 以上，业务遍及全球 170 多个国家和地区，服务全世界 1/3 以上的人口，成为一家真正意

## 第五章 组织身份变革、外来者劣势与来源国劣势研究

义上的国际企业。在业务维度方面,华为从一家"通信科技公司"进化为"信息与通信解决方案供应商",并在全球信息与通信行业处于领先地位。尽管华为连续多年专注于信息与通信领域,其身份标签并未发生改变。然而,进一步的身份审计发现,随着时间的推移,"信息与通信解决方案供应商"标签背后的含义却在逐渐改变。

中海油在东道国市场通过含义"替换"机制改变了"国有企业"标签背后的含义,如从"服务国家能源战略""政府扶持"变革为"服务股东""自主经营"等,通过"进化"机制从"中国企业"变革为"国际企业"。然而,在业务维度方面,中海油的身份声明连续多年保持不变,即"中国最大的海上油气生产商"。

### 二、克服外来者劣势和来源国劣势

由于组织身份冲突导致中国企业的组织身份难以在东道国获取合法性,因此,组织身份变革的首要目的和结果是降低组织身份冲突,在东道国制度环境下建立合法化的新组织身份,进而克服外来者劣势和来源国劣势。

首先,"替换"机制能够直接降低组织身份冲突,使组织身份获得规制、规范和认知合法性。联想通过"民营企业"替换"国有企业",降低了组织身份与东道国法律的冲突,最终成功并购IBM个人电脑事业部。与此同时,联想用"卓越"替换"低端",这一新身份标签与东道国的规范制度保持一致。中远成功替换"国有企业"身份标签背后的含义,向外建立了合法化的新组织身份。

其次,"进化"机制提高了中国企业组织身份的吸引力,进而减弱外来者劣势和来源国劣势。通过身份进化,案例企业逐步从"中国企业"进化为"国际企业",塑造了与来源国形象差异化的身份,克服来源国劣势。例如,中远的国际化战略也使其进化为一家真正的"国际企业",并成为全球领先的航运与物流企业,这些身份与东道国的制度规范保持一

致。海尔的"去中国化"也获得一定的成功,同时,海尔更加强调其"本土化"的身份含义,提高了组织身份的"可理解性",进而克服外来者劣势。另外,"增补"机制能够帮助中国企业针对东道国利益相关者的偏好增加新的身份维度,创造与东道国制度规范和价值观保持一致的组织身份,帮助中国企业获取规范合法性,进而克服外来者劣势和来源国劣势。中远将履行社会责任作为企业的核心价值观,在东道国市场建立了"企业公民"身份,提高了组织身份的规范合法性。为此,中远已经多次获得当地政府颁发的企业荣誉。

最后,改变组织身份的突出性能够向东道国利益相关者展示更积极的身份维度,进而提高组织身份的"恰当性"与"合意性"。例如,通过身份变革,中远和中海油的"国有企业"身份的突出性已经显著降低,而"上市公司"和"企业公民"等身份的突出性提高,这些积极的身份维度与东道国的制度规范保持一致。在联想、海尔、万向的案例中,"国际企业"身份的突出性不断提高,而"中国企业"身份的突出性不断降低,提高了组织身份的"可理解性"和"理所当然性"。由此可见,组织身份变革降低了组织身份冲突,帮助中国企业在东道国建立了合法化的新组织身份。

### 三、获取竞争优势

本书发现,组织身份变革不仅能够降低组织身份冲突,还可以帮助中国企业提高适应东道国环境变化的能力,进而保持或获取竞争优势。

首先,身份进化能够提高中国企业适应东道国消费者偏好的能力,保持企业的竞争优势。联想从"个人电脑公司"进化为"个人科技产品公司",并向"创新科技的领导者"进化,就是为了满足消费者不断变化的偏好。自2015年开始,联想又开始从"以产品为中心"的企业向"以用户为中心"的企业变革。联想这样描述这一身份进化,"从以产品为中心到以用户为中心,看起来,只是一个词的差异,内在却是一种企业导向和价值观的变迁",其本质"是要快速响应用户的需求"。

其次,身份进化还能够提高组织身份的吸引力,为企业创造竞争优势。有吸引力的组织身份作为一种有价值的无形资源,能够帮助企业建立差异化的组织身份,进而提高企业的竞争优势。2013年,联想成长为"全球最大的个人电脑公司",以及全球个人电脑领域的领导企业,这一新身份为联想创造了竞争优势。《纽约时报》撰文称联想是"世界个人电脑之王",并对联想未来的发展持乐观预期。

最后,"增补"机制能够根据企业发展的需要增补有价值的组织身份,为中国企业创造新的核心能力。联想通过增补"创新"身份特征为企业创造了竞争优势,通过创新,联想持续推出引领行业潮流的新产品,不断强化其市场领导地位。例如,联想在全球推出了第一款多模式平板电脑——Yoga平板电脑,这款产品推动联想在平板电脑领域的市场份额不断增长。由此可见,组织身份变革是中国企业保持或创造竞争优势的一种重要方式。

## 第六节　案例讨论

### 一、跨国企业组织身份变革的驱动因素

已有研究表明,驱动组织身份变革的因素包括组织内部因素(如并购、剥离、进入新市场以及创造新愿景等)和组织外部因素(如制度环境、市场环境的改变等)。在本章研究中,驱动跨国企业变革组织身份的因素主要来自企业的外部环境,即跨国企业在东道国市场面临的组织身份冲突、外来者劣势和来源国劣势。

He和Baruch(2009)的研究发现,制度环境的改变是驱动组织进行

身份变革的重要力量，因为制度变迁导致企业的组织身份在新制度环境下面临合法性危机，促使管理者重新建构"我们是谁"。然而，与 He 和 Baruch（2009）研究国内制度变迁不同，本书探究跨国情境下的制度变化对组织身份合法性的影响。与国内情境不同，在跨国情境下，制度的改变表现得更为复杂，对跨国企业组织身份的影响也更为深远。

首先，跨国情境下的制度改变不仅表现在规制层面，还表现在规范和文化—认知层面，暗示跨国企业的组织身份不仅可能与东道国的规章制度相冲突，也可能与规范和文化—认知等非正式制度冲突。

其次，跨国企业的组织身份根植于母国制度环境，获得母国利益相关者的合法性认可，然而，当跨国企业进入东道国市场后，将面临迥然不同的利益相关者，这导致跨国企业的组织身份可能不被东道国利益相关者认可和接受，进而导致跨国企业面临外来者劣势和来源国劣势。由此可见，克服降低组织身份冲突、克服外来者劣势和来源国劣势是跨国企业在东道国市场变革组织身份的最重要原因。

## 二、基于标签的身份变革

基于标签的身份变革模式能够显著地改变组织身份，向外建立全新的组织身份。本书研究表明，中国企业的组织身份变革也以标签模式为主，以含义模式和突出性模式为辅，原因如下：①中国企业的身份标签往往是负面的，如"低端产品""不良治理"，与东道国的制度环境相冲突，要克服外来者劣势和来源国劣势必须首先改变这些负面的身份标签，重新"贴标"。②通过标签变革组织身份能够更为显著地向东道国利益相关者呈现企业新的组织身份，进而改变利益相关者的认知。尽管改变标签能够变革组织身份，但已有研究对标签如何发生改变缺乏阐释。更为重要的是，本书发现，仅改变身份标签，而不对标签背后的含义进行改变，将难以真正完成身份变革。通过探索性的案例研究，本书归纳出"替换""进化"以及"增补"三种具体的标签变革机制，并归纳出不同变革机制中含义发生改变的规律,如图 5-2 所示。

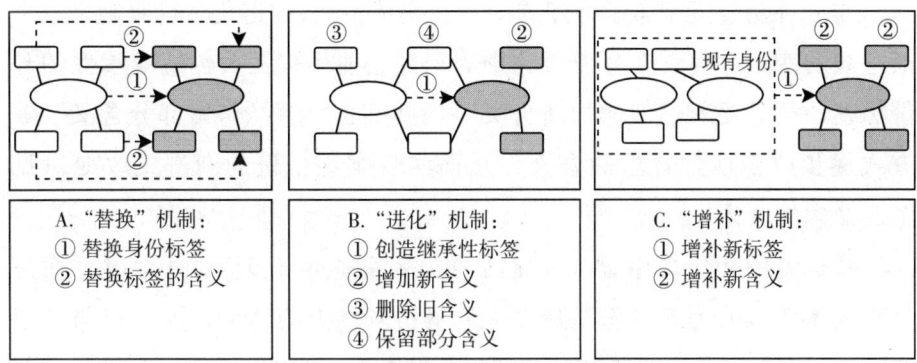

图 5-2 基于标签的身份变革机制

注:图中椭圆形代表身份标签,与之相连的矩形代表标签背后的含义。

### (一)"替换"机制

"替换"机制是一种剧烈的身份变革机制,因为该机制要求跨国企业完全重新定义组织身份,从而使新组织身份与之前的组织身份相对立(见图 5-2 中的 A 图)。因此,"替换"机制能够深刻改变企业的核心特征,从而向外建立全新的组织身份。尽管这种变革机制对组织身份的冲击最大,但当跨国企业之前的组织身份是负面的,成为企业国际化的"负债"时,采用"替换"机制变革组织身份却能够为企业带来很大的益处,如中国企业的"去低端化"。在身份替换中,跨国企业不仅需要采用新身份标签替换旧身份标签,也需要对标签背后的含义进行替换,才能使新身份标签有意义。因此,"替换"机制包括替换标签和替换含义两个序贯的过程。相反,当跨国企业仅使用新身份标签替换旧身份标签,而不对标签背后的含义进行替换时,其新的身份标签将难以获得外部利益相关者的认可。此外,身份替换与 Albert 和 Whetten(1985)的身份"置换"(substitution)(即某一身份让位于另一身份)相似,即用新身份代替旧身份。然而,"置换"前后的身份并不一定相对立,而"替换"前后的身份呈现对立模式。因此,"替换"机制是"置换"机制的一种特殊类型。

## (二)"进化"机制

与"替换"机制属于剧烈式的身份变革不同,"进化"机制则是一个渐进式的变革过程。在身份进化中,跨国企业不仅需要创造继承性的身份标签,还需要通过"增加新含义""删除旧含义""保留部分含义"等方式逐步改变标签背后的含义,从而实现组织身份的渐进式改变(见图5-2中的B图)。

从标签的变化规律看,进化后的新标签并不与旧标签相对立,而是具有继承性,因为新身份是建立在原身份基础上的结果,这一点与"替换"机制不同。从含义的变化规律看,"进化"机制比"替换"机制更复杂:其一,"进化"机制需要为新标签增加与之相匹配的新含义,从而使新标签包含更广泛的含义;其二,在增加新含义之外,也要删除部分"过时"的含义,如改变旧的认知和管理模式;其三,身份进化还需要保留原标签的部分含义,防止组织身份过度改变而丧失方向感。从进化前后的身份结构看,进化后的组织身份往往囊括了进化前的身份,是一个更抽象、包含更丰富含义的组织身份。

身份进化的第一个目的是提高跨国企业适应东道国环境变化的能力,保持竞争优势。事实上,身份进化是企业保持与环境相匹配的一种常见的方式。例如,Tripsas(2009)研究了一家企业从"数码摄影公司"(The Digital Photography Company)向"闪存公司"(The Flash Memory Company)变革的过程,其变革目的就是应对外部技术环境的改变。身份进化的第二个目的是淡化来源国身份,降低母国对跨国企业组织身份的负面"印记",进而克服来源国劣势。这一点对于新兴经济体跨国企业而言更为适用,因为母国制度环境,尤其是负面的来源国形象不能为新兴经济体跨国企业提供积极的来源国身份。然而,对于发达国家跨国企业而言,在进入新兴经济体时可能并不会淡化来源国身份,反而会强化其来源国身份,因为发达国家积极的来源国形象能够为企业提供积极的来源国身份。

### (三)"增补"机制

"增补"机制是在已有身份标签之外额外增加新的标签,因此,身份增补并不是对已有标签进行替换或继承,而是在已有标签之外创造全新的身份标签。在"增补"机制中,新身份标签能否获得外部利益相关者的认可,依赖于对身份标签增加与之匹配的含义。因此,"增补"机制包括增补新标签和增补新含义两个过程(见图5-2中的C图)。增补新身份的优势包括以下几点:

第一,可以向东道国利益相关者展示跨国企业更多的身份维度,帮助利益相关者对跨国企业形成更全面的认识,降低信息缺失导致的外来者劣势。例如,在进入东道国市场初期,东道国利益相关者对中国企业组织身份的认知主要集中于国籍和业务等维度,而身份增补能够向利益相关者展示更多的身份维度,如核心价值观、核心能力等。

第二,多重组织身份可以满足更多不同偏好的利益相关者的期望和需求,跨国企业可以针对利益相关者的偏好,创造多重组织身份。例如,中远通过增补"企业公民"身份,向东道国利益相关者展示企业遵守社会规范、促进社会福利,进而提高企业的规范合法性。

第三,企业可以根据发展需要针对性地创造新身份,例如,联想、海尔和华为增补"创新"身份标签的目的是为企业创造新的核心能力,进而提升竞争优势。三种变革机制的定义、目的、标签和含义的变化规律以及使用情境如表5-1所示。

表5-1 标签变革模式的三种具体机制

| 变革机制 | "替换"机制 | "进化"机制 | "增补"机制 |
| --- | --- | --- | --- |
| 定义 | 采用更积极的身份标签和含义替换负面的身份标签和含义 | 发展现有身份,在此身份基础上进化出新的身份 | 在现有身份标签和含义之外增加新的身份标签和含义 |
| 目的 | 深刻改变企业的核心特征,建立对立性的新身份 | 提高企业适应外部环境的能力,获得竞争优势;淡化来源国身份 | 向东道国展现跨国企业新的身份维度,提高组织身份吸引力 |
| 标签 | 对立性改变 | 继承性改变 | 增加 |

续表

| 变革机制 | "替换"机制 | "进化"机制 | "增补"机制 |
| --- | --- | --- | --- |
| 含义 | 对立性改变 | 部分删除,部分保留 | 增加 |
| 使用情境 | 跨国企业初始的组织身份与东道国制度环境冲突 | 外部环境发生改变;来源国身份是负面的 | 针对性满足利益相关者的需求;创造新的核心能力 |

## 三、基于含义的身份变革

尽管基于标签的身份变革模式能够深刻、显著地改变跨国企业的组织身份,但并非所有的身份标签都可以改变,此时,跨国企业可以采取基于含义的身份变革模式。例如,"国有企业"标签无法改变,但其背后的含义却可以改变。具体而言,基于含义的变革模式包括含义"替换"机制和含义"厚化"机制,两种变革机制的过程如图5-3所示。

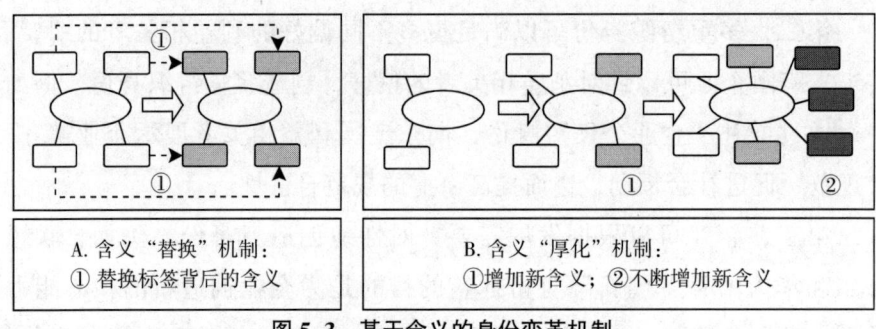

A. 含义"替换"机制:
① 替换标签背后的含义

B. 含义"厚化"机制:
①增加新含义;②不断增加新含义

图5-3 基于含义的身份变革机制

注:图中椭圆形代表身份标签,与之相连的矩形代表标签背后的含义。

### (一)含义"替换"机制

本章研究发现,"替换"机制不仅可以应用于标签模式,也可以应用于含义模式。然而,在标签模式中,标签和含义被同时替换,而在含义模式中,标签保持不变,仅对含义进行替换。因此,与标签"替换"机制包括两个序贯的过程不同,含义"替换"机制仅包括一个过程。含义"替换"机制的优势是能够帮助跨国企业同时满足母国和东道国的制度压力。例如,对于国有企业而言,改变"国有企业"标签可能导致企业难以在母国制度环境下获取合法性,因为该身份由母国制度环境塑造,并得到母国利益相关者的合法性认可。然而,"国有企业"标签可能难以在东道国制度环境下获取合法性,导致跨国企业遭遇来源国劣势。此时,跨国企业可以改变"国有企业"标签背后的含义,使新含义符合东道国的制度规范,进而获取东道国利益相关者的合法性认可。由此可见,含义"替换"机制使跨国企业的组织身份保持了"弹性",从而满足更多利益相关者的合法性需求。

从组织身份视角看,含义"替换"机制本质上是跨国企业在不同的制度环境下对相同的身份标签创造了不同的含义。例如,在东道国市场,中远和中海油为"国有企业"标签创造了"自主经营""以营利为目的""服务股东"等含义,但在中国市场,"国有企业"标签可能仍然包含"服务政府"等含义。这种变革机制的结果是跨国企业在不同东道国市场将拥有多重组织身份。这一结论支持了 Ramachandran 和 Pant(2010)的观点,作者认为,新兴经济体跨国企业可以通过保持多重组织身份在东道国市场获取合法性,因为多重组织身份能够帮助跨国企业在母国制度压力和东道国制度压力之间保持平衡。

### (二) 含义"厚化"机制

"厚化"机制是不断补充和完善标签背后含义的过程,这种变革机制能够提高身份标签的可信性,促进组织身份不断制度化。例如,跨国企业通过"增补"机制形成的新身份标签往往缺乏与之相匹配的含义,导致新身份难以成为企业核心的、独特的和持久的特征,这就需要企业继续采用"厚化"机制完善新身份标签。由此可见,"厚化"机制往往并非单独使用,而是在其他机制之后使用。从标签和含义的变化规律看,在"厚化"机制中,标签不需要发生改变,因为企业已经通过"增补"机制或"进化"机制形成了新标签。但含义会发生改变,变化规律主要是在已有含义的基础上不断增加新含义。因此,"厚化"机制的使用情境是新身份标签缺乏与之相匹配的含义。从身份结构看,"厚化"机制会导致组织身份的结构不断复杂化，囊括更广泛的含义。

基于含义的变革模式是一种常见且重要的身份变革方式，这种变革模式能够解释以下现象：

第一，为什么相同的身份标签，随着时间的推移，其背后的含义却会发生改变。例如，联想的"个人科技产品公司"标签在2010年和2014年存在较大差异。这一研究发现支持了Gioia等（2000）的观点，即组织身份的标签往往保持不变，而标签背后的含义却经常发生改变。标签不变而含义改变能够使组织身份在稳定性和动态性之间处于平衡状态，且这种平衡对跨国企业具有重要的益处，能够帮助跨国企业处于一种"不稳定的稳定状态"（stable state of instability）：一方面，标签稳定可以为跨国企业提供连续感和稳定感；另一方面，改变含义能够帮助跨国企业适应不断变化的东道国环境，防止跨国企业丧失竞争优势。

第二，为什么采用相同标签的不同企业，其标签背后的含义却不同。例如，联想、海尔、东软等企业均采用"国际企业""创新""全球领导者"等身份标签进行自我定位，但这些标签在不同企业中的含义是有差异的。例如，对联想而言，"国际企业"的含义更侧重于"全球一体化"，但对海尔而言，"国际企业"更侧重于"本土化"。再如，对于"创新"标签，东软更强调"开放性创新"，而联想更强调"技术创新"。从含义"厚化"机制可以解释这种现象，即不同企业对相同的身份标签增加了不同的含义。由此可见，进一步从含义模式考察组织身份变革，能够揭示标签模式背后的差异性。

## 四、基于突出性的身份变革

组织身份变革不仅可以通过改变身份标签和含义完成，也可以通过改变多重组织身份的突出性来实现，两者的差异在于，前者需要改变组织身份的标签或含义，而后者不需要改变标签和含义，仅需要改变不同身份维度的权重和排序。突出性模式的基础是跨国企业拥有多重组织身份。跨国企业作为一种复杂的社会建构体，拥有多重组织身份，而不是单一身份。对于不同的利益相关者而言，不同身份维度的权重和重要性存在差异性。一般而言，人们更容易记住突出性更高的身份维度，而忽视突出性较低的维度。因此，改变组织身份的突出性，能够深刻影响利益相关者的感知，正如布希基和金伯利（2010）的观点，改变不同身份维度的突出性可以在很大程度上将一个公司变为另一公司。

本书研究表明，跨国企业可以通过提高积极身份维度的突出性、降低负面身份维度的突出性来变革组织身份，采用这一变革模式的主要原因如下：

第一，跨国企业具有管理多重组织身份突出性的条件和要求。跨国企业同时在多个不同制度环境下运营，面对众多不同类型的利益相关者，这就导致跨国企业拥有更多维度的组织身份。一方面，拥有多重组织身份为跨国企业通过改变身份突出性变革组织身份提供了可能；另一方面，制度环境的多元化、利益相关者偏好的多元化也要求跨国企业向不同的利益相关者强调不同的身份维度。

第二，改变组织身份的突出性能够深刻改变利益相关者的认知，促使利益相关者对跨国企业形成新的认知。Ramachandran 和 Pant（2010）认为，新兴经济体跨国企业可以通过强调积极的身份维度、弱化负面的身份维度来降低发达国家利益相关者的歧视，进而克服来源国劣势。本书支持了这一观点，研究发现，对于进入发达国家的新兴经济体跨国企业而言，一种重要的突出性变革策略是降低来源国身份维度（往往是负面的）的突出性，而提高业务或核心能力维度（往往是正面的）的突出性，进而弱化来源国劣势。

第三，随着时间的推移，跨国企业可以通过动态管理组织身份的突出性来提高企业适应环境变化的能力。现代企业处于持续变化和动荡的外部环境中，对跨国企业而言，实现组织身份与东道国环境的匹配具有重要的价值。跨国企业的管理者应该保持权变思维，针对企业的外部环境对组织身份进行管理。由于基于突出性的变革模式能够在不改变标签和含义的基础上变革组织身份，因此，这种变革模式的成本更低，且变革速度更快，有利于跨国企业快速应对环境要求。

### 五、三种身份变革模式的比较

以上分析表明，三种身份变革模式之间存在显著差异，却各有优势，综合采用能够产生协同效应。为了更清晰地展示三种变革模式的差异，本书对三种模式进行系统比较，如表5-2所示。

表5-2 三种身份变革模式的比较

| 模式 | 基于标签的变革模式 | 基于含义的变革模式 | 基于突出性的变革模式 |
| --- | --- | --- | --- |
| 定义 | 通过改变身份标签变革组织身份 | 通过改变标签背后的含义变革组织身份 | 通过改变多重组织身份的突出性变革组织身份 |
| 目的 | 显著地变革组织身份，向外建立全新的组织身份 | 无法改变标签时，通过改变含义间接地变革组织身份 | 提高积极身份维度的突出性，降低负面身份维度的突出性 |
| 使用条件 | 标签可以改变 | 标签不能改变，但标签背后的含义可以改变 | 拥有多重组织身份，且不同身份维度的突出性不同 |
| 标签 | 改变 | 不改变 | 不改变 |
| 含义 | 改变 | 改变 | 不改变 |
| 优势 | 变革彻底、显著 | 保持组织身份的弹性，难度低 | 不需要改变标签或含义 |

第一，从定义看，基于标签的变革模式是通过改变身份标签变革组织身份；基于含义的变革模式则是通过改变标签背后的含义变革组织身份；基于突出性的变革模式是通过改变多重组织身份的突出性变革组织身份。

第二，从变革目的看，基于标签的变革模式能够显著改变跨国企业的组织身份，进而在东道国制度环境下建立合法化的新身份；基于含义的变革模式则是在无法改变身份标签的情境下，通过改变含义间接地变革组织身份；基于突出性的变革模式的主要目的是提高积极身份维度的突出性，降低负面身份维度的突出性，从而影响或改变东道国利益相关者的认知。

第三，从使用条件看，身份标签可以改变是运用标签模式的前提，且标签背后的含义也要随之改变；相反，基于含义的变革模式的使用条件则是无法改变标签，但可以改变标签背后的含义；基于突出性的变革模式则要求跨国企业具有多重组织身份，且不同身份维度的突出性存在差异。

第四，从标签和含义的变化规律看，基于标签的变革模式既要改变身份标签，也需要改变标签背后的含义，才能完成身份变革；然而，基于含义的变革模式则仅需要改变标签背后的含义即可，因为跨国企业的身份标签难以改变；基于突出性的变革模式则重点关注不同身份维度的排序和权重，不关注标签或含义是否改变，因此，该变革模式不需要改变标签和含义。

第五，从优势看，基于标签的变革模式能够显著地、彻底地改变组织身份，向外建立全新的组织身份。对于跨国企业而言，基于标签的变革模式具有重要意义，因为跨国企业在进入与母国迥然不同的制度环境中时，原生的组织身份会与东道国制度规范冲突，这就要求跨国企业必须彻底改变组织身份，从而适应东道国制度环境。基于含义的变革模式的优势在于能够保持组织身份的弹性，防止身份变革过于剧烈。同时，不改变身份标签也能够使跨国企业在母国制度环境下维持合法性。

第六，基于突出性的变革模式的优点在于无须改变现有的身份标签和含义，仅需要对不同标签和含义的权重和排序进行调整。此外，跨国企业往往同时采用多种变革模式，如既改变"国有企业"标签背后的含义，又降低"国有企业"身份的突出性。

# 第七节　本章结论与启示

## 一、研究结论

本章探究中国跨国企业如何通过组织身份变革克服外来者劣势和来源国劣势。通过对中国企业组织身份变革的模式、过程以及结果进行归纳和分析，本章得出以下研究结论：

（1）跨国企业的组织身份包括三种模式：一是基于标签的变革模式，该模式包括"替换""进化"和"增补"三种具体的变革机制。二是基于含义的变革模式，即不改变身份标签，但改变标签背后的含义，包括含义"替换"机制和含义"厚化"机制。三是基于突出性的变革模式，即通过改变多重身份的权重和排序变革组织身份，提高积极身份维度的突出性，降低负面身份维度的突出性。

（2）组织身份变革是一个互补、序贯相结合的过程：从三种变革模式的关系看，三种模式各有优势，相互补充，综合采用能够产生协同效应；从不同机制的时间顺序看，不同机制之间存在序贯关系。

（3）组织身份变革的结果是降低组织身份冲突，促使跨国企业的组织身份与东道国的制度规范保持一致，进而克服外来者劣势和来源国劣势。

## 二、管理启示

### （一）采用"替换"机制改变负面的身份标签和含义，降低组织身份冲突

具体而言，中国企业应该替换两类身份标签和含义：

第一，替换"低端产品""不良治理"等与核心能力不足相关的身份

标签和含义。中国企业在进入发达国家市场时,常常因为产品质量和安全等问题而被视为"低端产品制造商",因此,中国企业应该通过组织身份变革"去低端化"。然而,"去低端化"并不仅仅是向外界陈述一个更积极的身份标签,更需要企业从根本上提高产品质量和科技含量,为新标签增加与之相匹配的含义。例如,华为、联想、海尔是成功通过组织身份变革"去低端化"的典型代表,这与三家企业长期加大研发投入、注重创新的实际行为密不可分。同时,对于在东道国上市的中国企业而言(如中海油),应该通过实际行为改善公司治理结构来替换"不良治理"身份标签,从而满足东道国投资者的规范性要求。

第二,替换"国有企业"标签背后的含义。中国国有企业的海外直接投资在东道国频繁遭遇市场进入壁垒,如中海油并购优尼科,一个重要原因是"国有企业"标签常常包含"政府扶持""追求政治目的""非公平竞争"等含义。因此,国有企业可以采用含义"替换"模式变革组织身份。例如,用"以营利为目的"替换"追求政治目的",用"自主经营"替换"政府扶持"等。然而,替换"国有企业"标签的含义并不仅仅是重新解释标签的含义,还要求企业真正实行市场化经营模式,将国有企业打造成真正意义上的市场化经营主体。

## (二)采取渐进式的"进化"机制,形成吸引力更高的组织身份

具体而言,中国企业可以围绕两方面进行身份进化:

第一,围绕业务多元化进行身份进化,提高企业适应东道国环境变化的能力,保持竞争优势。具体而言,在身份进化之前,企业可以首先采用更抽象、包含更广泛含义的身份标签继承原身份标签(如用"个人科技产品公司"继承"个人电脑公司"),建立期望的未来身份。在此基础上,从战略、产品结构、组织架构等方面进行调整,为新标签增加新的含义。一种可行且快捷的身份进化策略是跨国并购。并购东道国当地的企业能够使企业快速进入新的市场领域,获得被广泛认可的品牌,为新身份标签增加与之匹配的含义,如联想通过并购摩托罗拉移动和IBM

的 X86 服务器业务来实现从"个人电脑公司"向"个人科技产品公司"的进化。然而,身份进化需要保持一定的连续性,防止过度变革而使企业丧失方向感与核心能力。

第二,围绕企业的"国籍"进行进化,即从"中国企业"进化为"国际企业",进而克服来源国劣势。为了降低负面的来源国形象对组织身份的"印记",中国企业可以通过塑造"国际企业"身份来淡化"中国企业"身份,降低利益相关者对"中国企业"身份标签的负面感知。塑造"国际企业"身份首先需要企业从认知层面做出改变,如具备全球化视野。与此同时,企业还需要从战略、流程、管理团队、组织架构等层面进行实质性变革。例如,联想为了变革为名副其实的"国际企业",在并购 IBM 个人电脑业务之后组建了多元化的管理团队,提高海外业务的比重,并对组织架构进行剧烈重组,这些实质性行为推动联想成为真正意义上的"国际企业"。

### (三) 针对企业发展需要,通过"增补"机制创造有价值的身份维度

具体而言,中国企业可以围绕两方面进行身份增补:

第一,围绕企业的核心能力进行身份增补。中国企业可以通过培育新的核心能力为企业增补新身份,为企业创造竞争优势。例如,"创新"是近年来中国企业增强国际竞争力的重要方式。然而,将"创新"作为身份特征并不是简单地仅从产品、技术等方面进行创新,更为重要的是要求企业将创新作为一种认知模式,指导企业的行为,并使企业差异化于竞争对手。

第二,围绕企业的外部声誉进行身份增补,获取利益相关者对中国企业存在的"合意性"感知。中国企业可以针对东道国的制度规范和利益相关者的偏好创造有吸引力的身份维度,如创造关系型导向和集体主义型导向的身份,向利益相关者呈现符合社会需求、值得大众期待的身份。例如,中国企业可以在东道国塑造"企业公民"身份,获取规范合法性。

### (四)提高积极身份维度的突出性,降低消极身份维度的突出性

对于国有企业而言,可以降低"国有企业"身份的突出性,提高诸如"上市公司""企业公民"等积极身份维度的突出性。例如,中远在美国市场不断提高"企业公民"身份的突出性,降低"国有企业"身份的突出性,从而在美国市场建立了良好的企业声誉。对于以产品为主的中国企业而言,可以提高核心能力、行业地位等身份维度的突出性,降低来源国身份维度的突出性,进而减弱来源国形象对组织身份的负面影响。

### (五)保持组织身份变革的连续性和一致性

本书研究表明,组织身份变革是一个持续的、渐进的过程,难以一蹴而就。例如,从"中国企业"变革为真正的"国际企业"就是一个持续的、漫长的过程,尽管很多企业采取了国际化战略进军海外市场,但由于国际化时间较短,核心业务仍然集中于国内,缺乏国际化人才,尤其是难以从认知层面真正实现国际化,导致企业难以变革为真正的"国际企业"。再如,"去低端化"的组织身份变革也是一个缓慢的过程,需要企业持续不断地进行研发投入(如联想、海尔及华为),才能真正变革组织身份。因此,中国企业在东道国市场进行身份变革时,应该保持组织身份变革的连续性和一致性,进而真正完成身份变革。

# 第六章
# 边界跨越与外来者劣势研究[①]

尽管在本书探讨了中国跨国企业如何通过组织身份意义给赋克服外来者劣势,但组织身份意义给赋在克服外来者劣势方面仍然存在两点不足:第一,组织身份意义给赋仅仅是跨国企业向东道国利益相关者沟通和传播企业的"组织身份"信息,而对其他企业信息关注较少;第二,外来者劣势不仅仅由东道国利益相关者不熟悉跨国企业引起,也是由跨国企业不熟悉东道国环境引起,而组织身份意义给赋仅仅关注跨国企业如何降低东道国利益相关者对跨国企业的不熟悉,难以弱化跨国企业对东道国环境的不熟悉危害。基于此,本章旨在探究跨国企业如何通过"边界跨越"策略克服"双向不熟悉"以及东道国利益相关者的歧视危害。

## 第一节 研究设计

### 一、研究方法

本章采用扎根理论研究方法,主要原因包含两点:①已有研究较多

---

[①] 本章的主要内容发表于《管理科学》2015年第2期,详见:杜晓君,杨勃,任晴阳.基于扎根理论的中国企业克服外来者劣势的边界跨越策略研究[J].管理科学,2015,28(2):12-26.

地采用定量研究法来阐释外来者劣势现象,定量研究方法在检验理论方面具有较强的优势,然而当现存理论框架不够完善、不能清晰解释现实中涌现出的新现象时,质性研究会更有优势;②扎根理论是质性研究的杰出代表,具有科学规范的操作流程,理论的产生扎根于现实数据,有助于产生贴近现实且稳健的理论。本章按照扎根理论的一般流程,在严谨的数据收集和分析基础上,通过开放性编码、主轴性编码和选择性编码构建中国企业克服外来者劣势的理论模型。

## 二、案例选择

本章遵循"理论抽样"原则选择案例,所选的案例要能够满足理论构建的需要。案例选择标准如下:

(1)典型性原则。选择能够集中反映中国企业在发达国家成功经营的典型案例。案例企业在东道国经营时间较长且获得一定的成功,只有经营时间较长且获得成功的企业才能刻画克服外来者劣势的过程。

(2)多样性原则。选择多样性案例可以提高研究结论的外部效度(Eisenhardt 和 Graebner,2007)。其一,进入的行业具有多样性;其二,从所有权结构看,既有国有企业,也有民营企业;其三,从国际化路径看,既有国际并购,也有绿地投资。

(3)数据可获得性原则。案例企业要能够获得可靠而充实的数据,保障研究结论的稳健性和完整性。在综合考虑目标国抽样和企业抽样原则后,本书最终选取4家在美国经营的企业作为研究对象,即联想、海尔、中远和万向。之所以确定美国作为目标国,还有如下几点考量:一是美国市场是发达国家最为典型的代表,也是近年来中国企业对外直接投资增速最快的市场之一;二是中国企业进入美国市场面临更高的外来者劣势;三是仅选择一个东道国市场可以控制国家层面的制度距离和文化差异这样的环境变量导致的变异,提高研究的内部效度。

### 三、数据来源

扎根理论是一种有效的基于质性资料构建理论模型的研究方法。为了最大限度降低质性数据的主观性特点，本章从多种渠道收集资料，相互印证，形成"证据三角形"，提高研究的信度和效度。

（1）企业官方网站。企业官方网站为我们提供了企业基本介绍、发展历程、企业年报、社会责任、企业新闻等基本信息，我们特别关注中国企业在东道国的官方网站。

（2）东道国和国内主流媒体对案例企业国际化经营的相关新闻报道。东道国媒体的选择标准为：①该媒体包含互联网在线网站，便于检索不同时间跨度的新闻报道；②为东道国主流媒体，权威性高、影响范围广泛。最终我们选择美国的《纽约时报》《华盛顿邮报》和《华尔街日报》等。通过这些媒体网站的搜索引擎，以企业名称为关键词进行搜索，通过阅读新闻标题的方式剔除与研究主题不相关的新闻。同时，使用百度搜索引擎搜索国内媒体新闻报道，以"企业名称+美国"为关键词进行搜索，通过浏览新闻标题，剔除与研究内容切题较少的新闻。整理所有新闻报道。

（3）网络上的企业家访谈视频。通过百度视频搜索引擎收集案例企业高层管理者的演讲和媒体访谈，通过阅读标题剔除与研究主题不相关的视频，将相关视频的语音内容转化为 Word 文档。

（4）通过中国知网，以"企业名称+美国"为关键词进行搜索，采取浏览标题和摘要的方式对文献进行筛选。

### 四、数据分析

#### （一）开放性编码

开放性编码是将所获得的数据逐步进行概念化和范畴化，用概念和范畴来正确反映数据内容，并把数据记录以及抽象出来的概念打破、揉碎并重新整合的过程。其中，概念化是将原始数据分解为一件件独立的故事、念头或事件并加以命名；范畴化是把看似与同一现象相关的概念聚拢成一类，并为范畴命名的过程。通过开放性编码，最终得到88个概念和15个副范畴，编码结果如表6-1所示。

表6-1 开放性编码形成的概念和范畴

| 编号 | 副范畴 | 概念 |
|---|---|---|
| 1 | 缺少东道国信息 | 主要是指中国企业缺少东道国制度文化知识和市场信息，具体包括：缺少东道国经营经验（6）、缺少政治法律知识（4）、缺少文化知识（4）、不熟悉消费者偏好（7）、缺少竞争者信息（8）、缺少供应商信息（5） |
| 2 | 缺少中国企业信息 | 主要是指东道国利益相关者不熟悉中国企业，缺少判断企业及其产品的信息，包括：缺少购买经验（8）、缺少品牌信息（6）、缺少产品信息（7）、企业身份模糊（3）、信息冲突（4） |
| 3 | 政治风险 | 主要是中国企业面临来自东道国政府的风险，包括：政府审查（15）、国家安全（9）、政府歧视（5）、法律风险（14）、意识形态差异（8）、政治关系（4）、中国威胁论（7）、企业所有权（10） |
| 4 | 民族中心主义 | 主要是指东道国消费者的民族主义情绪对外来的中国企业的负面对待，具体包括：保护本国产业（10）、种族歧视（6）、民族优越感（6）、爱国主义（4）、购买国货运动（3） |
| 5 | 缺乏信任 | 主要是指中国企业与内部和外部利益相关者建立关系面临的信任缺失，包括：商业道德（5）、诚信缺失（5）、员工认同感低（7）、员工与管理者的冲突（3）、员工流失（5）、客户流失（4）、价值观差异（7）、消费者保护协会诉讼（8）、不正当竞争（7）、供应商关系疏离（5） |
| 6 | 专业人才设置 | 主要指设置专业化的人才队伍进行信息采集、传递、解读等，主要包括：外派人员（4）、本土雇员（5）、信息采集（7）、高度专业化（14）、信息敏感度（11）、决策权转移（7）、国际化人才招聘（16）、专业培训（8） |
| 7 | 聘请外部顾问 | 主要是指聘请东道国本土的咨询公司进行信息收集和公关等活动，包括：聘请咨询公司（15）、法律顾问（18）、政府游说（10）、媒体公关（12） |
| 8 | 环境扫描 | 主要是指对东道国的宏观环境和市场环境进行扫描，包括：宏观环境扫描（政府态度、经济波动、宗教信仰、文化传统）（19）、市场环境扫描（消费者心理、竞争者战略、替代性产品、消费趋势）（30） |
| 9 | 产品策略 | 主要是指通过产品策略获取消费者偏好信息，并向消费者展示产品优势等措施，包括：产品多元化（产品种类丰富）（12）、区域选择（新产品投放的区域选择）（7）、产品创新（技术创新、设计创新）（10） |
| 10 | 信息内部整合 | 主要是指将外部信息与不同部门之间收集到的信息整合到企业内部的过程，实现部门间的信息交流、共享，具体包括：部门间信息整合（7）、内部沟通（8）、信息共享（8）、减少信息流转次数（4） |

续表

| 编号 | 副范畴 | 概念 |
|---|---|---|
| 11 | 品牌意义给赋 | 主要是指树立品牌形象，主要包括：品牌国际化（15）、品牌多元化（4）、广告风格（3）、赞助（赞助北京奥运会、NBA 等体育赛事）（17）、传播品牌故事（8）、树立品牌个性（3） |
| 12 | 企业社会责任 | 主要指中国企业通过积极承担社会责任来提升企业声誉，具体包括：社会公益投资（13）、产品安全责任（5）、环境保护（4）、产品售后服务（11）、经济贡献（14）、社会责任信息披露（7）、社区服务（6） |
| 13 | 名人效应 | 主要是指企业聘请美国当地知名人士担任顾问或名誉职位，或企业管理者获得东道国奖章，包括：聘请东道国名人（12）、企业家荣誉（17） |
| 14 | 第三方认证 | 指通过获得权威的第三方认证显示企业身份和产品品质，包括：产品质量认证（如微软 COA 认证、欧洲 CE 认证、加拿大 CAS 认证）（5）、产品环保认证（如德国莱茵 TUV 的绿色产品认证、美国 UL 环境金牌认证）（6）、产品安全认证（如 ETLEU 认证）（5） |
| 15 | 外部合法性 | 主要指企业获得利益相关者的认可和接受，主要包括：消费者好评（10）、媒体正面报道（8）、市场绩效（5）、供应商的信任（9）、与当地政府保持良好关系（5） |

注：概念后面的数字表示该概念包含的参考点数量。

## （二）主轴性编码

主轴性编码是将开放性编码中被分割的数据，通过类聚分析，在不同范畴之间建立关联。借鉴 Corbin 等（1990）的观点，对开放性编码得到的 88 个概念和 15 个副范畴进行反复比较，运用"条件—行动/互动策略—结果"这一典范模型，把各范畴联系起来，挑选与研究问题最相关的范畴形成主范畴，并分析主范畴与副范畴之间的关系。其中，条件是指某一现象发生的情境或原因，行动/互动策略是针对该情境所采取的管理、处理和执行的策略，结果是行动或互动的结果，且某一行动的结果可能成为下一行动的条件。例如，"缺少中国企业信息""品牌意义给赋""外部合法性"等 8 个副范畴可以在这一典范模型下整合为一条轴线：由于东道国利益相关者缺少中国企业的相关信息，中国企业面临政治风险和信任风险，即合法性缺失；为了应对合法性缺失，中国企业采取了品牌意义给赋、积极承担社会责任、聘请当地名人、获取第三方认证等策略向外界释放有利于企业的正面信息，从而获取了外部合法性。由于这一过程的主要目的是中国企业通过向外界释放正面信息来显示企业的合法性,因此我们将这一过程归纳为主范畴"有利的外部显示"。据此方法,我们将15个副范畴归纳到4个主范畴当中,编码结果如表6-2所示。

表6-2 主轴性编码形成的主范畴

| 主范畴 | 对应概念和副范畴 | | | 关系的内涵 |
|---|---|---|---|---|
| | 条件 | 行动/互动策略 | 结果 | |
| 信息缺失 | 缺少东道国经营经验、缺少购买经验等 | 无 | 缺少东道国信息、缺少中国企业信息 | 中国企业在东道国面临外来者劣势的一个重要来源是信息缺失,即:一方面,中国企业缺少东道国制度知识和市场信息;另一方面,东道国缺少评判中国企业及其产品的信息 |
| 合法性缺失 | 缺少中国企业信息 | 民族中心主义 | 政治风险、缺乏信任 | 中国企业面临的外来者劣势的另一来源是合法性缺失,即东道国利益相关者对中国企业的认可和接受程度较低,具体是指:东道国利益相关者缺少中国企业的信息,中国企业面临政治风险和缺乏信任等风险 |
| 信息内化 | 缺少东道国信息 | 专业人才设置、聘请外部顾问、环境扫描、产品策略 | 信息内部整合 | 信息内化是中国企业将东道国制度、文化和市场知识和信息传递到企业内部的过程,具体是指:鉴于中国企业缺少东道国信息,中国企业通过设置专业人才、聘请外部顾问、进行环境扫描活动和产品策略等活动收集东道国市场信息,实现了将外部环境信息整合到企业内部的过程 |
| 有利的外部显示 | 缺少中国企业信息、政治风险、缺乏信任 | 品牌意义给赋、企业社会责任、名人效应、第三方认证 | 外部合法性 | 有利的外部显示是中国企业主动向外部利益相关者释放有利于企业的信息来提高东道国对中国企业的正面感知、认可和支持,获取外部合法性的过程,具体是指:由于东道国利益相关者缺少中国企业的相关信息,在负面的来源国效应的影响下,中国企业面临政治风险和信任风险,即合法性缺失;为了应对合法性缺失,中国企业采取了品牌意义给赋、积极承担社会责任、聘请当地名人、获取第三方认证等策略向外界释放有利于企业的正面信息,从而获取了外部合法性 |

## （三）选择性编码

选择性编码是指选择核心范畴，将其系统地与其他范畴予以联系，并将之概念化和理论化。该过程的主要任务包括：识别出能够统领其他范畴的核心范畴，用所有资料及由此开发出来的范畴、关系等简明扼要说明全部现象，即开发故事线；继续开发范畴使其具有更细微、更完备的特征。通过对概念和范畴的不断比较、修正并寻找范畴之间的逻辑联系，我们发现，所有范畴可以分为两大类——"外来者劣势的来源"和"外来者劣势的克服策略"。

外来者劣势的来源包括主范畴"信息缺失"与"合法性缺失"，外来者劣势的克服策略包括主范畴"信息内化"和"有利的外部显示"。至此，我们归纳出这样一条故事线：一方面，为了克服信息缺失，中国企业采取了信息内化策略，通过设置专业人才、聘请外部顾问、环境扫描、产品策略、信息内部整合等策略将东道国信息传递到企业内部；另一方面，为了克服合法性缺失，中国企业采取有利的外部显示策略，通过品牌意义给赋、积极承担企业社会责任、名人效应、获取第三方认证等策略向外部利益相关者释放企业的正面信息，从而得到政府、消费者和供应商等各方对中国企业的认可和接受，获取外部合法性。

我们试图寻找一个能够囊括和反映信息内化和有利的外部显示之间本质联系的范畴作为核心范畴，在这个过程中涌现出了"边界跨越"这一概念。边界跨越是指跨越组织边界、使组织与其所处的环境相联系的一系列活动，其目的在于：①从环境中获取信息（即信息内化过程）；②将组织的信息传递到环境中（即外部显示过程），使组织与外部环境相联系。边界跨越的实质是促进组织和外部环境之间信息的双向流动和沟通，重点是信息跨越组织边界，在组织与环境之间进行高效率的交换。在本书中，无论是信息内化还是外部显示，都是信息跨越企业边界的活动。只是在信息内化过程中，信息是从环境进入企业内部的过程，而外部显示则是信息从企业内部进入环境的过程，信息流向如图6-1所示。

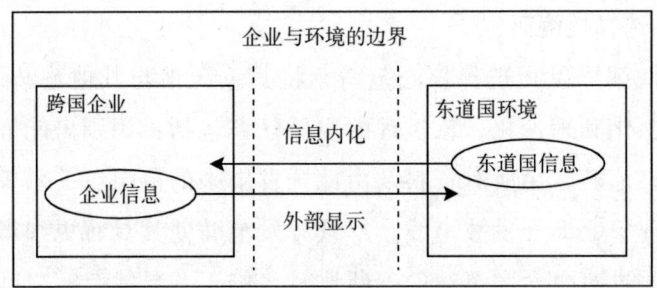

**图 6-1 边界跨越的信息流向**

注：尽管企业处于环境之中，但是为了清晰展示信息内化和外部显示过程中信息的流动方向，本图将企业置于环境之外，图中箭头表示信息的流动方向，虚线表示企业与环境之间的边界。

进一步分析，边界跨越作为外来者劣势的克服策略遵循了组织的开放系统视角，即作为"外来者"的中国企业缺少对东道国环境的根植性，而企业的生存和发展不仅取决于企业自身的发展，更重要的是处理好与东道国环境的关系，从环境中获取信息和资源。边界跨越的目的在于管理企业与环境的"接口"（interface），通过信息内化从环境中获取信息，通过外部显示获取东道国利益相关者的认可和支持，获取组织合法性。因此，边界跨越是克服外来者劣势的有效策略，本书将边界跨越作为核心范畴，统领其他范畴。

# 第二节 案例分析与研究发现

通过扎根理论的三级编码过程，本书识别出中国企业在发达国家市场面临外来者劣势的主要来源及其克服策略。外来者劣势的来源包括信息缺失与合法性缺失，外来者劣势的克服策略为边界跨越。边界跨越通过信息内化活动获取东道国知识和信息，克服不熟悉危害，通过有利的外部显示提高企业的合法性，克服歧视危害和关系危害。至此，本书构建了以"边界跨越"为核心范畴的外来者劣势克服策略理论模型，如

图 6-2 所示。接下来，我们将对该理论模型进行详细的阐述和分析。

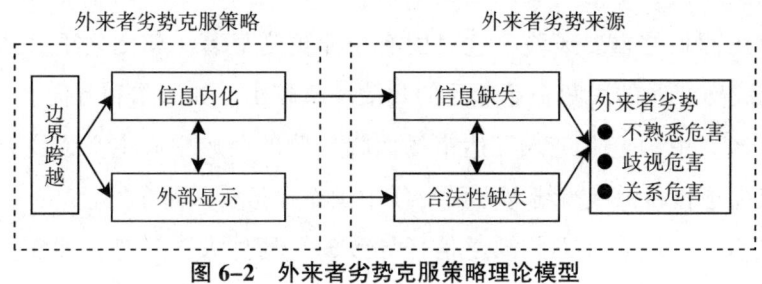

图 6-2 外来者劣势克服策略理论模型

## 一、外来者劣势的来源

根据扎根理论分析，中国企业面临的外来者劣势的主要来源包括信息缺失与合法性缺失两方面，导致中国企业在东道国市场面临不熟悉危害、歧视危害和关系危害。

### （一）信息缺失

信息缺失包括缺少东道国信息和缺少中国企业信息，反映了信息缺失呈现双向性：一方面，中国企业缺少东道国政治、法律、规范、文化、市场、消费者偏好等方面的知识和信息；另一方面，东道国利益相关者缺少中国企业的组织身份、品牌及产品等信息。

双向信息缺失对中国企业造成了不熟悉危害和歧视危害。一方面，缺少东道国信息使中国企业不能正确判断政府、供应商等利益相关者的行为模式，不能正确识别消费者的偏好，不能充分评估东道国的市场机会和环境变化；另一方面，东道国利益相关者缺少中国企业的信息，更倾向于依赖企业的来源国形象对中国企业的行为、可信度、声誉及产品品质等做出评估和决策，负面的来源国效应使中国企业面临歧视危害。

### （二）合法性缺失

组织合法性是组织被其所处的环境接受的程度，对组织的生存和成功起决定性作用。本书发现：

首先,中国企业在发达国家市场面临较高的合法性挑战,主要来自政治风险、民族中心主义以及缺乏信任。政治风险是中国企业进入发达国家市场面临的重要风险,这对国有企业更为显著。相比之下,进入非敏感和成熟产业的民营企业遭受的政治风险较小,如海尔和万向。

其次,中国企业进入发达市场面临显著的民族中心主义,主要表现为民族优越感和民族情绪等方面,使中国企业遭受歧视危害。

最后,中国企业面临缺乏信任导致的"局外人"劣势,即作为"外来者",中国企业较难与东道国利益相关者(供应商、员工等资源拥有者)建立信任关系。

合法性缺失导致中国企业面临歧视危害和关系危害。中国企业进入发达国家屡遭东道国政府的严格审查和区别对待,消费者对中国企业的产品持负面态度,购买意愿较低。而缺乏信任使中国企业面临较高的内部和外部关系危害,一方面,跨文化管理东道国员工提高了内部治理成本;另一方面,中国企业较难与东道国消费者、供应商等关键利益相关者建立信任关系,从而较难获取当地的资源。

### (三) 信息缺失与合法性缺失的关系

研究发现,信息缺失与合法性缺失之间具有相互加强的关系:一方面,信息缺失加重了合法性缺失,中国企业缺少东道国制度环境信息使其难以识别利益相关者的合法性要求,东道国利益相关者缺少中国企业的信息;另一方面,较低的合法性使中国企业面临更高的信息收集成本。这是因为信息的获取需要企业更好地嵌入东道国信息网络中,依靠与利益相关者建立良好的信任关系,而合法性缺失将阻碍中国企业与利益相关者建立信任关系并嵌入当地的信息网络中。

## 二、外来者劣势的克服机制

### (一) 边界跨越

组织与环境之间存在物质、心理和社会等方面的边界,阻碍了组织与环境之间信息交换。组织为了生存和发展，必须不断从事边界跨越活动，从环境中输入关键的信息，并将信息输出到环境中。边界跨越理论从组织边界视角研究组织与环境之间的相互关系，其核心思想是管理组织与环境之间的边界，通过信息调控加强组织与环境之间的信息交换，使信息在组织与环境之间保持对称性（欧阳桃花等，2012；杜荣等，2012）。Aldrich 等（1977）认为，在组织层面上，边界跨越有两个最主要的角色：信息处理（information processing）和外部显示（external representation）。第一个角色通过收集环境中的信息来帮助组织根据环境的变化而行动，第二个角色是组织通过向环境释放积极信息来维持合法性。本书通过扎根理论提炼出的两个主范畴——信息内化和有利的外部显示——在本质上与 Aldrich 等（1977）的研究一致，即中国企业通过边界跨越来学习东道国环境，获取外部合法性，进而克服外来者劣势。

由于不同国家在区域、制度和文化等方面存在差异，跨国企业进入东道国后，外来者身份使跨国企业与东道国环境之间的边界清晰可见，这种边界阻碍了跨国企业与东道国之间的信息交流。一方面，跨国企业不能嵌入东道国的制度环境和信息网络中，边界阻碍了其获取东道国信息的能力；另一方面，东道国利益相关者将跨国企业视为"外来者"，边界阻碍了跨国企业将自身信息传递到东道国环境中，导致跨国企业很难被东道国了解、认可和接受，面临合法性缺失。由此可见，跨国企业与东道国环境之间存在明显的边界隔离，使跨国企业面临由信息缺失与合法性缺失引致的外来者劣势。边界跨越策略的目的是帮助跨国企业克服与东道国环境之间的边界隔离。通过有效的信息内化和有利的外部显示两个角色来跨越企业与东道国环境之间的边界。信息内化将东道国信息传递到企业内部，帮助跨国企业学习异国经营环境，保持企业对环境变化的适应性；有利的外部显示通过向环境释放企业的积极信息，帮助跨国企业获取合法性，得到利益相关者的认可和支持。因此，边界跨越是跨国企业克服外来者劣势的有效策略。

## （二）信息内化

信息内化是指跨国企业将东道国外部环境信息内化到企业内部的过程，即对东道国的外部环境信息进行扫描、传输和吸收，减少企业对环境的不确定性，降低不熟悉危害。本书发现，中国企业通过以下几种边界跨越活动进行信息内化：①设置专业的边界跨越者，边界跨越者是推动边界跨越活动的主体，承担这一角色的既可以是企业内部成员、部门，也可以是外部组织，例如，海尔的售后服务部门通过与消费者直接接触，了解消费者的行为偏好和潜在需求，并将这些信息传递到企业决策部门，这一过程就体现了售后服务部门作为边界跨越者获取外部信息的过程；②聘请外部顾问，东道国当地的顾问公司更熟悉本国的政治和市场环境，能够快速、准确地为企业收集专业信息，因此，外部顾问充当了边界跨越者的角色；③环境扫描，即收集和分析东道国制度和市场环境信息，并将分析结果引入企业内部，指导决策；④产品策略，产品作为沟通企业与消费者的桥梁，充当了边界跨越载体的作用，例如，联想和海尔通过产品多元化策略来识别消费者偏好信息；⑤信息内部整合，通过信息内部整合，中国企业将外部环境信息整合到企业内部，提高了对东道国环境的信息储备。

信息内化活动可以有效降低跨国企业面临的不熟悉危害，帮助跨国企业学习陌生的东道国环境。信息内化的主要任务是设定与环境相适应的边界跨越角色体系，并进行环境扫描。中国企业同时借助企业内部人员和外部顾问作为边界跨越者。企业内部人员要求具备良好的沟通能力、专业化能力和信息敏感度，能够准确识别外部环境变化和消费者偏好等信息，增强企业与外部利益相关者的沟通和交流。聘请外部顾问是中国企业进入东道国初期，获取东道国信息的重要途径。案例数据显示，4家中国企业在进入东道国市场初期都聘请了多家当地的顾问公司来熟悉东道国环境。例如，联想在并购 IBM PC 前聘请了高盛公司、麦肯锡管理咨询公司、奥美公关公司等进行详尽的市场调查。通过这些顾问公司，联想可以快速、准确了解东道国市场环境和政治环境,降低了不熟悉危害。

### (三) 有利的外部显示

有利的外部显示是指跨国企业积极主动向东道国环境释放企业的正面信息来显示其合法性,其主要目的包括两方面:一是增加东道国利益相关者对跨国企业的认识和了解,降低信息不对称;二是获得利益相关者的认可和接受,从而获取组织合法性。

数据分析显示,中国企业采取以下边界跨越活动向东道国环境释放积极信息,显示企业的合法性:一是品牌意义给赋,向消费者传递品牌信息,提高品牌的正面形象,例如,联想借助从IBM获得的Think品牌提升联想品牌的知名度,海尔通过实施品牌战略提高企业形象;二是积极承担企业社会责任,展示企业增进社会福利、与东道国价值观保持一致的良好"公民"形象;三是借助名人效应,扩大企业的影响力和可信性,例如,中远在进入美国市场后聘请美国前国务卿黑格将军作为公司的名誉顾问,显示了中远的可信性;四是获取第三方认证,获得行业规范性认可,增加消费者判断企业及其产品的信息,提高企业的信誉。

合法性理论认为,跨国企业在东道国缺少合法性是因为东道国制度环境缺少正确理解、解释和评估跨国企业的信息,而中国企业通过向环境释放积极信息的外部显示活动可以减弱歧视危害,树立企业的外部形象,提高企业的合法性。

有利的外部显示帮助中国企业获取规范合法性和认知合法性,降低歧视危害和关系危害。第一,规范合法性来源于社会价值观和道德规范,当企业的行为有助于增进社会福利,符合广为接受的社会价值规范时就被认为具有规范合法性。中远通过积极承担社会责任,向美国民众释放企业增进社会福利、与东道国价值规范保持一致的信号。第二,认知合法性来源于有关特定事物或活动的知识的扩散,当一项活动被人们所熟悉时,它就具备了认知合法性。联想和海尔通过产品创新、品牌意义给赋以及获取权威的第三方认证向利益相关者传递企业品牌和产品信息,逐步改善了美国消费者长期以来认为中国企业制造的产品都是"低端产品""不安全产品"的刻板印象，创造新的认知合法性。

### （四）信息内化与外部显示的关系

信息内化与外部显示并不是两项独立的活动，而是一个相互依赖、相互促进的循环过程。

一方面，信息内化的目的是通过收集东道国信息帮助中国企业更好地了解陌生的东道国环境，更好地理解东道国制度文化，识别利益相关者的合法性期望，根据利益相关者的"期望"和"利益关切"来决定应该释放什么样的信息，以显示企业的"恰当性"与"合乎期望性"，从而提高企业的合法性。

另一方面，企业根据外部显示得到的反馈信息来决定应该进一步收集哪些信息，及时调整边界跨越人员结构和信息扫描范围，并进行下一步的外部显示活动。由此可见，信息内化和外部显示是相辅相成的，均有助于跨国企业克服信息缺失与合法性缺失。

## 第三节 案例讨论

边界跨越作为克服外来者劣势的理论视角既是对已有理论视角的继承，也是对已有理论视角的深化和拓展。在此，通过比较边界跨越与已有理论视角，进一步深化我们对边界跨越克服外来者劣势的理解。

### （一）边界跨越与信息不对称

基于信息不对称视角，重要信息在跨国企业与东道国之间的非均匀分布是外来者劣势的主要来源，跨国企业可以通过加强与东道国之间的双向信息沟通来降低外来者劣势。本书中边界跨越的核心思想与信息不对称视角的思想是一致的，然而也是对它的深化和补充。

首先，边界跨越理论为如何降低跨国企业和东道国之间的信息不对称提供了更具操作性的方法，即通过信息内化和外部显示来提高双方的信息交流和沟通，对跨国企业具有更强的实践指导意义。

其次，仅将信息不对称作为外来者劣势的主要来源显然不能深刻反映外来者劣势作为"结构的、关系的和制度的成本"这一深刻本质。信息不对称视角仅强调跨国企业通过向东道国消费者提供更多的产品信息来克服消费者的"母国偏好"现象，而边界跨越的目的不仅仅是向消费者提供产品信息，更为重要的目的是，通过外部显示活动获取包括政府、消费者、供应商和普通民众等利益相关者的认可和支持，获取组织合法性。

（二）边界跨越与组织合法性

基于制度理论视角，跨国企业面临外来者劣势的主要原因是难以在东道国获取合法性。合法性分为制度视角和战略视角（Suchman，1995；曾楚宏，2008），制度视角认为，外部制度建构了组织，决定了组织的产生和运作方式，组织必须适应外部制度压力来使自己看起来合乎常理并有意义，以此获取合法性。战略视角认为，合法性是一种能够帮助组织获取其他资源的重要资源（Suchman，1995），组织可以通过有效的战略管理来获取合法性，甚至创造新的合法性。根据制度视角，跨国企业在新的制度环境下需要采取与东道国制度环境要求一致的组织同构策略来获取合法性，降低外来者劣势水平。然而，组织同构对新兴经济体的跨国企业来说并不一定是获取合法性的可行路径。例如，中国企业在负面的来源国效应的影响下，即使采取同构策略也不一定能够获得东道国的认可和接受。这是因为发达国家长期以来对中国企业形成的刻板印象已经制度化，要改变这种认知模式首先要打破旧的认知模式，然后建立新的认知模式。因此，中国企业应该打破发达国家长期以来对中国企业的刻板印象，通过积极主动的合法化战略创造新的认知模式，才能真正获取合法性。

边界跨越通过信息内化和外部显示来帮助跨国企业在东道国获取合

法性：一方面，跨国企业通过信息内化活动来学习东道国制度环境的合法性要求；另一方面，跨国企业通过向东道国制度环境释放积极信息来增加东道国评判跨国企业的信息，影响利益相关者的感知，获得东道国制度环境的认可和接受。边界跨越策略在获取合法性方面既遵循制度视角，但更加强调采取战略视角。外部显示活动并不仅仅向利益相关者展示企业遵守东道国的规制和规范，更为重要的目的是，通过改变利益相关者固有的认知模式来创造新的认知合法性。此外，边界跨越策略是对其他外来者劣势克服策略的有益补充。例如，无论跨国企业是通过转移母公司特有竞争优势，还是通过构建关系网络来克服外来者劣势，边界跨越策略均可以提高企业实施这些策略的效率。例如，对东道国环境更熟悉的跨国企业更容易判断应该转移哪些资源和能力，拥有更高合法性的跨国企业更容易与东道国利益相关者建立信任关系。

## 第四节 本章结论与启示

### 一、研究结论

鉴于新兴经济体跨国企业国际化面临显著的外来者劣势，而理论界对新兴经济体跨国企业如何克服外来者劣势知之甚少，本章以中国跨国企业为研究对象，应用扎根理论研究方法，挖掘中国企业在发达国家如何克服外来者劣势，最终构建了以"边界跨越"为核心范畴的外来者劣势克服策略理论模型，得出以下结论：

（1）跨国企业面临的外来者劣势主要来源于信息缺失与合法性缺失，导致跨国企业面临不熟悉危害、歧视危害和关系危害。一方面，跨国企业不熟悉东道国制度、文化和市场环境，面临更高的决策风险；另一方面,东道国利益相关者不熟悉跨国企业,政治风险、民族中心主义等因素使跨国企业难以获取合法性。

(2)边界跨越是克服外来者劣势的有效策略。边界跨越策略的实质是信息跨越企业与东道国环境之间的边界,通过信息调控促进跨国企业和东道国外部环境之间的信息双向流动和沟通。一方面,通过信息内化将东道国环境信息传递到企业内部,降低跨国企业对东道国环境的不熟悉性;另一方面,通过外部显示将有利于跨国企业的信息传递到东道国环境中,提高跨国企业的合法性。

(3)信息内化有助于跨国企业获取东道国市场知识和信息,降低不熟悉危害。跨国企业通过信息内化活动对东道国的外部环境信息进行扫描、传输和吸收,减少企业对环境的不确定性,提高企业学习异国环境的能力。信息内化的具体策略包括设置边界跨越角色、聘请外部顾问、环境扫描、产品策略以及信息内部整合等。

(4)有利的外部显示有助于跨国企业在东道国获取规范和认知合法性,降低歧视危害和关系危害。跨国企业积极主动向东道国环境释放企业的正面信息,增加东道国利益相关者对跨国企业的认识和了解,进而获得利益相关者的认可和支持,获取组织合法性。外部显示的具体策略包括品牌意义给赋、承担企业社会责任、借助名人效应以及获取第三方认证等。

本章的主要理论贡献包括三个方面:

其一,丰富了外来者劣势克服策略研究的理论视角。本书为如何克服外来者劣势提出了新的理论视角,即边界跨越理论。跨国企业在新制度环境下的生存和发展依赖于与东道国环境的信息交流,边界跨越通过有效的信息内化和有利的外部显示两个角色来克服跨国企业面临的信息缺失与合法性缺失。

其二,深化了已有的外来者劣势理论视角。边界跨越理论视角既是对信息不对称理论视角与制度理论视角的继承,也是对这些理论视角的深化和补充。

其三，拓展了外来者劣势理论的研究情境。外来者劣势理论的产生和发展均基于对发达国家跨国企业的研究，然而新兴经济体跨国企业与发达国家企业在母国背景、国际化战略和企业资源能力等方面存在显著差异。因此，对外来者劣势理论进行情境化研究，一方面，将扩充现有以发达经济体跨国企业进入新兴经济体市场为背景的知识体系；另一方面，有助于新兴经济体跨国企业寻求克服外来者劣势的潜在策略工具，提升国际化经营绩效。

## 二、管理启示

近年来，中国企业的国际化步伐不断加快，然而中国企业在发达国家并未"走进去"，更难说"走上去"，一个重要的原因是面临显著的外来者劣势。本章构建了以边界跨越为核心范畴的外来者劣势克服策略理论模型，建议中国企业采取边界跨越策略克服外来者劣势：一方面，通过信息内化活动学习东道国的陌生环境，有效获取信息和市场知识；另一方面，通过有利的外部显示活动积极主动地获取合法性。研究结论为正在进行跨国经营以及后续"走出去"的中国企业提供以下对策建议：

### （一）构建有效的环境扫描系统

相比发达国家跨国企业，中国企业国际化起步较晚，缺乏海外经营经验，进入新的东道国市场面临较高不熟悉危害，即缺少东道国政治、法律、经济、文化等制度环境知识以及消费者偏好、市场需求等市场环境信息。中国企业可以通过构建有效的环境扫描系统获取东道国信息，具体措施可以分为两个方面。

1. 设置与环境相适应的边界跨越角色体系

边界跨越策略的目的是促进跨国企业与东道国环境之间的信息双向流动和沟通，因此，设置与环境相适应的边界跨越角色体系对边界跨越活动的成功实施至关重要。边界跨越角色体系的设置具体分为两个方面。

第一,优化海外人员配备结构。企业应根据具体的职位和区域选择合适的任职者,其核心是优化海外派驻人员与当地雇员的结构。外派人员更了解母公司的企业文化,有利于贯彻执行母公司对子公司的战略决策,并及时向母公司反馈子公司的经营状况,从而提高母子公司的信息沟通效率;而本土雇员更熟悉本国文化、市场、消费者偏好等特征,在选择销售和意义给赋人员上尽量选择东道国本土员工,从而有效地收集东道国市场信息。

第二,招聘和培训边界跨越人员。边界跨越人员作为管理组织与环境接口、进行信息内化与外部显示的"看门人",应该具备良好的外语水平、沟通能力和感知外部环境变化等专业化能力。因此企业可以选择具有海外工作或留学经历的人员充当边界跨越者,这类人员具有在多文化背景下的学习经历,能够更敏锐、更准确地感知环境的变化,更容易接触具有文化多样性的团体和组织。

2. 借助外部顾问,实施环境扫描

环境扫描是获取和利用外部环境信息以协助企业管理层制订未来的行动计划。由于中国特殊的国情,中国企业进入发达国家时常面临政治上的偏见和歧视,因此,中国企业在进入发达国家市场前首先要对东道国的政府态度和法律等宏观环境开展尽职调查。一种可行的方式是聘请东道国当地的专业调查机构和游说团体。例如,联想在并购 IBM PC 前聘请了高盛公司、麦肯锡管理咨询公司及奥美公关公司等当地公司进行详尽的市场调查和政府公关。这些外聘的咨询公司和公关公司充当了企业的边界跨越角色,帮助联想快速熟悉东道国环境。

(二)构建有利的外部显示机制

合法性缺失是中国企业在发达国家面临外来者劣势的主要来源,能否获取合法性是中国企业能否被东道国利益相关者认可和接受,能否在东道国获得成功的先决条件。然而,长期以来,中国企业对组织合法性建设缺少重视和投入。因此,"走出去"的中国企业应该充分认识到在东道国建立合法性的重要性,并采取战略视角积极主动获取合法性,甚至创造合法性。本书建议中国企业通过构建外部显示机制等边界跨越活动向外部利益相关者释放积极信息,改变东道国利益相关者的刻板印象和认知模式,获取组织合法性。

首先,注重企业品牌和形象建设。中国企业应该加强品牌意义给赋和形象建设,打破发达国家民众长期以来对中国企业的刻板印象,创造新的认知模式。例如,联想通过大力赞助北京奥运会、NBA等品牌意义给赋活动提升企业形象,向外界传递联想"创新"的产品理念和"国际化"的企业形象。

其次,积极承担企业社会责任。中国企业在东道国市场缺少合法性,较难与当地的利益相关者建立信任关系,面临较高的关系危害。而通过积极履行企业社会责任,中国企业可以与利益相关者建立交流机制,向利益相关者释放企业增进社会福利、与利益相关者的期望和社会价值规范保持一致的信息,树立企业的"公民"形象,获得利益相关者的认可。因此,中国企业可以通过积极承担社会责任,及时披露社会责任信息来获取规范合法性。

再次,借助东道国名人扩大企业的可信性和影响力。聘请东道国名人一方面帮助中国企业获取重要信息和外部资源,另一方面可以向外界显示中国企业的可信赖性,提高企业的认知合法性。

最后,获取第三方认证。合法化途径的已有研究发现,获取外部认证是提高组织合法性的重要途径。在东道国缺少判断中国企业及其产品价值和可靠性的必要信息时,第三方认证可以成为利益相关者判断企业质量和可靠性的工具。因此,中国企业可以通过获取第三方认证提高规范和认知合法性。

## 三、研究局限与未来展望

首先,本章仅选取4家大型企业、一个东道国市场作为研究对象,尽管这些案例具有典型性,且包含丰富的数据,然而研究结论是否可推广至中小企业和其他东道国还有待考证。

其次,案例数据仅包含二手数据,而且以质性数据为主。数据编码过程中研究者的主观性对研究结论也构成一定的影响。未来研究可以选用量化研究方法对研究结论进行实证检验,验证范畴和变量之间的关系,并对范畴的内涵和维度进行细化。

最后,鉴于扎根理论识别的范畴较多,本书并未对每个范畴进行详细的阐述。例如,已有研究对企业通过积极履行社会责任来提高合法性进行了丰富的研究,但较少有学者将研究范围扩展到跨国企业,同时,对名人效应、第三方认证和品牌意义给赋如何帮助跨国企业在东道国获取合法性也缺少研究,未来可以针对每一范畴与结果变量之间的关系进行更为细致的研究。

另外,边界跨越理论作为克服外来者劣势的新理论视角还存在很多值得继续探索的方向。边界跨越不仅仅局限于信息跨越企业与东道国环境边界的活动,也包括跨国企业母公司与海外子公司之间的边界跨越,或跨国企业子公司与东道国组织之间的边界跨越。例如,通过跨国企业内部网络之间的边界跨越活动可以提高母公司与海外子公司之间的知识和能力转移;通过海外子公司与东道国组织的边界跨越活动有助于跨国企业与东道国利益相关者建立更紧密的合作关系。这些边界跨越活动均可以降低跨国企业面临的外来者劣势,提高企业的经营绩效。因此,未来可以从跨国企业母公司和海外子公司之间的边界跨越、海外子公司与东道国利益相关者之间的边界跨越等方面进行研究。

# 第七章
# 跳板能力与来源国劣势研究

来源国劣势不仅是一种"基于合法性"的劣势(如由负面的来源国形象导致跨国企业的组织身份污名化,进而导致跨国企业难以在东道国获取合法性),也是一种"基于能力"的劣势(即母国制度缺陷对跨国企业的能力建构产生负面影响)。在第四章和第五章,本书主要探究"基于合法性"的来源国劣势,并未探究"基于能力"的来源国劣势。例如,新兴经济体普遍存在"制度缺陷"(如市场机制不完善、知识产权保护不力)和"资源约束"(如创新人才缺失、技术落后)导致新兴经济体跨国企业很难在母国制度环境下培育出优质的资源(如技术、品牌)与能力(如创新能力、品牌意义给赋能力、全球价值链提升能力)。因此,本章将从"能力"视角探究来源国劣势的形成机制及其克服机制(即"跳板能力")。需要指出的是,本章主要从理论层面探讨来源国劣势,并未对研究内容进行实证检验。

## 第一节 相关理论基础

近年来,从"跳板"视角(springboard perspective)研究新兴经济体跨国企业的逆向对外直接投资开始得到学术界的广泛关注(Luo 和 Tung,

2018/2007；He 和 Zhang，2018；Kotabe 和 Kothari，2016；Bae 等，2013；Li 等，2012）。跳板视角的核心观点是新兴经济体跨国企业可以将国际化扩张（尤其是逆向对外直接投资）作为快速获取海外战略资产、提升企业核心能力和全球竞争力的"跳板"。Luo 和 Tung（2018）认为，国际化"跳板"有助于跨国企业实现以下战略目标：一是获取海外战略资源来弥补企业自身能力缺失；二是弥补落后者劣势；三是利用其他国家的竞争优势和市场机会；四是减弱母国制度和市场约束（即克服来源国劣势）、并绕过发达国家的贸易壁垒；五是在战略资产收购后，凭借增强的能力和改善的国内基础，更好地与全球竞争对手竞争（Luo 和 Tung，2018，2007）。

从"跳板"视角和来源国劣势之间的关系看，尽管来源国劣势对新兴经济体跨国企业海外直接投资产生负面影响，但新兴经济体跨国企业也将逆向对外直接投资作为"跳板"弱化母国制度约束的重要战略行为。例如，Luo 和 Tung（2007/2018）认为，新兴经济体跨国企业也系统地（systematically）、迭代地（recursively）将国际化扩展作为"跳板"以减弱母国制度约束对企业的负面影响。换言之，国际化"跳板"是克服来源国劣势的重要途径。Bae 等（2013）认为，新兴经济体跨国企业可以将国际化扩张作为"规避"母国制度约束和市场约束的重要途径。He 和 Zhang（2018）基于"跳板"视角探究新兴经济体跨国企业如何应对负面的母国制度形象对并购交易产生的负面影响。从母国资源约束视角看，Luo 和 Tung（2018）认为，新兴经济体跨国企业通过获取外部资源来克服母国资源缺失。

尽管"跳板"视角是研究新兴经济体跨国企业逆向对外直接投资和来源国劣势的重要视角，但学术界较少关注企业实施"跳板"应该具备的能力，即"跳板能力"。本书将"跳板能力"定义为有助于新兴经济体跨国企业实施"跳板"活动、实现"跳板"目标的能力。例如，Luo 和 Tung（2017）认为，新兴经济体跨国企业在"跳板"过程中面临的重要挑战是如何有效将并购获得的海外资源转移、扩散并整合到企业中，这就要求新兴经济体跨国企业具备"跳板能力"（吴先明等，2018）。本书认为，仅仅是采取国际化扩张（如逆向并购发达国家企业）并不意味着新兴经济体跨国企业一定能够实现"跳板目标"。例如，很多新兴经济体跨国企业即使多次并购发达国家先进技术和著名品牌企业，也不能实现"战略资源获取、核心能力提升"目标，是因为企业缺乏技术吸收能力和资源整合能力（即缺乏"跳板能力"）。

Luo 和 Tung（2018）总结出三种"跳板能力"：一是"合并"（amalgamation）能力，即跨国企业创造性地整合内部已有资源和外部获取资源（如并购获得的技术、品牌），为全球成本敏感型消费者创造极具性价比优势的产品；二是"双元"（ambidexterity）能力，是指跨国企业同时利用两类看似矛盾的资源和能力，"高端获取资源"（如技术、品牌）和"低端已有优势"（如低成本优势）、同时借助对外直接投资进行"制度逃离"和"制度利用"（如在发展中国家不完善制度环境下经营）、同时协调/混合使用"模仿"和"创新"的能力；三是"适应"（adaptability）能力，即跨国企业应对快速变化的环境、在此动态竞争环境下抓取机会同时抵消威胁的能力，如快速的组织学习和吸收能力（Luo 和 Tung，2018）。从"跳板能力"与来源国劣势的关系看，具备跳板能力的企业更容易克服来源国劣势，因为这些企业能够借助机会识别能力、资源整合能力以及适应能力等减弱母国制度和资源约束。基于此，本书将从"跳板能力"归纳来源国劣势的克服机制。

## 第二节 基于"能力"视角的来源国劣势形成机制

来源国劣势不仅是一种"基于合法性"的劣势（主要由负面的制度形象引起），也是一种"基于能力"的劣势（主要由母国制度约束引起）（Ramachandran 和 Pant，2010；Marano 等，2017；Yu 和 Liu，2018）。本书认为，母国制度约束至少从三方面对中国跨国企业对外直接投资的能力产生负面影响。

第一，"母国制度约束"对跨国企业"创新能力"的负面影响机制。已有研究表明，母国制度环境越完善，企业的创新能力越强（Luo 和 Wang，2012；Un，2011；Cuervo-Cazurra，2011）。然而，新兴经济体普遍存在的知识产权保护不力、创新政策不完善对企业创新产生了负面影响（李新春和肖宵，2017）。另外，母国创新资源约束（如创新人才缺失、技术落后）也是降低中国企业创新能力的重要原因。创新的核心在于创新人才，来自"硅谷"的高科技公司（如谷歌、苹果等）拥有更强的创新能力，一个重要原因是"硅谷"拥有高质量的创新人才（Gertler 等，1995；Wang 等，2014；Chen 等，2019）。相反，新兴经济体往往缺乏创新人才，降低了企业的创新能力。

第二，"母国制度约束"和"负面的来源国形象"对跨国企业"品牌意义给赋能力"的负面影响机制。品牌意义给赋已经成为跨国企业国际竞争力的重要来源，然而，来源国劣势降低了中国企业的海外品牌意义给赋能力。国际市场意义给赋研究表明，品牌的来源国对品牌的价值产生深刻影响（汪涛等，2012）。来自发达国家的品牌更容易获得东道国消费者更积极的感知和评价，但来自新兴经济体的品牌常常被视为"低端品牌"的象征（Yu等，2008）。Amankwah-Amoah和Debrah（2017）认为，遭遇来源国劣势的企业往往被污名化，这使得企业很难培育和创建积极的品牌，也限制了企业在全球的品牌意义给赋能力。

第三，"母国制度约束"对跨国企业的"全球价值链解锁低端锁定"机制。跨国企业在全球价值链中的位置已经成为决定其国际竞争力的重要因素（黄琼和李娜娜，2018）。从来源国劣势视角看，导致新兴经济体跨国企业长期被"锁定"（be locked）在全球价值链低端环节的重要因素是母国制度环境对企业国际化发展产生的负面影响（Bartlett和Ghoshal，2000；Madhok和Keyhani，2012）。一方面，母国制度约束和资源约束导致新兴经济体跨国企业缺乏技术、品牌等优质资源，难以向全球价值链的两端迈进（Bartlett和Ghoshal，2000）；另一方面，由于母国技术水平、产业发展水平等约束，限制了企业全球价值链的"解锁"能力。Madhok和Keyhani（2012）认为，由于母国技术水平、产业发展水平较低，新兴经济体跨国企业缺乏提升价值链位置的资源和能力（如技术和品牌）。

## 第三节 基于"跳板能力"视角的来源国劣势克服机制

"跳板能力"是指有助于新兴经济体跨国企业实现跳板目标、克服来源国劣势的能力。本章主要关注两种"跳板能力"和机制："资源整合"能力与"双元融合创新"能力，这些"跳板能力"和机制有助于新兴经济体跨国企业减弱来源国劣势对其国际化能力产生的负面影响，提升企业创新能力、品牌意义给赋能力以及全球价值链解锁能力。

（1）"资源整合"（能力/机制）对来源国劣势的克服机制。并购后的资源整合能力是一种重要的"跳板能力"，尤其是在"后跳板"阶段，因为企业只有将并购资源进行有效整合，才能真正将资源转化为核心能力和竞争优势（Luo 和 Tung，2018）。具体而言，并购资源整合能够通过三个方面弱化来源国劣势对逆向对外直接投资能力的负面影响：

第一，并购资源整合有助于新兴经济体跨国企业获取发达国家创新资源和创新人才，提升企业创新潜力和创新能力，减弱来源国劣势对企业创新能力的负面影响。相比发达国家，新兴经济体普遍存在创新环境较差、创新人才缺失等环境约束（Ahlstrom 等，2014；Ramachandran 和 Pant，2010；Boisot 和 Meyer，2008），导致企业既缺乏"动力"开展创新活动，也缺乏"能力"实施创新。相比之下，并购资源整合有助于新兴经济体跨国企业获取发达国家创新资源，尤其是创新人才，提升企业创新能力。例如，吉利通过并购沃尔沃汽车快速获取沃尔沃汽车的研发团队和专利等创新资源；联想通过并购 IBM 个人电脑快速获取 IBM 位于美国罗利和日本大和的创新中心和研发团队。

第二，并购资源整合有助于新兴经济体跨国企业获取发达国家知名品牌，提升企业品牌意义赋能能力，减弱来源国劣势对企业品牌意义赋能能力的负面影响。例如，很多新兴经济体跨国企业将并购发达国家强势品牌作为提升品牌意义赋能能力的重要途径，如塔塔汽车并购捷豹和路虎、吉利并购沃尔沃汽车、海尔并购 GE 家电等。

第三，并购资源整合也有助于新兴经济体跨国企业实现全球价值链纵向整合，获取全球价值链高端资源，提升全球价值链解锁能力。

（2）"双元融合创新"能力对来源国劣势的克服机制。与"并购资源整合能力"相比，"双元融合创新能力"是一种更为高级的"跳板能力"，因为它不仅要求企业能够将海外资源整合到企业自身中，还要求企业在融合自身资源和海外资源的基础上实现创新，本书将这种融合自身优势资源和海外优势资源进行进一步创新的能力称为"双元融合创新能力"。

第一，"双元融合创新"能力能够帮助新兴经济体跨国企业同时将海外获取资源与企业自身优势资源进行融合创新，实现优势互补，提升企业创新能力，为企业创造新的、更高级的能力。"双元"（ambidexterity）能力是指企业同时实现两个完全不同甚至相互冲突目标的能力。Luo 和 Tung（2018）认为，双元能力是指采用跳板的跨国企业同时利用两类看似矛盾的资源和能力的能力，如融合"高端资源"（如技术、品牌）和"低端资源"（如低成本生产）的能力、融合"制度逃离"和"制度利用"的能力、融合"模仿"和"创新"的能力等。例如，尽管发达国家企业拥有技术、品牌等优势资源，但也存在生产成本高的劣势，而双元融合创新能够将发达国家企业高端资源与新兴经济体自身资源进行融合，为企业创造新的核心能力和竞争优势（Luo 和 Tung，2018）。

第二，"双元融合创新"能够推动新兴经济体跨国企业实现"能力升级"（capability upgrade）和能力"螺旋上升"（upward spiral），进而克服来源国劣势。Madhok 和 Keyhani（2012）认为，逆向跨国并购能够显著升级中国企业自身的能力。Luo 和 Tung（2018）认为，新兴经济体跨国企业的国际化"跳板"呈现"螺旋上升"的路径，不断向全球价值链的高端位置攀升，而推动跳板过程"螺旋上升"的动力在于不断融合海外资源和能力与自身资源和能力，创造新的、更强的能力。

尽管本章从理论层面对跳板能力与来源国劣势之间的关系进行了初步探讨，但并未对每一种跳板能力进行详细阐释，也未对研究内容进行实证研究。未来研究可以针对不同跳板能力探究来源国劣势的形成机制及其克服机制。

# 第八章
# 来源国劣势背景下组织身份落差与逆向跨国并购合法性研究[①]

本章对来源国劣势的研究情境进行扩展,探究来源国劣势背景下组织身份落差对中国企业逆向跨国并购(即并购发达国家企业)合法性的影响机制。第三章研究表明,负面的来源国形象常常导致中国企业的组织身份被污名化,进而导致中国企业的组织身份与发达国家被并企业之间的组织身份存在显著落差(即组织身份落差)。组织身份落差进一步对中国企业逆向跨国并购后的合法性产生负面影响,最终导致并购失败。本章主要探究组织身份落差对逆向跨国并购合法性的负面影响机制。

## 第一节 问题提出

逆向跨国并购是中国企业获取发达国家企业先进技术、知名品牌等战略性资源的重要途径(吴先明和苏志文,2014)。近年来中国企业跨国并购呈现一个重要现象,即以"蛇吞象"方式并购发达国家强势品牌。

---

[①] 本章的主要内容发表于《经济管理》2016年第9期,详见:杨勃,杜晓君,蔡灵莎.组织身份落差对跨国并购合法性的影响机制——基于上汽和TCL的探索性案例研究[J].经济管理,2016,38(9):76-88.

然而，弱势品牌并购强势品牌的跨国并购存在高失败率风险，尤其是在来源国劣势情境下。尽管针对跨国并购高失败率的成因，已有研究从丰富的理论视角进行了解释，但迄今为止，理论界对弱势品牌并购强势品牌的跨国并购存在的高失败率仍然缺乏有力的解释。导致这一理论缺口的原因至少有两点。

首先，从研究样本看，已有研究主要以发达国家跨国企业为研究对象，而对新兴经济体跨国企业的研究较少，尤其是在来源国劣势背景下新兴经济体跨国企业逆向并购发达国家强势品牌的案例。

其次，从研究视角看，已有研究主要从环境和技术层面解释跨国并购失败，较少从组织身份和并购合法性等认知层面对此进行解释。获取并购合法性是跨国并购取得成功的先决条件，而在影响并购合法性（尤其是内部合法性）的众多因素中，组织身份具有重要作用。

根据组织身份理论，跨国并购意味着两个原本具有独立组织身份的企业合并为一个组织。然而，由于并购双方的组织身份存在显著差异，会对并购产生负面的影响。尤其是在弱势品牌并购强势品牌的案例中，并购双方的组织身份不仅存在差异，还存在吸引力的落差。一般而言，弱势品牌企业的组织身份吸引力较低，而强势品牌企业的组织身份吸引力较高，两者之间形成了落差，本书将此称为"组织身份落差"（organizational identity gap）。本书认为，组织身份落差会对并购合法性产生负面影响，进而导致并购整合失败。本书的理论贡献是提出了"组织身份落差"这一新构念，并分析了组织身份落差对并购合法性的影响机制，为弱势品牌并购强势品牌失败的原因提出新的解释。

第八章 来源国劣势背景下组织身份落差与逆向跨国并购合法性研究

## 第二节 理论基础

### 一、跨国并购失败影响因素

导致跨国并购失败的原因是多方面的,根据这些因素来自企业外部还是企业内部,可以划分为两大类,即环境因素和组织因素。

#### (一) 环境因素

在环境因素研究中,学者们主要关注国家间的制度 (Erel 等, 2012; 杜晓君等, 2014)、文化 (Björkman 等, 2007; Aguilera-Caracuel 等, 2012; Sarala, 2010) 等环境差异对跨国并购的影响。与国内并购相比,跨国并购最为显著的特征就是跨越不同国家的制度、文化和市场环境,这些环境差异不可避免地影响并购。研究表明,国家间的制度差异 (也称制度距离,包括规制、规范和认知) 对跨国并购产生负面的影响 (Dikova 等, 2010)。较高的制度差异至少从两方面影响跨国并购,一是提高了并购双方之间的信息不对称,二是使跨国企业和并购难以获取东道国利益相关者的合法性认可。杜晓君等 (2014) 实证研究发现,制度距离对跨国并购绩效具有显著的负向影响。另外,国家间的文化差异也是导致跨国并购失败的重要因素之一,Rahahleh 和 Wei (2013) 的研究发现,国家间的文化距离提高了跨国并购失败的可能性。企业文化差异导致并购失败也得到了学者们的广泛研究 (Datta 和 Puia, 1995)。企业文化差异意味着并购双方存在不同的价值观、组织规范、管理风格、沟通机制等。研究表明,如果并购方与被并购方管理风格相似,将有利于并购后的吸收,而管理与领导层哲学的不一致性,会导致并购失败。Chaterjee 等 (1992) 的研究发现,两个管理团队的文化差异与收购方股票收益存在很强的负相关关系。

### (二) 组织因素

在组织因素方面,学者们主要关注人力资源整合、并购战略、并购经验等因素。

首先,并购后的人力资源整合失败是导致并购失败的重要因素,因为跨国并购后的人力资源整合面临多重障碍,如被并购员工的抵制、关键人才的流失等。缺少并购经验也是导致并购失败的重要原因,研究发现,拥有丰富并购经验的企业可以更好地在并购后整合双方资源,建立良好的国际形象,从而提升跨国并购绩效,而缺少并购经验的企业更容易在并购后出现失败(Zhu,2011)。

其次,战略失当也是导致并购失败的重要原因,研究发现,不正确的收购标准、低估并购成本、缺乏明确的发展规划等错误的并购战略是导致很多并购失败的重要原因。

## 二、组织身份与并购

近年来,学者们开始关注并购中的组织身份问题对并购整合和并购绩效的影响。

首先,研究表明,组织身份对并购的影响是深远的,因为并购暗示被并企业的组织身份会发生深刻改变,引发被并企业员工对于"作为组织,我们现在是谁""我们将成为谁"的深刻反思。

其次,在并购过程中,组织身份将呈现不稳定状态,如身份模糊和冲突(Corley 和 Gioia,2004),并对并购产生深刻影响。Dutton 和 Duke-rich(1991)研究发现,当组织外部成员对组织的看法与组织内部成员对组织的看法相矛盾时,组织内部成员就会质疑自身对于组织身份的信念,此时,组织身份呈现模糊和冲突状态,组织成员不能确定组织到底是谁,应该是谁。Clark 等(2010)在对两个相互竞争的医疗组织进行合并的研究中发现,并购导致组织身份模糊和困惑,诱发并购双方对合并后控制

第八章　来源国劣势背景下组织身份落差与逆向跨国并购合法性研究

权的担忧。Weber 等（2011）认为，并购后能否形成一个新的组织身份，被并购成员对并购的认同，调节文化冲突与被并购员工的态度和行为间的关系，进而影响并购的整合。Vaara 等（2002）研究发现，并购后采取不公平的整合策略会使处于弱势的一方感到被强行放弃自己之前的身份，从而导致被并购员工的抵制、离职和敌视等反应。

### 三、并购合法性

组织合法性是组织被其所处的外部环境接受和认可的程度（Suchman, 1995）。根据赋予合法性的主体来自于组织内部还是外部，组织合法性可以分为内部合法性和外部合法性。内部合法性是指组织内部利益相关者（如员工、管理者、股东等）对组织的认可和接受，如对组织的认同、支持等。外部合法性是指组织外部利益相关者（如政府部门、监管机构、公众、媒体以及金融机构等）对组织的认可和接受，包括规制、规范和认知合法性。在国际商务研究中，学者们重点关注国家之间的制度环境差异（或称制度距离）对跨国企业组织合法性的影响（Kostova 和 Zaheer, 1999）。根据制度理论，组织内嵌于国家特有的制度环境中，制度环境对组织合法性的建立具有重要影响。不同国家在制度环境方面呈现较大的差异，这些差异对跨国企业的国际化经营产生了深刻的影响，尤其是导致跨国企业难以在新的制度环境下建立合法性，从而面临外来者劣势（Eden 和 Miller, 2004）。然而，当跨国企业在新制度环境中运营时，组织合法性的建立尤为重要，它决定企业能否获得东道国利益相关者的认可和接受，能否获取关乎企业生存与发展的资源。

跨国并购作为企业国际化的一种重要方式，其能否成功同样需要获得东道国利益相关者的认可和接受，即获取并购合法性。并购合法性是指并购行为能否获得包括外部利益相关者（东道国政府、监管机构、公众等）和内部利益相关者（被并购企业员工、股东等）的认可和接受。根据赋予并购合法性的主体不同，并购合法性也可以分为内部合法性和外部合法性。已有研究表明，并购合法性对并购绩效具有积极的作用，而缺乏并购合法性将降低并购绩效，甚至导致并购失败。例如，杜晓君等（2014）对2004~2010年中国企业跨国并购的样本进行大样本实证检验，结果表明，合法性缺失对跨国并购绩效产生显著的负向影响。

## 四、简要评述和潜在研究机会

（1）尽管已有研究从丰富的理论视角探究跨国并购失败的影响因素，但这些研究主要关注环境和技术层面的因素，而较少关注组织身份和并购合法性等认知层面的因素，尤其是环境（如母国制度缺陷和负面的来源国形象）对组织身份与合法性的负面影响。事实上，跨国并购能否取得成功在很大程度上取决于被并企业员工对并购的合法性认可，而并购双方的组织身份落差可能会对并购合法性产生负面的影响。因此，本书试图从组织身份和并购合法性等视角解释跨国并购失败。

（2）尽管组织身份对并购的负面影响得到了学者们的关注，但已有研究主要关注组织身份模糊、冲突和差异等因素对并购的影响，鲜有学者考察并购双方的组织身份落差对并购合法性的影响机制。组织身份落差和组织身份落差是不同的概念，尤其是在弱势品牌并购强势品牌的案例中，主并企业的组织身份吸引力低，被并企业的组织身份吸引力高，两者之间呈现逆向落差。由于组织身份及其吸引力是影响被并企业员工态度和行为的重要因素，因此，本书认为组织身份落差对并购的影响机制与组织身份差异对并购的影响机制可能不同。

（3）获取并购合法性是跨国并购取得成功的前提，已有研究主要将跨国并购难以获取合法性归因于国家之间的制度差异，而本书将关注点从环境因素转移到企业的组织身份上，认为并购双方的身份落差也会对并购合法性产生影响。与此同时，已有研究主要关注跨国并购难以获取外部合法性，而较少关注被并企业员工对并购的合法性认可。事实上，并购后能否取得成功在很大程度上取决于被并企业员工的合法性认可。

鉴于此，本书试图探究跨国并购中组织身份落差对并购合法性的影响机制，进而打开跨国并购失败的"黑箱"。

# 第三节 研究设计

## 一、研究方法

本章选择探索性的案例研究方法，原因如下：

（1）当对所研究问题知之甚少或试图从一个全新角度切入时，案例研究将会非常有用。本书遵循"由案例研究构建理论"的科学范式，探究跨国并购中组织身份落差如何影响并购合法性。因此，选择案例研究方法最为恰当。

（2）与描述性和解释性的案例研究方法相比，探索性的案例研究旨在构建理论，构建扎根于现实的新理论，弥补已有理论存在的缺口。由于已有研究对组织身份落差如何影响跨国并购合法性缺乏理解，因此，本章选择探索性的案例研究方法。

## 二、案例选择

本章遵循"理论抽样"原则选择案例，选择两起以失败告终的中国企业跨国并购的案例，即上汽集团并购韩国双龙汽车公司及 TCL 并购法国汤姆逊彩电业务（见表8-1），具体原因如下：①满足理论构建的需要，能够解答研究问题。其一，两起并购均属于弱势品牌并购强势品牌的案例，并购双方均存在显著的身份落差，能够探究身份落差对并购合法性的影响机制；其二，两起并购最终均以失败告终，失败的案例能更深刻地揭示并购失败的原因。②两家企业进入不同的行业，不同的东道国市场，案例间的多样性能够提高研究结论的外部效度。③由于这两起并购从并购伊始到并购失败一直受到国内外媒体和学者的广泛关注，能够从多渠道收集数据，保障研究结论的稳健性。

表 8-1 样本企业描述

| 主并企业 | 上汽集团 | TCL |
| --- | --- | --- |
| 被并企业 | 双龙汽车公司 | 汤姆逊彩电业务 |
| 东道国 | 韩国 | 法国 |
| 并购时间 | 2004 年 | 2004 年 |
| 失败时间 | 2009 年 | 2007 年 |
| 被并企业简要描述 | 双龙汽车公司（简称双龙）是韩国第四大汽车制造商，主要生产高档豪华轿车、运动型多用途车（SUV）以及休闲车（RV），2003 年汽车销售量 14.66 万辆，有 12.5% 的韩国汽车市场占有率，具有独立的整车设计、研发能力以及拥有多家独家经销商的海外销售网络，在被上汽收购前有员工 7400 余名 | 法国汤姆逊集团是法国最大的国家企业集团，是全球四大消费类电子生产商之一，汤姆逊在彩电业务方面具有世界领先的核心技术和专利，被誉为"彩电鼻祖"，彩电业务在被 TCL 并购前一直处于亏损状态 |
| 并购过程简要描述 | 2004 年 10 月 28 日，上汽以 5 亿美元的价格收购韩国双龙 48.92% 的股权，但是在并购后，上汽就陷入了无休止的罢工风波中，2009 年 1 月 9 日上汽向有关部门申请企业"回生"流程，在韩国的法律体系中，回生程序仅次于破产，此次并购，上汽共损失资产约 30.76 亿元人民币 | 2004 年 1 月 29 日 TCL 与汤姆逊集团签署协议，组建全球最大的彩电供应商——TCL 汤姆逊电子公司（简称 TTE），收购汤姆逊彩电业务后，TTE 在 2005 年、2006 年连续两年亏损，2006 年终止在欧洲生产和销售 Thomson 品牌，汤姆逊开始从 TTE 撤资，2007 年 4 月，TTE 欧洲公司申请破产清算 |

资料来源：本书整理。

需要说明的是，尽管这两起并购从失败至今已经过去多年，但迄今为止理论界对这两起并购失败的原因仍然缺乏有力的解释。随着中国企业并购发达国家强势品牌的案例不断增多，对这两起典型的失败案例背后的原因进行深入解释能够为未来中国企业并购发达国家强势品牌提供管理启示。

## 三、数据来源

### (一)企业内部档案

内部档案主要包括企业的官方网站、对外新闻稿、企业家讲话和访谈视频以及相关书籍等。

首先,内部档案可以为分析管理者对组织身份的声明,包括企业的核心业务、宗旨、战略目标、核心价值观等。企业官方网站包含企业基本介绍、发展历程、新闻稿、年度报告等基本信息。其次,为了获取企业管理者对组织身份的定义和声明,本书收集企业家的讲话、访谈视频以及书籍。

### (二)企业外部档案

外部档案来源于网络,主要包括东道国和国内媒体的新闻报道。本书重点关注东道国主流媒体的新闻报道。

首先,选择东道国的主流媒体,且该媒体包含互联网在线网站,能够检索不同时间跨度的新闻报道。最终选择韩国的4家媒体和法国的3家媒体。通过这些媒体官方网站的搜索引擎,以企业名称为关键词进行搜索,通过阅读标题的方式剔除与本书不相关的新闻报道。

其次,收集国内主流新闻媒体对并购的新闻报道,从不同视角考察利益相关者对企业和并购的认识。

最后,通过中国知网收集与两起并购相关的学术论文。在数据收集过程中,建立案例数据库,根据不同来源对数据进行分类,并将所有的数据统一为Word格式,便于后续检索与编码。

## 四、数据分析

本章运用扎根理论方法对案例数据进行编码分析,从大量翔实的资料中从下往上建立实质理论。

## (一) 开放性编码

第一步,"概念化",标记原始数据中与组织身份和并购合法性相关的词句,尽量采用原始数据中的简单词语表达原意,一共建立 47 个概念。

第二步,"范畴化",把看似与同一现象相关的概念聚拢成一类,并为范畴命名,共建立 15 个范畴。

为提高研究的信度,本书仅保留在 2 个以上数据来源、两起并购案例都出现的概念,并剔除三个参考点以下的概念。最终编码结果如表 8-2 所示。

表 8-2 开放性编码形成的概念和副范畴

| 编号 | 副范畴 | 概念 |
|---|---|---|
| 1 | 身份差异 | 指并购双方企业组织身份之间的差异,包括:企业历史差异(3)、品牌形象差异(6)、技术差距(7)、产品形象差异(4)、企业国籍不同(6) |
| 2 | 身份比较 | 指被并企业员工对并购双方的身份进行比较,包括:产品比较(4)、品牌比较(3)、声誉比较(5)、技术比较(7) |
| 3 | 身份吸引力差距 | 指东道国员工和外界认为主并购方中国企业和东道国被并购企业的身份存在冲突,包括:身份吸引力差距(12) |
| 4 | 并购目的 | 指上汽并购双龙、TCL 并购汤姆逊彩电的目的,包括:获取先进技术(8)、提升研发能力(3)、培育自主品牌(4)、提升国际竞争力(7)、拓展海外业务(4) |
| 5 | 品牌价值威胁 | 指并购对被并企业品牌价值的威胁,包括:品牌价值受损(4) |
| 6 | 核心技术威胁 | 指并购可能导致被并企业核心技术流失,包括:一心获取技术(4)、积极推行国产化(6)、技术流失(3) |
| 7 | 企业国籍威胁 | 指并购导致被并企业的国籍可能发生改变,包括:成为一家"中国企业"(5) |
| 8 | 群体身份比较 | 指并购双方群体的身份差异,包括:并购后难以形成统一的身份(6) |
| 9 | 内群体偏私 | 主要是指东道国员工对原企业的认同和正面感知,而对母公司中国企业的认同缺失和负面感知,包括:对原企业的正面感知(19)、对中方企业的负面感知(16)、感知的群体差异(4) |
| 10 | 不确定性 | 指东道国员工对未来企业会成为谁的不确定和担忧,包括:裁员担忧(4)、职业发展前景不明(3)、企业发展前景(6) |
| 11 | 组织认同 | 指东道国员工和外界的组织认同,包括:对原企业的认同(12)、对母公司认同缺失(6)、对新企业认同缺失(11) |

续表

| 编号 | 副范畴 | 概念 |
|---|---|---|
| 12 | 外部形象受损 | 指新企业负面的外部形象，包括：负面的新闻报道（14）、身份污名化（8）、媒体歧视（5） |
| 13 | 群际信任 | 指被并购群体对中方管理群体的不信任，包括：对母公司的怀疑（6）、排斥中方管理者（6）、双方管理者的内部斗争（8）、解除子公司高管职务（5）、签署特别协议（3）、转移客户（9） |
| 14 | 群际冲突 | 指并购双方群体发生的冲突，包括：工会抵制（3）、工会罢工（8）、员工离职（6）、示威游行（4）、肢体冲突（3） |
| 15 | 负面的感知 | 指东道国民众对并购持有的负面态度，包括：对并购的负面感知（15）、民族中心主义（10）、民众对中国企业的负面态度（16） |

资料来源：本书整理。

## （二）主轴性编码

主轴性编码通过持续比较和类聚分析将开放性编码中被分割的概念和范畴归纳为主范畴。运用"条件—行动/互动—结果"这一典范模型，将15个副范畴归纳为5个主范畴。其中，"条件"是指某一现象发生的原因或情境，"行动/互动"策略是指针对该情境所采取的处理策略，"结果"是指行动或互动的结果，并且某一行动的结果可能成为下一行动的条件。主轴性编码结果如表8-3所示。

表8-3 主轴性编码形成的主范畴

| 主范畴 | 对应的副范畴 | | | 关系的内涵 |
|---|---|---|---|---|
| | 条件 | 行动策略 | 结果 | |
| 身份落差 | 身份差异 | 身份比较 | 身份吸引力差距 | 身份落差指并购双方组织身份吸引力的差距，具体而言：身份差异是身份落差产生的前提条件；身份差异导致身份落差需要经过身份比较这一过程；身份比较的结果是并购双方的组织身份吸引力存在差距 |
| 组织身份威胁 | 身份吸引力差距、并购目的 | 品牌价值威胁、核心技术威胁、企业国籍威胁 | 不确定性 | 组织身份威胁指并购对被并企业的组织身份产生的威胁感，具体而言：由于并购双方之间存在身份吸引力差距，主并企业并购被并企业的目的主要是获取品牌、技术等战略性资源，导致被并企业的身份威胁感 |

续表

| 主范畴 | 对应的副范畴 | | | 关系的内涵 |
|---|---|---|---|---|
| | 条件 | 行动策略 | 结果 | |
| 群体身份隔离 | 身份吸引力差距 | 群体身份比较 | 内群体偏私 | 群体身份隔离指并购双方群体之间出现的身份隔离状态，即难以形成一个统一的群体身份，具体而言：身份吸引力的差距引起被并企业群体进行身份比较；主并企业负面的组织身份引发被并企业员工的内群体偏私现象 |
| 个人身份受损 | 身份吸引力差距 | 外部形象受损 | 组织认同缺失 | 个人身份受损指被并企业员工的个人身份受到损害，具体而言：由于主并企业的组织身份吸引力低，不能为员工提供积极的社会身份，因此，员工对母公司缺乏认同感 |
| 并购合法性 | 群际信任、情感归属 | 群际冲突 | 负面的感知、整合受阻 | 并购合法性指并购获得被并企业员工的认可和支持，具体而言：由于组织身份威胁、内群体偏私和组织认同缺失，阻碍了并购双方在技术、人力资源等方面的有效整合，引发双方群体的群际信任缺失，进而降低了员工对并购的合法性认可和支持 |

数据来源：本书整理。

### （三）选择性编码

选择性编码是选择核心范畴，将其系统地与其他范畴予以联系，并将之概念化和理论化。该过程的主要任务包括识别出能够统领其他范畴的核心范畴，并开发故事线。数据分析表明，"身份落差"是引发"组织身份威胁""群体身份隔离"和"个人身份受损"的诱导因素，进而对"并购合法性"产生影响。因此，"组织身份落差对并购合法性的影响机制"能够囊括所有主范畴，本书将此归纳为核心范畴。至此，本书归纳出这样一条故事线：在跨国并购中，组织身份落差通过引发组织身份威胁、群体身份隔离和个人身份受损降低并购合法性。

# 第四节 案例分析与研究发现

通过数据分析，本书构建了组织身份落差对并购合法性的影响机制理论模型，如图 8-1 所示。该理论模型显示，组织身份落差分别从组织、群体和个体三个层面对并购合法性产生影响：

（1）在组织层面，由于主并企业属于弱势品牌企业，其组织身份吸引力低，而被并企业为强势品牌企业，其组织身份吸引力高，身份落差引发被并企业的身份威胁感，如品牌价值威胁、核心技术流失威胁等，进而降低并购合法性。

（2）在群体层面，组织身份落差使并购双方区分为"内群体"和"外群体"，引发群体之间的内群体偏私和外群体贬损现象，进而降低并购合法性。

（3）在个体层面，组织身份落差引发被并企业员工的个人身份受损感，导致被并企业员工对母公司缺乏组织认同，进而降低并购合法性。

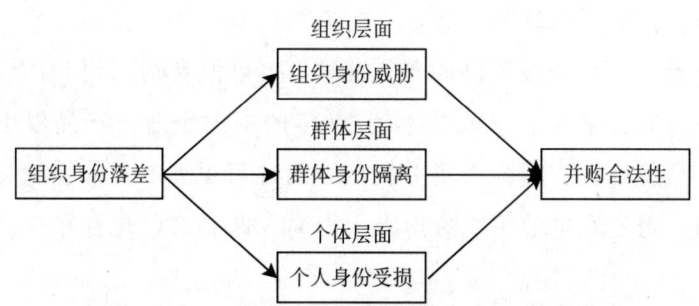

图 8-1　组织身份落差对并购合法性的影响机制理论模型

## 一、组织身份落差

组织身份落差是指并购双方组织身份吸引力的差距，即主并企业组织身份吸引力与被并企业组织身份吸引力之间的距离。当主并企业的组织身份吸引力低，被并企业的组织身份吸引力高时，两者之间呈现逆向身份落差，相反则呈现身份顺差。因此，组织身份落差包含身份逆差和身份顺差两类。本书中，上汽并购双龙和TCL并购汤姆逊彩电均属于弱势品牌并购强势品牌，即双龙和汤姆逊彩电的组织身份吸引力高，而上汽和TCL的组织身份吸引力低，因此，两起并购中组织身份落差均属于逆差。

组织身份落差主要由并购双方组织身份差异引起，并通过身份比较完成。组织身份差异表现在并购双方的产品、核心能力、外部声誉等方面。数据分析表明，上汽和双龙、TCL和汤姆逊彩电之间存在显著的身份差异。双龙汽车以生产高档SUV、豪华轿车和高级房车为主，拥有世界领先的核心技术，尤其是在SUV领域，双龙被誉为"全球最专业的SUV生产企业之一"。相比之下，上汽是以生产中低端轿车为主，在并购双龙之前，缺少自主品牌与核心能力。正如韩国媒体的报道："双龙汽车以生产豪华的SUV汽车和房车闻名于韩国和世界，而上汽汽车则是一家缺少自主品牌和核心技术的中国企业，生产普通轿车，研发能力较低。"身份比较的结果是，上汽的组织身份吸引力低，而双龙的组织身份吸引力高，两者之间存在显著的落差。在TCL的案例中，汤姆逊是全球领先的影视技术、产品和服务提供商，被誉为"彩电鼻祖"，拥有百年历史。相比之下，TCL则是一家成立不到30年的中国企业，产品以中低端为主，并且品牌价值在国际市场上较低。由此可见，TCL的组织身份吸引力低，而汤姆逊彩电的组织身份吸引力高，两者之间也存在较高的身份落差。

## 二、组织身份落差对并购合法性的影响机制

### （一）组织层面：组织身份威胁

数据分析表明，组织身份落差引发被并企业的组织身份威胁感，进

而降低并购合法性。并购是两个企业"合二为一"的过程，暗示被并企业的组织身份可能会被主并企业取代，导致被并企业的组织身份丧失。尤其是在弱势品牌并购强势品牌的并购中，主并企业并购被并企业的主要目的是获取对方的品牌、技术和人才等战略性资源，而独特的品牌、技术等核心特征是组织身份形成的基础，这就导致并购会对被并企业的组织身份产生威胁，具体表现在以下方面：

第一，品牌价值威胁。相比较于主并企业，被并企业具有更好的技术、品牌和外部形象，因此，并购导致被并企业员工担心自己企业的身份受到威胁。在上汽的案例中，员工对并购持负面的态度，因为与双龙作为高端品牌汽车公司相比，上汽是低端汽车制造商，员工担心并购会导致双龙的品牌价值受损，正如媒体的报道，"被一家发展中的汽车厂商收购，会使双龙在韩国的品牌价值大打折扣"。

第二，核心技术流失威胁。汤姆逊和双龙均在相关领域具有世界领先的核心技术，成为其区别于竞争对手的核心特征。相比之下，上汽和TCL则缺乏核心技术，而获取核心技术也正是上汽和TCL采取并购的主要目的。因此，由于并购双方的身份落差，被并企业担心并购导致核心技术流失，从而对其组织身份产生威胁。在上汽的案例中，双龙的工会担心双龙被收购后，生产设备与核心技术会被转移到中国，从而使双龙的品牌价值受损。上汽在并购双龙之后，尽管声明将双龙的核心技术保留在韩国，却在实际行动中积极推进双龙"国产化"，并在中国成立合资工厂，这让双龙的员工认为上汽并购双龙的目的是转移双龙的核心技术。

第三，企业血统威胁。企业血统是指企业的国籍身份。TCL在并购汤姆逊彩电之后，汤姆逊的员工对并购的认可和支持程度较低，因为他们担心并购之后新企业将完全按照中国企业的管理方式经营，丧失了其作为一家"法国公司"的身份。在TCL的案例中，媒体对汤姆逊彩电的身份表示担忧，认为并购可能威胁到汤姆逊彩电作为"法国企业"的身份，并"失去汤姆逊的血统"，正如媒体的报道："并购后的新公司可能完全成为一家'中国企业',而不是'法国企业'。"2006年11月,TCL宣布将多数欧洲生产业务转移到中国,这让TTE欧洲的员工感觉自己作为"法国公司"的身份被剥夺,而是一家"中国公司"。

组织身份威胁对并购合法性产生了负面影响,因为身份威胁感引起员工的不确定性。在TCL的案例中,身份威胁感导致汤姆逊彩电的核心技术人才流失,正如一位并购后离职的员工所言,"离开这个新成立的公司是因为我对未来新公司的发展方向不确定,对未来我的职业发展不确定"。在上汽并购双龙的案例中,员工的身份威胁感表现得更为明显,最终导致员工以罢工的形式要求上汽签署一份特别协议方案,保证并购之后保持双龙品牌和经营的独立性,并将双龙的研发机构保留在韩国国内。由此可见,组织身份落差引发的身份威胁感最终降低了东道国员工对并购的合法性认可,即员工对并购缺乏理解、认可和支持。

### (二)群体层面:群体身份隔离

并购本质上是外群体和内群体相互融合的过程,涉及两个群体之间的互动,即作为内群体的东道国被并购企业和作为外群体的跨国企业。然而,身份落差阻碍了并购双方的群体身份融合过程,导致并购双方的群体处于隔离状态,即并购后难以形成一个统一的群体身份,本书将此称为"群体身份隔离"。

已有研究认为,群体身份形成的基础是地域、性别、国籍和部门等边界,例如,同一企业内不同部门之间的群体在持续互动中形成了相对独立的群体身份。在跨国并购中,并购双方成员位于不同的国家,并购前双方企业具有独立的组织身份,由此产生了两个相互独立的群体,即主并企业群体和被并企业群体。例如,在上汽的案例中,东道国员工将自己看成是"双龙人",而将母公司管理者看成是"上汽人",这种区分"我们"与"他们"就是并购后出现的群体身份隔离现象。一般而言,随着并购整合的深入推进,并购双方群体会相互融合,最终形成一个统一的群体身份。然而,本书的数据表明,并购双方的身份落差阻碍了这种群体身份融合的过程，进而导致并购双方群体一直处于隔离状态，导致这一现象的主要原因包括：一是组织身份落差使得被并企业员工不愿意进行群体身份融合。例如，一名双龙员工在接受媒体的采访时说："尽管上汽集团是我们的第一大股东，但我并不认为自己是上汽的员工，上汽是一家低端汽车厂商。"二是中国与东道国之间的文化差异强化了身份落差与群体身份隔离之间的关系。

群体身份隔离导致被并企业员工的内群体偏私，进而降低了并购合法性。内群体偏私（in-group favoritism）是指在社会群体中，人们会主动去区分内群体和外群体，当人们认同自己的群体，就会给予内群体较高的评价，同时对外群体进行贬损，尤其是当内群体受到来自外群体的威胁时。并购本质上是外部群体与内部群体融为一个新组织的过程，当内群体成员认为自己的群体是好的，而对其外群体持消极评价时，将对并购产生负面的态度。这种认同差异降低了员工对并购的合法性支持，因为对原企业的认同导致员工的内群体偏私，而对母公司中国企业的负面感知引起了外群体贬损，集中表现为东道国员工不断表达出的"我们是我们，他们是他们""我们与他们是完全不同的两个企业"。另外，这种负面的比较也强化了员工对原企业的认同感，正如一位汤姆逊的员工在接受媒体的采访时所说："它（前汤姆逊彩电）拥有悠久的历史和独特的文化，是'彩电鼻祖'，是我们引以为豪的法国企业，这与新公司完全不同。"

### （三）个体层面：个人身份受损

组织身份落差不仅从组织层面和群体层面对并购合法性产生负面影响，同时也从个体层面降低并购合法性，因为组织身份落差导致被并企业员工的个人身份受损，进而降低了员工的组织认同。数据分析表明，组织身份落差从两方面损害了被并企业员工的个人身份：一方面，母公司的组织身份吸引力低，不能为员工提供积极的社会身份；另一方面，被弱势品牌企业并购，导致强势品牌企业的外部形象受损，进而损害了被并企业员工的个人身份。

基于社会身份理论（social identity theory），组织成员会根据组织的身份来定义个人身份。当感知的组织身份吸引力越高、外部形象越积极，能够满足组织成员的自我延续（self-continuity）（即组织身份与个人身份相似）、自我区别（self-distinctiveness）（即组织独有的特征满足成员定义自己独特的社会身份的需要）和自我强化（self-enhancement）（即组织有吸引力的身份可以提升组织成员的自我评价和自尊）的需求时，组织身份将能够为个人提供积极的社会身份，个体将对组织产生强烈的认同感。然而，在身份落差的情境下，主并企业的组织身份吸引力低于被并企业，导致主并企业不能为被并企业员工提供积极的社会身份。更为重要的是，被一家身份吸引力更低的企业收购，导致被并企业的外部形象受到损害，进而损害了员工的个人身份。从媒体的新闻报道可以看出，东道国媒体对并购大都持负面态度，并对并购后被并企业的发展持负面的预期。负面的媒体报道损害了被并企业的外部形象。例如，双龙被描述为"前景渺茫""濒临破产"等，TTE被描述为"失去汤姆逊的血统""持续亏损"。

个人身份受损降低了被并企业员工对并购的合法性认可和支持，因为个人身份受损降低了员工对母公司和新企业的组织认同，进而降低员工的情感归属与合作行为。已有研究认为，组织认同影响组织成员的情感（工作态度、对组织的评价、密切联系组织的意愿）和行为（合作、工作投入、组织公民行为）。强烈的组织认同使个人更倾向于协作的组织行为，增加满足组织需要的动机水平。相反，对母公司和并购后的新企业缺乏认同感，会使员工采取不利于企业的行为。

## 第五节 本章结论与启示

### 一、研究结论

已有研究对新兴经济体弱势品牌企业并购发达国家强势品牌企业存在的高失败率现象缺乏解释力。本章揭示来源国劣势背景下组织身份落差对并购合法性的影响机制,为解释跨国并购高失败率的成因提供新的理论解释。本章研究表明,组织身份落差对并购合法性的负面影响是导致并购失败的一个重要原因。具体而言,组织身份落差分别从组织、群体和个体三个层面影响并购合法性。在组织层面,组织身份落差威胁被并企业的组织身份,导致员工的身份威胁感,进而降低员工对并购的认可和支持。在群体层面,组织身份落差导致并购双方群体处于身份隔离状态,诱发被并企业员工的内群体偏私,导致并购双方群体难以形成统一的群体身份。在个体层面,组织身份落差损害被并企业员工的社会身份,降低员工的组织认同,进而降低并购合法性。

本章的理论贡献:

(1) 对跨国并购理论而言,已有研究主要关注环境和技术(如文化差异、整合方式等)等因素对并购的负面影响,本章表明,组织身份和并购合法性等认知层面的因素也是导致跨国并购失败的重要原因。组织身份落差引发的组织身份威胁、群体身份隔离和个人身份受损是降低并购合法性的重要原因。

(2) 对组织身份理论而言,本章提出"组织身份落差"构念。尽管组织身份差异对并购的影响开始得到了学者们的关注,但身份差异仅能够描述并购双方身份不同的绝对程度,而身份落差则能够描述并购双方身份的相对差异，具有方向性，身份逆差和身份顺差对并购的影响机制不同。因此，组织身份落差比组织身份差异能够更准确、更直接地反映组织身份对并购的影响，尤其是能够解释弱势品牌并购强势品牌失败的原因。

（3）对并购合法性而言，已有研究主要是从国家之间的制度、文化差异（外生性因素）解释跨国并购难以获取外部合法性，而本书从组织身份视角（内生性因素）揭示跨国并购难以获取内部合法性的内在机理，即并购合法性不仅受外生环境因素影响，也受组织身份影响，因此本章深化了对并购的内部合法性的理解。

## 二、管理启示

近年来，中国企业并购发达国家强势品牌的案例不断增多，然而，弱势品牌企业并购强势品牌企业之后往往难以实现有效整合，甚至出现并购失败，尤其是在来源国劣势背景下。本章研究表明，组织身份落差会对并购合法性产生负面影响。因此，降低身份落差的负面影响是提高并购成功率的关键因素之一。

**（一）缩小并购双方的身份落差**

本章研究表明，身份落差是降低并购合法性的重要原因，因此，中国企业需要提高自身组织身份的吸引力，进而缩小与强势品牌企业的身份落差。具体而言，中国企业可以采取以下措施缩小身份落差：

（1）进行组织身份变革。中国企业可以通过组织身份变革提高组织身份的吸引力，如提高产品质量、培育全球化品牌、提高组织声誉等。例如，中国企业常常被贴上"低端产品"的身份标签，在收购发达国家强势品牌企业时面临较大的身份落差。为此，中国企业可以从"低端产品制造商"变革"高端产品制造商"，缩短与被并企业之间的身份落差。

（2）强调组织身份的积极维度。组织身份包含多个维度，表现在组织的核心业务、竞争优势、企业文化等方面。中国企业可以通过强调并宣传企业积极的身份维度，提高东道国利益相关者对中国企业的正面感知。

## （二）保留被并企业组织身份的完整性

尽管提高自身组织身份吸引力、缩减身份落差是降低身份落差负面影响的根本途径，但组织身份变革是一个长期的、持续的过程，不能一蹴而就。因此，在短期内，中国企业可以采取保留被并企业组织身份的完整性来降低身份落差的负面影响。一种可行的方式是在并购后采取"身份分离"策略，即保持被并企业的组织身份与主并企业组织身份的分离，如保持被并企业与母公司在品牌、管理团队、组织架构等方面相互独立。例如，吉利在并购沃尔沃之后，宣称"吉利和沃尔沃是兄弟关系，而不是父子关系"。通过这种身份独立性的方式降低身份落差对并购合法性的负面影响。其一，身份分离能够降低被并企业组织身份的威胁感；其二，身份分离能够减弱并购双方群体的身份隔离感；其三，身份分离能够减弱被并企业员工的个人身份受损感。尽管身份分离策略能够降低身份落差的负面影响，但这一策略会降低并购双方的融合程度，使并购难以产生协同效应，因此，这一策略主要可以在并购整合初期和中期采用，而随着被并企业员工对并购的合法性提高，可以提高整合广度和深度，正如联想并购 IBM PC 采取的整合策略。

第九章

# 组织身份落差与中国企业逆向跨国并购后的组织身份管理模式研究[①]

第八章的研究表明,组织身份落差对中国企业跨国并购合法性产生负面影响,因此,如何降低组织身份落差带来的负面影响就成为中国企业跨国并购面临的重要任务。本章旨在探究中国企业如何在不同身份落差情境下管理并购双方的组织身份,进而弱化身份落差对并购合法性的负面影响,提升并购整合绩效。具体而言,本章采用探索性的多案例研究方法,归纳身份落差与身份管理模式之间的匹配关系及其内在机制。研究发现,在不同身份落差情境下,中国企业采取不同的身份管理模式:高强度身份逆差与"单一隔离型"管理模式匹配;低强度身份逆差与"双元联邦型"模式匹配;身份顺差与"统一吸收型"模式匹配。研究结论有助于中国企业更好地应对组织身份落差对跨国并购合法性产生的负面影响。

## 第一节 问题提出

党的十九大报告提出"培育具有全球竞争力的世界一流企业",为实现

---

[①] 本章的主要内容发表于《中国工业经济》,详见:杨勃,许晖. 中国企业逆向跨国并购后的组织身份管理模式研究——基于身份落差与管理模式的匹配视角[J]. 中国工业经济, 2020 (1): 155-173.

这一目标，很多中国企业将"逆向跨国并购"作为战略资产获取、核心能力升级、向世界一流企业迈进的"跳板"（吴先明和苏志文，2014；Luo 和 Tung，2018；谢洪明等，2019）。然而，与传统跨国并购相比，逆向跨国并购往往呈现"以弱并强"的独特特征（Oliveira 和 Rottig，2018；Sun，2018），导致并购双方的"组织身份"存在显著落差（杨勃等，2016；魏江和杨洋，2018）。组织身份落差对并购后的"组织身份管理"（即如何管理双方迥然不同且存在显著落差的身份、如何协调并购双方组织身份的关系）提出了严峻挑战，因为不恰当的身份管理模式会对被并企业的外部声誉、品牌价值、员工对待并购的态度等方面产生负面影响，甚至导致整合失败（如上汽并购双龙汽车）（杨勃等，2016）；相反，恰当的身份管理模式不仅能够降低身份落差带来的负面影响，还能促进并购整合，提升整合绩效（如吉利并购沃尔沃汽车）（魏江和杨洋，2018）。因此，探究中国企业逆向跨国并购后的组织身份管理模式具有重要的理论和现实意义。

然而，针对这一研究问题，已有研究却缺乏解释力，导致这一理论缺口的主要原因包括两方面：

（1）从并购阶段看，已有研究主要关注并购前的动因和并购交易阶段（He 和 Zhang，2018），而对并购后的目标企业管理与整合缺乏理解。事实上，中国企业最终能否借助逆向跨国并购提升核心竞争力，完成并购交易仅是第一步，更为重要的是，在并购交易后对目标企业进行有效管理和整合（Kale 和 Singh，2017）。

（2）即使关注并购交易后阶段的研究，也主要探究并购后的战略、品牌、文化、技术等方面的管理和整合（姚鹏等，2015），而对"组织身份管理"缺乏理解（杨勃等，2016；魏江和杨洋，2018）。事实上，组织身份管理在并购后的整合过程中扮演着关键角色，也是影响并购整合绩效的重要因素（布希基和金伯利，2010）。例如，任何并购活动都要求双方重新思考"我们现在是谁""我们未来将成为谁"（Maguire 和 Phillips，2008；Weber 和 Drori，2011），这些新的身份定位将决定并购后新企业的

第九章 组织身份落差与中国企业逆向跨国并购后的组织身份管理模式研究

发展方向、员工的身份认同及其对待并购的态度。更为重要的是，不同的身份管理模式将对并购后的战略、技术、品牌等方面的管理和整合产生不同影响（魏江和杨洋，2018），进而对整合绩效产生不同影响。尽管如此，已有研究对新兴经济体企业逆向跨国并购后的组织身份管理模式缺乏理解。

为弥补上述理论缺口，本章将聚焦于"并购后阶段"，探究逆向跨国并购后的组织身份管理模式。与已有研究主要遵循"单一"的身份管理模式不同，本章从"权变视角"探究不同身份落差情境与身份管理模式之间的匹配关系。本章的理论贡献是以新兴经济体企业的逆向跨国并购为研究情境，构建逆向跨国并购后的组织身份管理理论，进而丰富和扩展逆向跨国并购、组织身份管理相关理论。此外，本书对中国企业如何在逆向跨国并购后选择恰当的身份管理模式、提升并购整合绩效具有启示意义。

# 第二节 研究设计

## 一、研究方法

本书首先采用探索性的跨案例研究方法探究身份落差与身份管理模式之间的匹配关系及其内在机制，原因如下：

（1）已有研究对组织身份落差如何影响逆向跨国并购后的组织身份管理模式选择缺乏理解，这就决定本书属于探索性的理论建构型研究（Eisenhardt，1989）。

（2）本书旨在探索"为什么"中国企业在不同身份落差情境下采取不同的身份管理模式，以及企业"如何"实现每种管理模式，而案例研究方法在探究"为什么"(解释原因)和"如何"(探究内在机制和过程)这类问题上具有显著优势(Yin，2009)。

(3)跨案例研究设计能够通过比较不同案例的差异性归纳更为复杂、丰富或对立的理论模式，有助于识别不同身份落差与身份管理模式的差异性及其匹配关系。

## 二、案例选择

本书遵循"理论抽样"原则选择案例(Eisenhardt，1989)，具体标准如下：

(1)并购双方存在身份落差，并且不同并购之间的身份落差强度和方向、并购后的身份管理模式存在差异性，进而有助于归纳身份落差与身份管理模式之间的匹配关系。根据身份落差的方向和强度，本书将所有案例分为三组，分别是"高强度身份逆差""低强度身份逆差"和"身份顺差"。由于在后续的案例研究中，身份顺差样本在强度上没有明显差异，因此本书并未区分"高强度身份顺差"和"低强度身份顺差"，而是将其统称为"身份顺差"。

(2)多样性原则，即所选案例在所处行业、并购时间、目标东道国等方面呈现多样性特征，提高研究结论的普适性。

(3)数据可获得性原则，即所选案例能够从多渠道获得较为充裕的数据，保障研究的可行性和研究结论的稳健性。

根据上述标准，本章最终选择9起中国企业跨国并购案例。

第一组案例属于高强度身份逆差，即东道国被并企业的组织身份吸引力显著高于中国企业，包括吉利并购沃尔沃汽车、三一重工并购普茨迈斯特、中国化工并购先正达。例如，作为中低端汽车公司，吉利与高端豪华汽车公司沃尔沃的组织身份吸引力存在显著差距。

第二组案例属于低强度身份逆差，即并购双方的组织身份各有优势，但整体而言，中国企业的组织身份吸引力仍然低于被并企业，包括联想

# 第九章 组织身份落差与中国企业逆向跨国并购后的组织身份管理模式研究

并购摩托罗拉移动手机业务、海尔并购 GE 家电、腾讯并购 Supercell。例如，GE 家电是全球著名高端家电品牌，组织身份吸引力高于海尔，但海尔已经连续多年成为全球家电第一品牌，其组织身份也具有较强的吸引力，因此两者的身份逆差强度显著低于第一组案例。

与前两组案例均属于身份逆差不同，第三组案例属于身份顺差，即中国企业的组织身份吸引力高于东道国被并企业，包括海新集团并购荷兰 Unilight、阿里巴巴并购美国 Auctiva 和 Vendio、东软集团并购 ISG 公司。例如，阿里巴巴在全球知名度、品牌价值、企业规模等方面均高于 Auctiva 和 Vendio。

### 三、数据来源

（1）并购协议和并购声明。并购协议和声明是并购后企业向内外部利益相关者阐释并购交易细则、并购后如何管理被并企业、如何处理并购双方的组织身份、战略、业务、管理团队、发展方向等关键信息的"官方"渠道。因此，并购协议和声明是归纳并购后组织身份管理模式的重要数据来源。

（2）高层管理者的讲话和访谈记录。为了弥补一手数据缺失的不足，本书广泛收集企业高层管理者的讲话、访谈视频等信息。高层管理者在并购后往往会发表与并购相关的讲话，或接受媒体访谈，向东道国员工和外部利益相关者声明并购后如何处理双方组织身份的关系。因此，这些讲话和访谈有助于进一步归纳并购后的组织身份管理模式。

（3）企业官方网站。企业官网是企业向外披露信息的主要渠道，本书特别关注案例企业在东道国市场的官方网站。

（4）国内外主流媒体新闻报道，包括《纽约时报》《金融时报》《华尔街日报》等国外主流媒体和国内主流新闻媒体，通过对主流媒体新闻报道进行分析，归纳并购双方的组织身份落差，如企业声誉、品牌价值、核心能力等方面的差距。

## 第三节 案例分析与研究发现

通过对三组案例进行持续比较分析，本书研究发现，在不同身份落差情境下中国企业采取不同的身份管理模式；换言之，不同身份落差与并购后的身份管理模式之间存在匹配关系：

（1）当身份落差处于高强度逆差时（即发达国家被并企业的组织身份吸引力显著高于中国企业），中国企业在并购后采取"单一隔离型"身份管理模式，"特意"将并购双方的组织身份进行隔离，如吉利并购沃尔沃汽车。

（2）当身份落差处于低强度逆差时（即发达国家被并企业的组织身份吸引力略高于中国企业），中国企业采取"双元联邦型"身份管理模式，一方面保持并购双方的历史身份相对独立和完整，另一方面创造一个新的"共享身份"（shared identity），使双方的历史身份均被囊括在共享身份之内，从而实现组织身份的"双元"管理，如海尔并购 GE 家电。

（3）当身份落差处于顺差时（即中国企业的组织身份吸引力高于发达国家被并企业），中国企业采取"统一吸收型"身份管理模式，将被并企业的组织身份逐步融入中国企业的组织身份当中，其历史身份逐渐消失，如阿里巴巴并购 Auctiva。

（4）不同身份落差与管理模式之间的匹配原因、特征与实现机制（身份话语建构、业务运营、权力关系、象征行为）等方面存在显著差异。如图 9-1 所示。

# 第九章 组织身份落差与中国企业逆向跨国并购后的组织身份管理模式研究

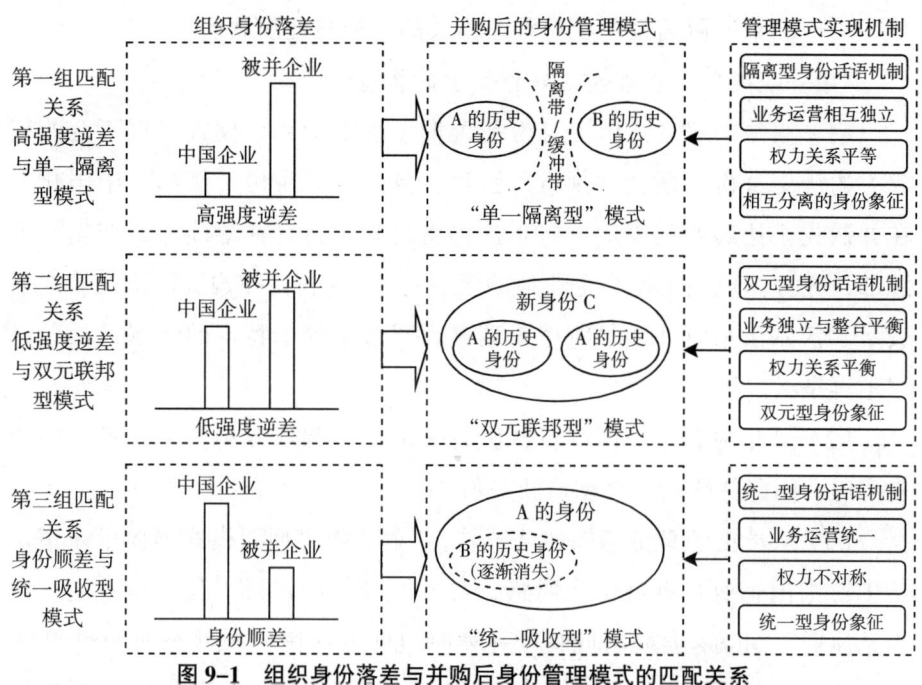

图 9-1 组织身份落差与并购后身份管理模式的匹配关系

## 一、高强度身份逆差与"单一隔离型"身份管理模式的匹配关系

高强度身份逆差是指中国企业的组织身份吸引力显著低于发达国家被并企业，具体表现在企业声誉、品牌价值、核心能力、企业历史等方面。例如，在品牌价值方面，吉利与沃尔沃汽车存在显著差距，正如媒体所言"吉利是低端汽车品牌，沃尔沃是豪华汽车品牌，双方存在巨大差距"；在企业声誉方面，普茨迈斯特被誉为"混凝土机械制造业历史上最伟大的公司"，三一重工与其存在显著差距。进一步对并购后的身份管理模式进行分析发现，在高强度身份逆差情境下案例企业更倾向于采取"单一隔离型"身份管理模式，特意保持并购双方的组织身份相互隔离、互不影响。

## (一)"单一隔离型"身份管理模式的特征与匹配原因

"单一隔离型"管理模式具有三个显著特征:

(1) 从并购双方的历史身份是否发生改变看,该模式不仅不会改变双方的历史身份,还会"刻意"强化各自的历史身份。例如,中国化工在并购先正达后明确表示"先正达仍将是先正达,并继续保留在瑞士的总部,充分体现瑞士作为企业地的吸引力";吉利在并购沃尔沃汽车之后表示"沃尔沃来自北欧,耕植于瑞典,离开了这个特定的土壤,沃尔沃将不再是沃尔沃"。

(2) 从并购后是否创造新身份看,由于并购双方仍然采用各自的历史身份,因此并购后不会创造新身份。

(3) 从员工的身份感知和认同看,"单一隔离型"模式不要求东道国员工对中国企业具有身份认同感,常见的身份认知是"我们是我们,他们是他们""我们与他们是两家不同的企业"。

进一步的数据分析表明,中国企业在高强度身份逆差情境下采用"单一隔离型"模式的原因主要包括"对内"和"对外"两方面。对内而言,采用"单一隔离型"模式的原因有三点:

(1) 降低身份逆差带来的"身份威胁感"。中国企业逆向跨国并购的主要目的是获取被并企业的品牌、技术等,并借助被并企业的外部声誉提升企业自身声誉,而独特的品牌、技术、声誉是组织身份形成的基础,这导致并购与身份落差会对被并企业的身份产生威胁。与此相对应,采用"单一隔离型"管理模式则能够最大限度地维持被并企业的品牌、技术和声誉,进而降低身份威胁感。

(2) 维持东道国员工的组织认同。"单一隔离型"模式充分维持东道国员工对其历史身份的认同,不要求东道国员工对中国企业产生认同感,进而降低并购对员工组织认同产生的负面影响。

(3) 最大限度地降低并购对被并企业核心能力、组织惯例、文化产生的破坏,维持被并企业的竞争优势。例如,中国化工并购先正达后采

第九章　组织身份落差与中国企业逆向跨国并购后的组织身份管理模式研究

取"单一隔离型"模式的原因是"把对（先正达）运营的中断和执行的风险降到了最低水平"。对外而言，采用"单一隔离型"模式的主要目的是防止身份逆差对被并企业的外部声誉和品牌价值产生负面影响，同时维持被并企业原有的社会网络关系。例如，吉利并购沃尔沃汽车后明确表示将保持沃尔沃汽车的瑞典"血统"和高端品牌形象，防止消费者因为吉利品牌而对沃尔沃品牌产生负面评价。

（二）"单一隔离型"管理模式的实现机制

进一步对组织身份管理模式的实现机制进行分析发现，案例企业通过对"身份话语建构""业务运营""权力关系""象征行为"等方面进行管理来实现"单一隔离型"身份管理模式。

（1）在身份话语建构方面，"单一隔离型"模式要求并购后明确声明双方的组织身份将完全保持独立和分离。例如，吉利并购沃尔沃汽车之后李书福就明确表示"吉利是吉利，沃尔沃是沃尔沃""两者是兄弟关系，而非父子关系"。

（2）在业务运营方面，"单一隔离型"模式要求并购双方最大限度地保持独立运营、互不干扰，仅在非常有限的领域（如技术合作、新产品开发等）进行较低程度的整合和协同。例如，三一并购普茨迈斯特后"普茨迈斯特仍将保持独立运作，三一重工仍将专注于开拓中国国内中低端市场，而普茨迈斯特则继续保持其在高端市场的地位"。

（3）在权力关系方面，"单一隔离型"模式要求并购双方在权力和地位方面保持平等。例如，吉利将并购沃尔沃汽车框定为"平等合作"，而非"收购"。

（4）在象征行为方面，并购后释放双方身份相互"隔离"的信号，如将被并企业的总部保留在母国，强调各自的企业历史；并购双方均按照各自的企业名称和品牌开展业务等。基于上述分析，本书提出：

**命题1**：高强度身份逆差与"单一隔离型"身份管理模式匹配；匹配原因包括对内降低身份威胁感、维持东道国员工身份认同等，对外维持被并企业声誉和品牌价值、网络关系等；"单一隔离型"模式的实现机制包括相互独立的身份话语建构和业务运营、平等的权利关系、隔离的象征行为等。

## 二、低强度身份逆差与"双元联邦型"身份管理模式的匹配关系

与高强度身份逆差相比，低强度身份逆差是指尽管中国企业的组织身份吸引力低于发达国家被并企业，但两者的差距较低，显著低于高强度逆差。例如，GE家电是全球著名高端大型家电公司，其组织身份吸引力高于海尔，但海尔也连续多年成为全球白色家电第一品牌，在全球的知名度也较高，因此，两者的身份逆差强度显著低于吉利与沃尔沃汽车之间的逆差。进一步对并购后的身份管理模式进行分析发现，案例企业在低强度身份逆差情境下更倾向于采取"双元联邦型"身份管理模式，即一方面维持双方历史身份相对独立和完整，另一方面也在并购后创造一个新的共享身份，囊括并购前双方的历史身份，从而实现组织身份的"双元"管理。

### （一）"双元联邦型"管理模式的特征与匹配原因

国家层面的"联邦制"是指由两个或两个以上政治实体结合而成的一种"复合制"国家结构，每个联邦实体相对独立，但同时归属于中央政府。本书中的"双元联邦型"管理模式在内涵上与联邦制国家类似，是指并购后，一方面保留双方的历史身份相对独立和完整，但另一方面也创造一个新的共享身份，使双方共同归属于共享身份（布希基和金伯利，2010）。

"双元联邦型"模式具有三个特征：

（1）从并购双方的历史身份是否发生改变看，并购后较为完整地保留双方历史身份（身份A和身份B）。例如，腾讯在并购Supercell之后较为完整地保留了Supercell的历史身份，并未对其进行重大调整。

(2) 从并购后是否创造新身份看,"双元联邦型"模式在并购后会创造一个全新的共享身份(身份 C),使双方的历史身份都与该身份相关联,并被囊括在新身份之中。例如,海尔并购 GE 家电后创造"全球家电领导者"新身份,并将该身份作为并购双方的共同身份。因此,与"单一隔离型"模式相比,尽管"双元联邦型"模式也需要保留双方的历史身份,但不同之处在于该模式还需要创造一个更为广泛的新身份。从身份层次看,"双元联邦型"模式包含两个层次的身份:并购双方的历史身份属于较低层次的身份;共享身份属于更高层次的身份。

(3) 从并购后员工的身份感知和认同看,"双元联邦型"模式既要求员工将自己视为相对独立的组织,又要求员工认同共享的新身份,如"我们是我们,他们是他们,但我们与他们同属一家企业"。

数据分析表明,案例企业在低强度逆差情境下采用"双元联邦型"模式的原因主要包括三方面:

(1) "双元联邦型"模式有助于并购双方在"身份分离"与"身份整合"之间保持最佳平衡。一方面,由于中国企业在声誉、品牌价值等方面与被并企业仍然存在一定差距,保留被并企业的身份能够维持其声誉、品牌价值以及员工的组织认同;但另一方面,由于身份逆差处于较低水平,中国企业也可以对双方的身份进行一定程度的整合(即创造共享新身份),因为较低程度的身份整合不会严重损害被并企业的声誉和品牌价值。更为重要的是,创造新的共享身份有助于为并购双方创造共同愿景,进而为后续的深度整合创造条件。

(2) "双元联邦型"模式允许并购双方在保持历史身份相对独立的同时,在其他非身份领域进行较为广泛的整合与协同。例如,与"单一隔离型"模式要求最大限度降低整合不同,"双元联邦型"模式允许并购双方在业务、流程、产品、文化等方面进行适度整合,提高并购后的协同效应,如海尔在并购 GE 家电之后对两者的产品和业务活动进行适度整合。因此,"双元联邦型"模式有助于解决已有并购整合过程中的"自治—协调"困境。

（3）"双元联邦型"模式既能够通过保留历史身份维持东道国员工的组织认同，又能够通过创造共享新身份为双方员工创造共同愿景，促使东道国员工逐步对母公司产生一定的认同感，即实现双元身份认同。

**（二）"双元联邦型"管理模式的实现机制**

与"单一隔离型"模式相比，"双元联邦型"模式的实现机制更为复杂，其最大的特点是寻求"平衡"，即在身份话语建构、业务运营、权力关系、象征行为等方面保持"分离"和"整合"相平衡。

（1）在话语建构上，"双元联邦型"模式不仅强调保持双方的历史身份相对独立，同时也向外声明新的共享身份，将双方的历史身份囊括在共享身份之内。例如，海尔并购 GE 家电之后，一方面声明将充分保持 GE 家电的高端品牌形象，另一方面也为双方创造新的共享身份，即"共同缔造一个名副其实的全球领导者"。

（2）在业务运营方面，"双元联邦型"模式实行"双元平衡运营模式"，即一方面要求并购双方在业务运营上保持相对独立，另一方面要求双方在很多业务领域上共同运营，产生并购协同效应。

（3）在权力关系方面，"双元联邦型"模式要求双方保持权力相对平衡，既给予被并企业自治权力，也强调母公司地位。

（4）在象征行为方面，"双元联邦型"模式既要体现被并企业的身份相对独立和完整（如保留总部和品牌），又要体现被并企业将成为母公司的一员。例如，联想并购摩托罗拉移动业务之后，一方面保留摩托罗拉的品牌，但同时将其 Logo 从"a Google company"变为"a Lenovo company"。

基于上述分析，本书提出：

**命题 2**：低强度身份逆差与"双元联邦型"身份管理模式匹配；匹配原因是在身份分离与身份整合之间保持最佳平衡，既保持被并企业的外部声誉和品牌价值，同时也促进身份协同和整合，促使东道国员工实现双元身份认同；"双元联邦型"模式的实现机制包括构建双元身份话语、

第九章 组织身份落差与中国企业逆向跨国并购后的组织身份管理模式研究

在业务独立和整合上保持平衡、维持相对平衡的权力关系、向外释放双元型身份信号等。

## 三、身份顺差与"统一吸收型"身份管理模式的匹配关系

尽管在逆向跨国并购中,中国企业的组织身份吸引力常常低于发达国家被并企业,但也有很多逆向跨国并购属于身份顺差情境,即中国企业的组织身份吸引力高于发达国家被并企业(如全球知名度更高、核心能力更强),本书将其定义为"身份顺差"。案例研究发现,当身份落差处于顺差时,中国企业倾向于采取"统一吸收型"的身份管理模式,即将被并企业的历史身份逐步融入到中国企业的组织身份之中,最终实现身份统一管理。

### (一)"统一吸收型"管理模式的特征与匹配原因

"统一吸收型"模式包括三个特征:

(1)从并购双方的历史身份是否发生改变看,与"单一隔离型"和"双元联邦型"模式均保留被并企业的历史身份不同,"统一吸收型"模式则在并购后将被并企业的身份融入到母公司身份之中,其历史身份逐渐消失。

(2)从并购后是否创造新身份看,"统一吸收型"模式不会在并购后创造全新的身份,并购后将母公司的身份作为被并企业的新身份。

(3)从并购后员工的身份感知和认同看,并购后东道国员工将成为母公司的成员,并认同母公司。尽管如此,与传统"殖民型"模式相比,"统一吸收型"模式并不会对被并企业的组织身份进行"快速"改变和剥夺,而是"逐渐"将其融入到母公司身份之内。与此同时,与传统"殖民型"模式相比,"统一吸收型"模式也会给予被并企业一定的自主经营权力。例如,东软并购ISG之后将其作为东软的组成部门,并以东软的名义向外开展业务,但也给予ISG一定的自主经营权。

数据分析表明,中国企业在身份顺差情境下采用"统一吸收型"模

式的原因主要包括两方面：

（1）由于中国企业的组织身份在很多维度上更具吸引力，因此，将被并企业的身份融入到母公司之中并不会对被并企业的声誉、品牌价值、员工认同以及外部社会网络造成较大的负面影响。例如，布希基和金伯利（2010）认为，当主并企业的组织身份吸引力更高、能够为被并企业提供更具吸引力的身份时，被并企业甚至更愿意主动放弃自己的历史身份。

（2）采取"统一吸收型"模式有助于中国企业对被并企业进行深度整合，实现全球统一运营，降低运营成本。

## （二）"统一吸收型"模式的实现机制

与"单一隔离型"和"双元联邦型"模式相比，"统一吸收型"模式最终将被并企业的身份融入到主并企业身份之中，其历史身份逐渐消失，这就要求并购双方在身份话语建构、业务运营、权力关系和象征行为等方面均以母公司作为主导。

（1）在话语建构上，并购后的身份声明常常表示被并企业的组织身份将会被整合到母公司之中，其历史身份将消失。从东道国员工的身份认同看，并购后东道国员工归属于母公司，并认同母公司的组织身份。

（2）在业务运营方面，"统一吸收型"模式要求被并企业的业务与母公司保持一致，由母公司统一管理。例如，东软并购 ISG 之后，ISG 的战略将完全服从于东软的全球整体战略。

（3）在权力关系方面，并购双方呈现高度不对称状态，即主并企业拥有绝对控制权，而被并企业处于"服从"地位。

（4）在象征行为方面，"统一吸收型"模式往往将被并企业的总部转移到母公司，并且被并企业将不再以自己的公司名称与外界开展业务，如新海集团在并购 Unilight 之后将其公司名称注销，以母公司名称开展业务。基于上述分析，本书提出：

**命题3**：身份顺差与"统一吸收型"身份管理模式匹配；匹配原因是主并企业组织身份的吸引力更高，将被并企业的身份融入到母公司并不

第九章 组织身份落差与中国企业逆向跨国并购后的组织身份管理模式研究

会对被并企业的声誉和品牌价值产生负面影响;"统一吸收型"身份管理模式的实现机制包括构建统一的身份话语,将被并企业的业务整合到母公司之中,母公司在权力关系中处于主导地位,并向外释放被并企业融入到母公司的信号。

## 四、三组匹配关系的比较

为了系统理解三组身份落差与管理模式匹配关系的差异性,本书进一步对三组匹配关系进行系统比较,如表9-1所示。

表9-1 三组匹配关系之间的比较

| 组织身份管理模式 | | "单一隔离型"模式 | "双元联邦型"模式 | "统一吸收型"模式 |
|---|---|---|---|---|
| 匹配的身份落差情境 | | 高强度身份逆差 | 低强度身份逆差 | 身份顺差 |
| 身份分离和整合程度 | | 分离程度最高、整合程度最低 | 在分离和整合之间保持平衡 | 整合程度最高,分离程度最低 |
| 模式特征 | 历史身份 | 双方的历史身份均不改变 | 均不改变,但同时创造新的共享身份 | 被并企业的身份逐渐改变和消失 |
| | 身份创造 | 不创造新身份,沿用历史身份 | 创造新的共享身份 | 不创造新身份,使用母公司身份 |
| | 身份认同 | 单一身份认同,各自认同自己 | 双元身份认同 | 单一身份认同,仅认同母公司 |
| 匹配原因 | 对内原因 | 降低身份威胁感、维持被并企业员工的组织认同、维持被并企业核心能力 | 在"身份分离"与"身份整合"之间保持最佳平衡 | 身份顺差能够为员工提供更积极的个人身份 |
| | 对外原因 | 维持被并企业的声誉、品牌价值以及外部社会网络关系 | 一方面维持被并企业的外部声誉和品牌价值,另一方面实现身份协同与整合 | 以统一的身份与外部利益相关者建立网络关系,降低运营成本 |
| 实现机制 | 话语建构 | 明确的身份独立声明 | 既强调身份独立,又强调共享身份 | 明确的身份统一声明 |
| | 业务运营 | 最大限度独立运营,但也会采取共同研发、合作等整合活动 | "双元平衡运营":部分业务独立、部分业务整合 | 统一运营,服从母公司整体经营战略,但保留部分自治业务 |
| | 权力关系 | 权力对称(平等、合作) | 权力平衡 | 权力不对称(母公司为主导) |
| | 象征行为 | 保留总部、强调各自历史 | 保留总部,但强调共同的未来 | 以母公司名义开展业务 |

资料来源:本书整理。

从匹配关系看,"单一隔离型"管理模式适用于高强度身份逆差情境;"双元联邦型"模式适用于低强度身份逆差情境;"统一吸收型"模式则适用于身份顺差情境。

从特征看,"单一隔离型"模式完全保留双方的历史身份,也不要求被并企业员工认同中国企业;"双元联邦型"模式虽然也不会改变并购双方的历史身份,但会创造一个新的共享身份,从而使员工形成"双元身份认同";"统一吸收型"模式则会对被并企业的历史身份进行整合,其历史身份逐渐融入到主并企业身份中。

从匹配原因看,"单一隔离型"模式旨在最大限度地降低高强度身份逆差带来的负面影响,降低身份威胁感,维持被并企业的声誉和品牌价值;"双元联邦型"模式则试图在身份分离和整合之间保持最佳平衡,既维持被并企业的声誉和品牌价值,又促进适度整合;"统一吸收型"模式则不会受到身份落差带来的负面影响,同时能够降低运营成本。

从实现机制看,三种管理模式也存在显著差异:

(1)在身份话语建构方面,"单一隔离型"模式强调"我们是我们,他们是他们""我们与他们是完全不同的企业";"双元联邦型"模式则强调"我们是我们,他们是他们,但我们和他们同属一家企业";"统一吸收型"模式则明确表示被并企业"将完全归属于母公司"。

(2)在业务运营方面,"单一隔离型"模式要求最大限度地保持相互独立,仅在少数领域开展合作;"双元联邦型"模式允许双方进行更广泛的业务整合,但也相对独立;"统一吸收型"模式则由母公司实施统一的经营战略。

(3)在权力关系方面,"单一隔离型"模式呈现权力平等特征;"双元联邦型"模式要求双方保持权力平衡;"统一吸收型"模式则呈现较高的权力不对称。

(4)在象征行为方面,"单一隔离型"模式常常向外释放两家企业"完全不同"的信号;"双元联邦型"模式在保持相对独立的同时也强调双方拥有"共同的未来";"统一吸收型"模式则向外释放被并企业已经融入母公司的信号。

## 五、整合性理论模型构建

基于上述研究,本章构建逆向跨国并购后组织身份管理模式的整合性理论模型,如图9-2所示。从图9-2可见,决定逆向跨国并购后组织身份管理模式选择的主要因素是并购双方的身份落差强度和方向;身份落差与身份管理模式之间存在较强的匹配关系;匹配原因包括"对内"(如身份威胁、身份认同)和"对外"(如企业声誉、品牌价值、网络关系)等方面;身份管理模式的实现机制包括"话语建构""业务运营""权力关系""象征行为"等方面。

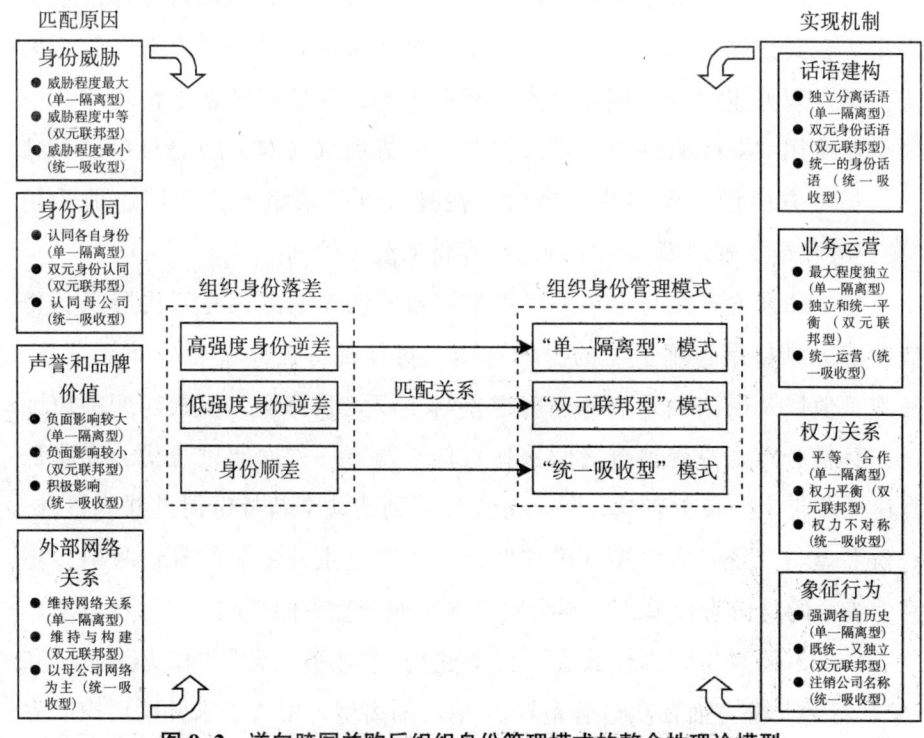

图9-2 逆向跨国并购后组织身份管理模式的整合性理论模型

## 第四节 本章结论与启示

### 一、研究结论

伴随新兴经济体企业逆向跨国并购的迅猛发展,并购后如何恰当管理双方迥然不同且存在显著落差的组织身份已经成为学术界和实业界亟待解决的问题。本章采用探索性案例研究方法探究身份落差与身份管理模式之间的匹配关系,得出以下研究结论:

(1)组织身份落差是决定逆向跨国并购后身份管理模式选择的重要因素。在高强度身份逆差情境下,中国企业采用"单一隔离型"管理模式,维持双方组织身份相互分离、互不干涉;在低强度逆差情境下,中国企业采用"双元联邦型"管理模式,一方面维持双方历史身份相对独立,另一方面创造新的共享身份;在身份顺差情境下,中国企业采用"统一吸收型"管理模式,实现组织身份的统一管理。

(2)高强度逆差与"单一隔离型"模式匹配的原因是对内降低身份威胁感、维持东道国员工的身份认同,对外维持被并企业的外部声誉、品牌价值以及网络关系;低强度逆差与"双元联邦型"模式匹配的原因是在身份分离和身份整合之间保持最佳平衡,一方面通过身份分离降低身份逆差带来的负面影响,另一方面通过创造共享新身份促进并购整合;身份顺差与"统一吸收型"模式匹配的原因是主并企业的身份吸引力更高,统一的身份管理模式并不会对被并企业产生负面影响。

(3)不同身份管理模式在"话语建构""业务运营""权力关系"和"象征行为"等方面存在显著差异。"单一隔离型"模式要求并购后声明完全独立的身份关系,最大限度地保持双方业务运营相互独立、权力平等,并向外释放身份隔离信号;"双元联邦型"模式建构"合而不同"的身份话语,并在业务运营和权力关系方面保持最佳平衡;"统一吸收型"模式则声明"统一"的身份关系,并实现业务统一管理。

## 二、管理启示

### (一) 在逆向跨国并购后保持权变管理思维,根据并购双方身份落差的强度和方向选择与之相匹配的身份管理模式

本章的核心观点是逆向跨国并购后的组织身份管理应该采取"权变管理"方式,根据身份落差强度和方向选择不同的身份管理模式,而不是"单一"管理模式。在选择身份管理模式之前,中国企业需要对并购双方的组织身份吸引力进行审计,评估双方组织身份落差的方向和强度。对此,中国企业可以从"企业声誉""品牌价值""核心能力""企业规模""企业历史"等维度评估并购双方组织身份落差的方向和强度。当并购双方的身份落差处于高强度逆差时,中国企业可以选择"单一隔离型"身份管理模式,充分保持双方组织身份相互独立、互不影响,最大限度地降低身份落差对被并企业的声誉、品牌价值产生负面影响,如吉利并购沃尔沃汽车。当身份落差处于低强度逆差时,中国企业可以选择"双元联邦型"管理模式,一方面,保持双方组织身份相对独立,另一方面,创造共享新身份,为双方创造共同愿景,进而为后续的深度整合创造基础,如海尔并购 GE 家电。当身份落差处于顺差时,中国企业可以采取"统一吸收型"管理模式,将被并企业的组织身份逐步融入到主并企业之中,进而降低运营成本,并对被并企业进行深度整合,如东软并购 ISG。

### (二) 从"身份话语建构""业务运营""权力关系"和"象征行为"等方面设计不同的身份管理模式

在确定恰当的身份管理模式之后,中国企业需要采取实际行动来实现特定的身份管理模式。本书研究发现,不同身份管理模式在话语建构、业务运营、权力关系和象征行为等方面存在显著差异,这就为企业如何

设计和实现身份管理模式提供了有益启示。例如，对于"单一隔离型"管理模式而言，中国企业可以建构"我们是我们，他们是他们""两家企业完全不同"等身份话语，如吉利在并购沃尔沃汽车之后就明确表示"吉利是吉利，沃尔沃是沃尔沃"，这种明确的"隔离型"身份声明能够有效降低身份落差对沃尔沃品牌形象、员工身份认同产生的负面影响。然而，仅仅声明身份话语是不充分的，企业还需要在业务运营上最大限度地保持相互独立，仅在有限的领域开展合作（如共同研发）；在权力关系上最大限度地保持权力平等，以"联盟者"或"合作者"的姿态对待被并企业，而不是将自己视为"收购者"；在象征行为方面，企业可以通过品牌隔离、强调各自历史等策略维持身份隔离。相比之下，当企业采取"双元联邦型"或"统一吸收型"管理模式时，则需要在话语建构、业务运营等方面采取不同的策略。

# 第十章
# 结束语

对外直接投资为中国跨国企业拓展海外市场、提升核心竞争力提供了广阔空间，但长期以来，中国企业国际化也面临失败率高、绩效低的困扰。本书认为，中国跨国企业对外直接投资不仅面临外来者劣势挑战，也面临来源国劣势的独特挑战，导致企业对外直接投资处于"雪上加霜"的不利地位。因此，本书综合从"外来者劣势"和"来源国劣势"视角解释中国跨国企业对外直接投资面临的低绩效、高失败率现象，并从多个理论视角归纳外来者劣势和来源国劣势的形成机制及其克服机制。在理论层面，本书的研究结论有助于丰富和扩展新兴经济体跨国企业国际化风险和竞争劣势相关研究，深化外来者劣势和来源国劣势的形成机制及其克服机制研究。在现实层面，本书的研究结论有助于为中国跨国企业在"一带一路"倡议和"逆全球化"双重叠加背景下更好地识别和应对国际化风险和挑战、提升对外直接投资绩效提供启示。

为了让读者更全面理解本书的主要观点，在此将本书的核心观点总结如下：

第一，外来者劣势和来源国劣势是两种不同的劣势，两者的形成机制显著不同。从组织身份视角看，外来者劣势主要由跨国企业的"外来者身份"引起（即由东道国利益相关者对外国企业的不熟悉以及对外国企业的区别对待引起），而来源国劣势则是由跨国企业的"来源国身份"引起（即由东道国利益相关者对来自特定国家的企业持有的负面刻板认知引起)。从信息视角看,外来者劣势主要由"信息缺失"引起(即东道国利益相关者不熟悉外国企业);相比之下,来源国劣势则是由"信息失真和扭曲"引起(即负面的来源国形象导致来自特定国家的企业被误解和歧视)。尽管本书从组织身份视角归纳两种劣势的差异性,但作为复杂的社会现象,外来者劣势和来源国劣势还表现在很多其他方面。

第二,组织身份意义给赋不仅有助于跨国企业克服外来者劣势,也有助于企业克服来源国劣势。在克服外来者劣势方面,组织身份意义给赋能够降低东道国利益相关者对跨国企业组织身份的不熟悉性(即降低信息缺失和身份模糊)。在克服来源国劣势方面,组织身份意义给赋的目的是"矫正"东道国利益相关者对跨国企业及其母国持有的负面刻板认知(即矫正身份误解、歧视和污名化)。进一步分析表明,跨国企业的组织身份意义给赋包括"话语""行为"和"信号显示"三种机制,不同机制之间存在互补和厚化作用。

第三,组织身份变革有助于跨国企业在东道国市场克服外来者劣势和来源国劣势,因为跨国企业根植于母国制度环境的组织身份往往与东道国制度环境相冲突,这就要求跨国企业变革组织身份,塑造与东道国制度环境保持一致的新组织身份。例如,从"中国企业"变革为东道国利益相关者认可的"国际企业"(即"去中国化")有助于弱化负面的母国制度形象对中国跨国企业组织身份的负面"印记";改变"国有企业"的含义有助于中国国有企业在东道国市场获取组织身份合法性,进而克服外来者劣势和来源国劣势。跨国企业的组织身份变革包括"基于标签""基于含义"和"基于突出性"三种模式。

第四,外来者劣势不仅表现为东道国利益相关者不熟悉跨国企业,也表现为跨国企业不熟悉东道国市场,即作为外来者,跨国企业对东道国的制度、经济、文化、社会和市场环境等缺乏了解,难以获取东道国市场信息。因此,克服外来者劣势要求跨国企业降低与东道国之间的"双向"信息缺失。对此,本书提出克服外来者劣势的"边界跨越"策略。边界跨越包括"信息内化"与"有利的外部显示"两方面,其中,信息内化通过设置边界跨越角色、聘请外部顾问、进行环境扫描、实施产品策略、整合内部信息等活动将东道国外部环境信息传递到企业内部,提高企业获取异国环境信息的能力,降低不熟悉危害;有利的外部显示通过意义给赋品牌、承担企业社会责任、利用名人效应和获取第三方认证等活动向环境释放积极的信息,提高企业的规范与认知合法性,降低歧视危害与关系危害。

第五,来源国劣势不仅是一种"基于合法性"的劣势,还是一种"基于能力"的劣势,即母国制度环境对跨国企业资源获取和能力建构产生负面影响。因此,克服来源国劣势不仅要求跨国企业克服"基于合法性"的劣势,还要求跨国企业弱化母国制度环境对企业能力建构产生的负面影响。基于此,本书从"能力"视角归纳来源国劣势的克服机制,提出并购资源整合、双元融合创新等跳板能力视角。

第六,在逆向跨国并购情境下,负面的来源国形象常常导致中国企业的组织身份被污名化,进而导致中国企业的组织身份与发达国家被并企业之间的组织身份存在显著落差。组织身份落差进一步对中国企业逆向跨国并购后的合法性产生负面影响,最终导致并购失败。为了降低组织身份落差对跨国并购合法性产生的影响,中国企业可以根据身份落差强度和方向选择不同的身份管理模式。

本书在研究方法、数据来源、研究内容等方面仍然存在很多局限性,这些局限性也为未来研究提供了潜在路径。

第一,在研究方法方面,本书主要采用质性研究方法,并未对研究结论进行大样本实证检验。尽管质性研究方法在构建新理论方面具有显著的优势,但也存在研究结论外部效度较低的缺点。

第二,在数据来源方面,本书主要借助公开的二手数据开展研究,尤其是东道国主流媒体的新闻报道和案例企业向外披露的公开数据,而一手数据相对匮乏。尽管二手数据具有时间跨度大、涵盖范围广、主观偏差较低等优势,但也存在数据内容深度较低、与研究问题契合度较低等劣势。因此,数据来源的局限性会对研究结论产生影响。

第三,在研究内容方面,本书对外来者劣势和来源国劣势的形成机制及其克服机制的探索仍然存在很多局限性。例如,外来者劣势和来源国劣势都是复杂的多维度构念,其形成原因、表现以及对跨国企业的影响表现在很多方面,未来研究可以从其他理论视角对双重竞争劣势进行分析。

# 参考文献

[1] Aguilera-Caracuel J, Aragón-Correa J A, Hurtado-Torres N E, et al. The effects of institutional distance and headquarters' financial performance on the generation of environmental standards in multinational companies [J]. Journal of Business Ethics, 2012, 105 (4): 461-474.

[2] Albert S, Whetten D A. Organizational identity [J]. Research in Organizational Behavior, 1985 (7): 263-295.

[3] Aldrich H, Herker D. Boundary spanning roles and organization structure [J]. Academy of Management Review, 1977, 2 (2): 217-230.

[4] Amankwahamoah J, Debrah Y A. Toward a construct of liability of origin [J]. Industrial & Corporate Change, 2017, 26 (2): 211-231.

[5] Asmussen C G. Local, regional, or global? Quantifying MNE geographic scope [J]. Journal of International Business Studies, 2009, 40 (7): 1192-1205.

[6] Barnard H. Overcoming the liability of foreignness without strong firm capabilities—The value of market-based resources [J]. Journal of International Management, 2010, 16 (2): 165-176.

[7] Barney J B. Resource-based theories of competitive advantage: A ten-year retrospective on the resource-based view [J]. Journal of Management, 2001, 27 (6): 643-650.

[8] Bartlett C A, Ghoshal S. Going global: Lessons from late movers

［J］．Harvard Business Review，2000，78（2）：132-142.

［9］Bell R G, Filatotchev I, Rasheed A A. Beyond product markets: New insight on liability of foreignness from capital markets［J］．Journal of International Business Studies，2012，43（2）：107-122.

［10］Bhanji Z, Oxley J E. Overcoming the dual liability of foreignness and privateness in international corporate citizenship partnerships［J］．Journal of International Business Studies，2013，44（4）：290-311.

［11］Björkman I, Stahl G K, Vaara E. Cultural differences and capability transfer in cross-border acquisitions: The mediating roles of capability complementarity, absorptive capacity, and social integration［J］．Journal of International Business Studies，2007，38（4）：658-672.

［12］Boisot M, Meyer M W. Which way through the open door? Reflections on the internationalization of Chinese firms［J］．Management & Organization Review，2008，4（3）：349-365.

［13］Bouchikhi H, Kimberly J. Escaping the identity trap［J］．MIT SLOAN Management Review，2003：20-26.

［14］Brown A D, Colville I, Pye A. Making sense of sensemaking in organization studies［J］．Organization Studies，2015，36（2）：255-267.

［15］Buckley P J, Wang C, Clegg J. The impact of foreign ownership, local ownership and industry characteristics on spillover benefits from foreign direct investment in China［J］．International Business Review，2007，16（2）：142-158.

［16］Calhoun M A. Unpacking liability of foreignness: Identifying culturally driven external and internal sources of liability for the foreign subsidiary［J］．Journal of International Management，2002，8（3）：301-321.

［17］Chen D, Yu X, Zhang Z. Foreign direct investment comovement and home country institutions［J］．Journal of Business Research，2019，2

(95): 220-231.

[18] Chatterjee S, Lubatkin M H, Schweiger D M, et al. Cultural differences and shareholder value in related mergers: Linking equity and human capital [J]. Strategic Management Journal, 1992, 13 (5): 319-334.

[19] Child J, Rodrigues S B. The internationalization of Chinese firms: A case for theoretical extension? [J]. Management & Organization Review, 2005, 1 (3): 381-410.

[20] Clark S M, Gioia D A, Ketchen D J, et al. Transitional identity as a facilitator of organizational identity change during a merger [J]. Administrative Science Quarterly, 2010, 55 (3): 397-438.

[21] Corbin J M, Strauss A. Grounded theory research: Procedures, canons, and evaluative criteria [J]. Qualitative Sociology, 1990, 13 (1): 3-21.

[22] Corley K G, Gioia D A. Identity ambiguity and change in the wake of a corporate spin-off [J]. Administrative Science Quarterly, 2004, 49(2): 173-208.

[23] Cuervo Cazurra A. Global strategy and global business environment: The direct and indirect influences of the home country on a firm's global strategy [J]. Global Strategy Journal, 2011, 1 (3-4): 382-386.

[24] Cuervo-Cazurra A, Luo Y, Ramamurti R, et al. Impact of the home country on internationalization[J]. Journal of World Business, 2018, 53 (5): 593-604.

[25] Cuervo-Cazurra A, Genc M. Transforming disadvantages into advantages: Developing-country MNEs in the least developed countries [J]. Journal of International Business Studies, 2008, 39 (6): 957-979.

[26] Cui L, Jiang F. State ownership effect on firms' FDI ownership decisions under institutional pressure: A study of Chinese outward-investing

firms [J]. Journal of International Business Studies, 2012, 43 (3): 264-284.

[27] Datta D K, Puia G. An examination of the influence of relatedness and cultural fit on shareholder value creation in US acquiring firms [J]. MIR: Management International Review, 1995: 337-359.

[28] Denk N, Kaufmann L, Roesch J F. Liabilities of foreignness revisited: A review of contemporary studies and recommendations for future research [J]. Journal of International Management, 2012, 18 (4): 322-334.

[29] Dikova D, Sahib P R, van Witteloostuijn A. Cross-border acquisition abandonment and completion: The effect of institutional differences and organizational learning in the international business service industry, 1981–2001 [J]. Journal of International Business Studies, 2010, 41 (2): 223-245.

[30] DiMaggio P J, Powell W W. The iron cage revisited: Institutional isomorphism and collective rationality in organizational fields [J]. American Sociological Review, 1983, 48 (2): 147-160.

[31] Dutton J E, Dukerich J M. Keeping an eye on the mirror: Image and identity in organizational adaptation [J]. Academy of Management Journal, 1991, 34 (3): 517-554.

[32] Dunning J H. Trade, location of economic activity and the MNE: A search for an eclectic approach [J]. International Allocation of Economic Activity, 1977 (10): 203-205.

[33] Dunning J H, Lundan S M. Institutions and the OLI paradigm of the multinational enterprise [J]. Asia Pacific Journal of Management, 2008, 25 (4): 573-593.

[34] Eden L, Miller S. Opening the black box: Multinationals and the costs of doing business abroad [J]. Academy of Management Proceedings & Membership Directory, 2001 (1): 1-6.

[35] Eden L, Miller S R. Distance matters: Liability of foreignness,

institutional distance and ownership strategy [J]. Advances in International Management, 2004, 16 (2): 187-221.

[36] Edman J. Reconciling the advantages and liabilities of foreignness: Towards an identity-based framework [J]. Journal of International Business Studies, 2016, 47 (6): 674-694.

[37] Eisenhardt K M, Graebner M E. Theory building from cases: Opportunities and challenges [J]. Academy of Management Journal, 2007, 50 (1): 25-32.

[38] Elango B. Minimizing effects of liability of foreignness response strategies of foreign firms in the United States [J]. Journal of World Business, 2009, 44 (1): 51-62.

[39] Elango B, Sethi S P. An exploration of the relationship between country of origin (COE) and the internationalization-performance paradigm [J]. Management International Review, 2007, 47 (3): 369-392.

[40] Elsbach K D, Kramer R M. Members' responses to organizational identity threats: Encountering and countering the Business Week Rankings [J]. Administrative Science Quarterly, 1996, 41 (3): 442-476.

[41] Erel I, Liao R C, Weisbach M S. Determinants of cross-border mergers and acquisitions [J]. The Journal of Finance, 2012, 67 (3): 1045-1082.

[42] Fiol C M. Revisiting an identity-based view of sustainable competitive advantage [J]. Journal of Management, 2001, 27 (6): 691-699.

[43] Fiol C. M. Capitalizing on paradox: The role of language in transforming organizational identities [J]. Organization Science, 2002, 13 (6): 653-666.

[44] Fornes G, Cardoza G, Xu S. The national and international expansion of Chinese SMEs: Evidence from Anhui Province [J]. Journal of

Chinese Entrepreneurship, 2012, 4 (3): 221-242.

[45] Glynn M A, Abzug R. Institutionalizing identity: Symbolic isomorphism and organizational names [J]. Academy of Management Journal, 2002, 45 (1): 267-280.

[46] Gardberg N A, Fombrun C J. Corporate citizenship: Creating intangible assets across institutional environments [J]. Academy of Management Review, 2006, 31 (2): 329-346.

[47] Gaur A S, Kumar V, Sarathy R. Liability of foreignness and internationalization of emerging market firms [A] //Asmussen C G, Pedersen T, Devinney T M, Tihanyi L (Eds.). Advances in International Management [C]. Emerald Group Publishing Limited, 2011, 24 (1): 211-233.

[48] Gaur A S, Kumar V, Singh D. Institutions, resources, and internationalization of emerging economy firms [J]. Journal of World Business, 2014, 49 (1): 12-20.

[49] Gioia D A, Patvardhan S D, Hamilton A L, et al. Organizational identity formation and change [J]. The Academy of Management Annals, 2013, 7 (1): 123-193.

[50] Gioia D A, Chittipeddi K. Sensemaking and sensegiving in strategic change initiation [J]. Strategic Management Journal, 1991, 12 (6): 433-448.

[51] Gioia D A, Schultz M, Corley K G. Organizational identity, image, and adaptive instability [J]. Academy of Management Review, 2000, 25 (1): 63-81.

[52] Gioia D A, Thomas J B. Identity, image, and issue interpretation: Sensemaking during strategic change in academia [J]. Administrative Science Quarterly, 1996: 370-403.

[53] Glaser B G, Strauss A L. The discovery of grounded theory:

Strategies for qualitative research [M]. New York: Aldine, 1967.

[54] Greenwood R, Suddaby R. Institutional entrepreneurship in mature fields: The big five accounting firms [J]. Academy of Management Journal, 2006, 49 (1): 27-48.

[55] Hassink J, Grin J, Hulsink W. Identity formation and strategy development in overlapping institutional fields: Different entry & alignment strategies of regional organizations of care farms into the healthcare domain [J]. Journal of Organizational Change Management, 2016, 29 (6): 973-993.

[56] He H, Baruch Y. Transforming organizational identity under institutional change [J]. Journal of Organizational Change Management, 2009, 22 (6): 575-599.

[57] He X, Zhang J. Emerging market MNCs' cross-border acquisition completion: Institutional image and strategies [J]. Journal of Business Research, 2018, 12 (93): 139-150.

[58] Hsu G, Hannan M T. Identities, genres, and organizational forms [J]. Organization Science, 2005, 16 (5): 474-490.

[59] Husted B W, Montiel I, Christmann P. Effects of local legitimacy on certification decisions to global and national CSR standards by multinational subsidiaries and domestic firms [J]. Journal of International Business Studies, 2016, 47 (3): 382-397.

[60] Hymer S. The international operations of national firms: A study of direct foreign investment [M]. Cambridge, MA: MIT Press, 1976.

[61] Insch G S, Miller S R. Perception of foreignness: Benefit or liability? [J]. Journal of Managerial Issues, 2005, 17 (4): 423-438.

[62] Jack G, Lorbiecki A. National identity, globalization and the discursive construction of organizational identity [J]. British Journal of Management, 2007, 18 (2): 79-94.

[63] Johansson J K. Determinants and effects of the use of "Made in" labels [J]. International Marketing Review, 1989, 6 (1): 47-65.

[64] Johanson J, Vahlne J E. The internationalization process of the firm—A model of knowledge development and increasing foreign market commitments [J]. Journal of International Business Studies, 1977, 8 (1): 23-32.

[65] Johanson J, Vahlne J E. The uppsala internationalization process model revisited: From liability of foreignness to liability of outsidership [J]. Journal of International Business Studies, 2009, 40 (9): 1411-1431.

[66] Kang Y, Jiang F. FDI location choice of Chinese multinationals in East and Southeast Asia: Traditional economic factors and institutional perspective [J]. Journal of World Business, 2012, 47 (1): 45-53.

[67] Kostova T, Zaheer S. Organizational legitimacy under conditions of complexity: The case of the multinational enterprise [J]. Academy of Management Review, 1999, 24 (1): 64-81.

[68] Kolk A, Curran L. Contesting a place in the sun: On ideologies in foreign markets and liabilities of origin [J]. Journal of Business Ethics, 2017, 142 (4): 697-717.

[69] Kostova T, Roth K, Dacin M T. Institutional theory in the study of multinational corporations: A critique and new directions [J]. Academy of Management Review, 2008, 33 (4): 994-1006.

[70] Lamin A, Livanis G. Agglomeration, catch-up and the liability of foreignness in emerging economies [J]. Journal of International Business Studies, 2013, 44 (6): 579-606.

[71] Li J, Li P, Wang B. The liability of opaqueness: State ownership and the likelihood of deal completion in international acquisitions by Chinese firms [J]. Strategic Management Journal, 2019, 40 (2): 303-327.

[72] Li J J, Poppo L, Zhou K Z. Do managerial ties in China always

produce value? Competition, uncertainty, and domestic vs. foreign firms [J]. Strategic Management Journal, 2008, 29 (4): 383-400.

[73] Li J, Yue D R. Identity, community and audience: How wholly owned foreign subsidiaries gain legitimacy in China [J]. Academy of Management Journal, 2007, 50 (1): 179-190.

[74] Luo Y, Mezias J M. Liabilities of foreignness: Concepts, constructs, and consequences [J]. Journal of International Management, 2002, 8 (3): 217-221.

[75] Luo Y, Tung R L. International expansion of emerging market enterprises: A springboard perspective [J]. Journal of International Business Studies, 2007, 38 (4): 481-498.

[76] Luo Y, Tung R L. A general theory of springboard MNEs [J]. Journal of International Business Studies, 2018, 49 (2): 129-152.

[77] Madhok A, Keyhani M. Acquisitions as entrepreneurship: Asymmetries, opportunities and the internationalization of multinationals from emerging economies [J]. Global Strategy Journal, 2012, 2 (1): 26-40.

[78] Mallon M R, Fainshmidt S. Assets of foreignness: A theoretical integration and agenda for future research [J]. Journal of International Management, 2017, 23 (1): 43-55.

[79] Marano V, Tashman P, Kostova T. Escaping the iron cage: Liabilities of origin and CSR reporting of emerging market multinational enterprises [J]. Journal of International Business Studies, 2017, 48 (3): 386-408.

[80] Martin P Y, Turner B A. Grounded theory and organizational research [J]. Journal of Applied Behavioral Science, 1986, 22 (2): 141-157.

[81] Meyer K E, Peng M W. Theoretical foundations of emerging economy business research [J]. Journal of International Business Studies, 2016, 47 (1): 3-22.

[82] Mezias J M. Identifying liabilities of foreignness and strategies to minimize their effects: The case of labor lawsuit judgments in the United States [J]. Strategic Management Journal, 2002, 23 (3): 229-244.

[83] Moeller M, Harvey M, Griffith D, et al. The impact of country-of-origin on the acceptance of foreign subsidiaries in host countries: An examination of the "liability-of-foreignness" [J]. International Business Review, 2013, 22 (1): 89-99.

[84] Nachum L. When is foreignness an asset or a liability? Explaining the performance differential between foreign and local firms [J]. Journal of Management, 2010, 36 (3): 714-739.

[85] Nag R, Corley K G, Gioia D A. The intersection of organizational identity, knowledge, and practice: Attempting strategic change via knowledge grafting [J]. Academy of Management Journal, 2007, 50 (4): 821-847.

[86] O'Grady S, Lane H W. The psychic distance paradox [J]. Journal of International Business Studies, 1996, 27 (2): 309-333.

[87] Panibratov A. Liability of foreignness of emerging market firms: The country of origin effect on Russian IT companies [J]. Journal of East-West Business, 2015, 21 (1): 22-40.

[88] Pant A, Ramachandran J. Legitimacy beyond borders: Indian software services firms in the United States, 1984 to 2004 [J]. Global Strategy Journal, 2012, 2 (3): 224-243.

[89] Pant A, Ramachandran J. Navigating identity duality in multinational subsidiaries: A paradox lens on identity claims at Hindustan Unilever 1959-2015 [J]. Journal of International Business Studies, 2018, 48 (6): 1-29.

[90] Pedersen T, Devinney T M, Tihanyi L. What do we know about going global early? Liabilities of foreignness and early internationalizing firms [J]. Advances in International Management, 2013, 26 (2): 401-437.

[91] Petersen B, Pedersen T. Coping with liability of foreignness: Different learning engagements of entrant firms [J]. Journal of International Management, 2002, 8 (3): 339-350.

[92] Pratt M G, Foreman P O. Classifying managerial responses to multiple organizational identities [J]. Academy of Management Review, 1998, 25(1): 18-42.

[93] Pratt M G, Rafaeli A. Organizational dress as a symbol of multilayered social identities [J]. Academy of Management Journal, 2004, 40 (4): 862-898.

[94] Ramachandran J, Pant A. The liabilities of origin: An emerging economy perspective on the costs of doing business abroad [A] // Timothy D, Torben P, Laszlo T (Eds.). Advances in International Management [C]. Emerald Group Publishing Limited, 2010, 23 (6): 231-265.

[95] Ravasi D, Schultz M. Responding to organizational identity threats: Exploring the role of organizational culture [J]. Academy of Management Journal, 2006, 49 (3): 433-458.

[96] Reger R K, Gustafson L T, Demarie S M, et al. Reframing the organization: Why implementing total quality is easier said than done [J]. Academy of Management Review, 1994, 19 (3): 565-584.

[97] Rodrigues C, Krishnamurthy A. Mirror, mirror on the wall: Identity-image interactions for the sales force in high threat situations [J]. European Management Review, 2016, 13 (2): 307-323.

[98] Rui H, Yip G S. Foreign acquisitions by Chinese firms: A strategic intent perspective [J]. Journal of World Business, 2008, 43 (2): 213-226.

[99] Salomon R, Wu Z. Institutional distance and local isomorphism strategy [J]. Journal of International Business Studies, 2012, 43 (4): 343-

367.

[100] Schmidt T, Sofka W. Liability of foreignness as a barrier to knowledge spillovers: Lost in translation? [J]. Journal of International Management, 2009, 15 (4): 460-474.

[101] Sethi D, Guisinger S. Liability of foreigness to competitive advantage: How multinational enterprises cope with the international business environment [J]. Journal of International Management, 2002, 8 (3): 223-240.

[102] Sharma P. Country of origin effects in developed and emerging markets: Exploring the contrasting roles of materialism and value consciousness [J]. Journal of International Business Studies, 2011, 42 (2): 285-306.

[103] Siggelkow N. Persuasion with case studies [J]. Academy of Management Journal, 2007, 50 (1): 20-24.

[104] Stoian C, Mohr A. Outward foreign direct investment from emerging economies: Escaping home country regulative voids [J]. International Business Review, 2016, 25 (5): 1124-1135.

[105] Suchman M C. Managing legitimacy: Strategic and institutional approaches [J]. Academy of Management Review, 1995, 20 (3): 571-610.

[106] Sutton R I, Callahan A L. The stigma of bankruptcy: Spoiled organizational image and its management [J]. Academy of Management Journal, 1987, 30 (3): 405-436.

[107] Wei T, Clegg J. Effect of organizational identity change on integration approaches in acquisitions: Role of organizational dominance [J]. British Journal of Management, 2018, 29 (2): 337-355.

[108] Tracey P, Phillips N. Managing the consequences of organizational stigmatization: Identity work in a social enterprise [J]. Academy of Management Journal, 2016, 59 (3): 740-765.

[109] Tripsas M. Technology, identity, and inertia through the lens of

"The digital photography company" [J]. Organization Science, 2009, 20(2): 441-460.

[110] Vaara E. On the discursive construction of success/failure in narratives of post-merger integration [J]. Organization Studies, 2002, 23 (2): 211-248.

[111] Vaara E, Tienari J. A Discursive perspective on legitimation strategies in multinational corporations [J]. Academy of Management Review, 2008, 33 (4): 985-993.

[112] Vieru D, Rivard S. Organizational identity challenges in a post-merger context: A case study of an information system implementation project [J]. International Journal of Information Management, 2014, 34 (3): 381-386.

[113] Voss H, Buckley P J, Cross A R. The impact of home country institutional effects on the internationalization strategy of Chinese firms [J]. Multinational Business Review, 2014, 18 (3): 25-48.

[114] Wang S L, Luo Y, Lu X, et al. Autonomy delegation to foreign subsidiaries: An enabling mechanism for emerging-market multinationals [J]. Journal of International Business Studies, 2014, 45 (2): 111-130.

[115] Weber Y, Tarba S. Exploring integration approach in related mergers: Post-merger integration in the high-tech industry [J]. International Journal of Organizational Analysis, 2011, 19 (3): 202-221.

[116] Weick K E. Sensemaking in organisations [M]. London: Sage Publications, 1995.

[117] Witt M A, Lewin A Y. Outward foreign direct investment as escape response to home country institutional constraints [J]. Journal of International Business Studies, 2007, 38 (4): 579-594.

[118] Wu J, Chen X. Home country institutional environments and for-

eign expansion of emerging market firms [J]. International Business Review, 2014, 23 (5): 862-872.

[119] Wu Z, Salomon R. Deconstructing the liability of foreignness: Regulatory enforcement actions against foreign banks [J]. Journal of International Business Studies, 2017, 48 (2): 1-25.

[120] Yildiz H E, Fey C F. The liability of foreignness reconsidered: New insights from the alternative research context of transforming economies [J]. International Business Review, 2012, 21 (2): 269-280.

[121] Yu Y, Liu Y. Country of origin and social resistance in host countries: The case of a Chinese firm [J]. Thunderbird International Business Review, 2018, 60 (3): 347-363.

[122] Zaheer S. Overcoming the liability of foreignness [J]. Academy of Management Journal, 1995, 38 (2): 341-363.

[123] Zaheer S. The liability of foreignness, redux: A commentary [J]. Journal of International Management, 2002, 8 (8): 351-358.

[124] Zhu P C. Persistent performance and interaction effects in sequential cross-border mergers and acquisitions [J]. Journal of Multinational Financial Management, 2011, 21 (1): 18-39.

[125] 布希基·金伯利. 公司的灵魂: 如何管理你公司的身份特征 [M]. 孙颖译. 北京: 中国人民大学出版社, 2010.

[126] 蔡灵莎, 杜晓君, 史艳华, 齐朝顺. 外来者劣势、组织学习与对外直接投资绩效研究 [J]. 管理科学, 2015 (4): 36-45.

[127] 陈立敏, 刘静雅, 张世蕾. 模仿同构对企业国际化—绩效关系的影响——基于制度理论正当性视角的实证研究 [J]. 中国工业经济, 2016 (9): 127-143.

[128] 陈培如, 冼国明, 马骆茹. 制度环境与中国对外直接投资——基于扩展边际的分析视角 [J]. 世界经济研究, 2017 (2): 50-61, 136.

[129] 陈岩, 杨桓, 张斌等. 中国对外投资动因、制度调节与地区差异 [J]. 管理科学, 2012, 25 (3): 112-120.

[130] 杜荣, 冯俊嵩, 厉敏. 边界跨越对 IT 外包绩效影响的实证分析 [J]. 中国管理科学, 2012, 20 (4): 177-184.

[131] 杜晓君, 蔡灵莎, 史艳华. 外来者劣势与国际并购绩效研究 [J]. 管理科学, 2014, 27 (2): 48-59.

[132] 冯华, 辛成国. 母国制度因素对中国对外直接投资影响的实证研究 [J]. 制度经济学研究, 2015 (3): 132-148.

[133] 郭金山, 芮明杰. 当代组织同一性理论研究述评 [J]. 外国经济与管理, 2004, 26 (6): 2-9.

[134] 李新春, 肖宵. 制度逃离还是创新驱动?——制度约束与民营企业的对外直接投资 [J]. 管理世界, 2017 (10): 99-112.

[135] 刘云. 组织身份导向研究进展探析 [J]. 外国经济与管理, 2014, 36 (10): 22-31.

[136] 罗芳, 叶广宇, 蓝海林. 从组织认定到企业宗旨陈述: 研究综述与理论分析框架 [J]. 管理评论, 2013, 25 (10): 100-110.

[137] 毛基业, 李晓燕. 理论在案例研究中的作用——中国企业管理案例论坛 (2009) 综述与范文分析 [J]. 管理世界, 2010 (2): 106-140.

[138] 齐晓飞, 关鑫. 中国企业对外直接投资的母国制度解释——基于 OFDI-S 模型的理论分析 [J]. 经济与管理研究, 2017, 38 (8): 115-123.

[139] 欧阳桃花, 丁玲, 郭瑞杰. 组织边界跨越与 IT 能力的协同演化: 海尔信息系统案例 [J]. 中国工业经济, 2012 (12): 128-140.

[140] 庞明川. 中国企业对发达国家的逆向投资: 进入障碍与策略 [J]. 财经问题研究, 2011 (11): 31-38.

[141] 庞明川. 中国对发达经济体逆向投资的现状、障碍与对策研究 [J]. 国际贸易, 2014 (5): 20-24.

[142] 任兵,郑莹.外来者劣势研究前沿探析与未来展望[J].外国经济与管理,2012,34(2):27-34.

[143] 王珏,吕佳,刘夏明.国际商务理论在新兴经济体研究中的应用与发展[J].国际贸易问题,2019(1):160-174.

[144] 王成城,刘洪,刘善堂.同一性理论视角下的组织有效性研究综述[J].外国经济与管理,2009,31(2):15-24.

[145] 汪涛,贾煜,王康等.中国企业的国际化战略:基于新兴经济体企业的视角[J].中国工业经济,2018(5):175-192.

[146] 汪涛,周玲,周南等.来源国形象是如何形成的?——基于美、印消费者评价和合理性理论视角的扎根研究[J].管理世界,2012(3):113-126.

[147] 魏江,王诗翔.从"反应"到"前摄":万向在美国的合法性战略演化(1994~2015)[J].管理世界,2017(8):136-153.

[148] 魏江,杨洋.跨越身份的鸿沟:组织身份不对称与整合战略选择[J].管理世界,2018(6):140-156.

[149] 吴先明.中国企业对发达国家的逆向投资:创造性资产的分析视角[J].经济理论与经济管理,2007(9):52-57.

[150] 吴先明,黄春桃.中国企业对外直接投资的动因:逆向投资与顺向投资的比较研究[J].中国工业经济,2016(1):99-113.

[151] 吴先明,苏志文.将跨国并购作为技术追赶的杠杆:动态能力视角[J].管理世界,2014(4):146-164.

[152] 姚鹏,王新新,靳代平."蛇吞象"式并购条件下的品牌管理研究述评与展望[J].外国经济与管理,2015,37(2):51-58.

[153] 杨勃.新兴经济体跨国企业国际化双重劣势研究[J].经济管理,2019,41(1):56-70.

[154] 杨勃.外来者劣势的克服机制:组织身份变革与意义给赋[D].东北大学博士学位论文,2017.

[155] 杨勃,杜晓君,蔡灵莎.组织身份落差对跨国并购合法性的影响机制——基于上汽和 TCL 的探索性案例研究[J].经济管理,2016,38(9):76-88.

[156] 杨勃,刘娟.来源国劣势:新兴经济体跨国企业国际化"出身劣势"——文献评述与整合框架构建[J].外国经济与管理,2020,42(1):113-125.

[157] 杨勃,刘娟.颠覆性环境下的组织身份变革与战略变革:比较研究及整合框架构建[J].商业研究,2020(5):146-152.

[158] 杨勃,齐欣,张宁宁.新兴市场跨国企业国际化的来源国劣势研究:基于组织身份视角[J].经济与管理研究,2020(4):74-87.

[159] 杨勃,许晖.企业逆向跨国并购后的组织身份管理模式研究[J].中国工业经济,2020(1):155-173.

[160] 曾楚宏,朱仁宏,李孔岳.基于战略视角的组织合法性研究[J].外国经济与管理,2008,30(2):9-15.